SON OF HAMAS

MOSAB HASSAN YOUSEF

WITH RON BRACKIN

하마스의 아들:
테러, 배반, 정치 음모,
그리고 운명을 가르는 선택에 대한 숨 막히는 서사

모사브 하산 유세프, 론 브래킨 지음

Rev. MC 옮김

하마스의 아들:
테러, 배반, 정치 음모, 그리고 운명을 가르는 선택에 대한 숨 막히는 서사

지음	모사브 하산 유세프, 론 브래킨
옮김	Rev. MC
편집	김덕원, 이지혜, 이찬혁
디자인	이지혜
발행처	감은사
브랜드	아드벤트
발행인	이영욱
전화	070-8614-2206
팩스	050-7091-2206
주소	서울특별시 강동구 암사동 아리수로 66, 401호
이메일	editor@gameun.co.kr

종이책

초판1쇄	2025.09.30.
ISBN	9791194969112
정가	22,000원

전자책

초판발행	2025.09.30.
ISBN	9791194969129
정가	18,900원

아드벤트는 감은사의 임프린트입니다.

Son of Hamas:
A Gripping Account of Terror, Betrayal, Political Intrigue,
and Unthinkable Choices

Mosab Hassan Yousef with Ron Brackin

| 일러두기 |

1. 해당 문화와 관련한 용어는 필요한 경우 설명을 병기했지만 흐름상 병기하지 않은 경우도 있습니다. 그와 관련해서는 "용어집"(397-401쪽)을 확인하시기 바랍니다.
2. 이 책에 나오는 인명과 지명은 주로 영어판 원서를 따라 한국어로 표기했으며, 아랍어 발음과 차이가 있을 수 있습니다.

Originally published in English in the U.S.A. under the title: Son of Hamas, by Mosab Hassan Yousef
Copyright © 2011 by Mosab Hassan Yousef
Korean edition © 2025 by Gameun Publishers with permission of Tyndale House Publishers
through the arrangement of rMaeng2, Seoul, Republic of Korea. All rights reserved.

이 한국어판의 저작권은 알맹2를 통하여 Tyndale House Publishers와 독점 계약한 감은사에 있습니다.
신 저작권법에 의하여 한국 내에서 보호받는 저작물이므로 무단 전재와 무단 복제를 금합니다.

사랑하는 나의 아버지와 상처받은 나의 가족들에게,
팔레스타인-이스라엘 분쟁의 희생자들에게,
나의 주님이 구원해 주신 모든 사람들에게,

    나의 가족, 나는 그대들이 매우 자랑스럽습니다. 오직 나의 하나님만이 그대들이 겪은 것을 이해하실 수 있습니다. 내가 한 일로 인해, 그대들이 이 생에서 치유되지 않을지도 모르는 깊은 상처를 입었고, 그 수치심을 평생 안고 살아야 할지도 모른다는 것을 알고 있습니다.

    나는 영웅이 되어 나의 민족이 나를 자랑스러워하게끔 만들 수 있었습니다. 나는 그들이 어떤 식의 영웅을 바라고 있었는지 알았습니다. 국가의 이상을 위해 생명과 가족을 헌신하는 전사. 혹여 내가 죽는다 하더라도 그들은 나의 이야기를 대대로 전하고 영원히 자랑스러워했을 것이지만, 사실상 나는 그러한 영웅이 되지 못했습니다.

    그 대신, 나는 내 민족의 눈에 배신자가 됐습니다. 비록 한때 그대들에게 자긍심을 가져다주었지만, 이제는 오직 수치만을 가져다주게 되었습니다. 한때 나는 왕자였지만, 이제는 외국에서 외로움과 어두움의 적과 싸우는 이방인입니다.

    그대들이 나를 배신자로 보는 것을 압니다. 하지만 내가 배반하려고 선택한 것은 그대들이 아니라, 영웅 됨의 의미에 대한 그대들의 이해라는 사실을 알아주기 바랍니다. 중동 국가, 곧 유대인과 아랍인 모두가 내가 이해하는 바를 조금이라도 알아주기 시작할 때,

비로소 평화가 올 것입니다. 그리고 지옥의 형벌에서 세상을 구원하신 주님이 거절당하셨다면 나는 버림받은 자가 되는 것에 주저하지 않겠습니다!

미래가 어떻게 펼쳐질지 알지 못하지만 내게는 두려움이 없습니다. 그리고 이제 나는 그대들에게 내가 지금까지 생존하는 데 도움이 된 것들을 전하고 싶습니다. 내가 수년 동안 짊어져 왔던 모든 수치와 죄책감은 단 한 명의 무고한 인간의 생명이라도 구할 수 있었다면 치러야 했을 작은 대가일 뿐입니다.

내가 한 일을 얼마나 많은 사람이 감사하고 있을까요? 그리 많지는 않습니다. 하지만 괜찮습니다. 나는 내가 한 일에 대해 확신이 있었고, 지금도 역시 그렇습니다. 이것이 이 긴 여정을 이어 가는 내 유일한 동력입니다. 구해 낸 무고한 피 한 방울, 한 방울이 나에게 마지막 날까지 계속할 수 있다는 희망을 줍니다.

나도 지불했고, 그대도 지불했지만 전쟁과 평화의 고지서는 계속해서 날아옵니다. 하나님이 우리와 함께하시고 우리가 이 무거운 짐을 질 수 있도록 필요한 것을 주실 것입니다.

사랑의 마음을 담아

그대들의 아들

목차

저자의 말 / 11

서문 / 13

제1장   체포되다(1996) / 17
제2장   믿음의 사다리(1955-1977) / 23
제3장   무슬림 형제단(1977-1987) / 35
제4장   투석전(1987-1989) / 47
제5장   생존(1989-1990) / 59
제6장   영웅의 귀환(1990) / 71
제7장   급진적인(1990-1992) / 79
제8장   불길을 부추기다(1992-1994) / 85
제9장   총기들(1995년 겨울-1996년 봄) / 101
제10장 도살장(1996) / 111
제11장 제안(1996) / 123
제12장 수감번호 823(1996) / 139

제13장 아무도 믿지 말라(1996) / 151

제14장 폭동(1996-1997) / 165

제15장 다마스쿠스로 가는 길(1997-1999) / 177

제16장 제2차 인티파다(2000년 여름-가을) / 195

제17장 잠복(2000-2001) / 209

제18장 최고 수배자(2001) / 225

제19장 신발(2001) / 237

제20장 갈등(2001년 여름) / 251

제21장 게임(2001년 여름-2002년 봄) / 261

제22장 수호 방패(2002년 봄) / 277

제23장 초자연적 보호(2002년 여름) / 289

제24장 보호 감금(2002년 가을-2003년 봄) / 299

제25장 살레(2003년 겨울-2006년 봄) / 315

제26장 하마스를 위한 비전(2005) / 331

제27장 잘 있거라(2005-2007) / 343

맺음말 / 357

책을 쓰고 나서 / 363

후기(2011) / 369

등장인물 / 391

용어집 / 397

연대표 / 403

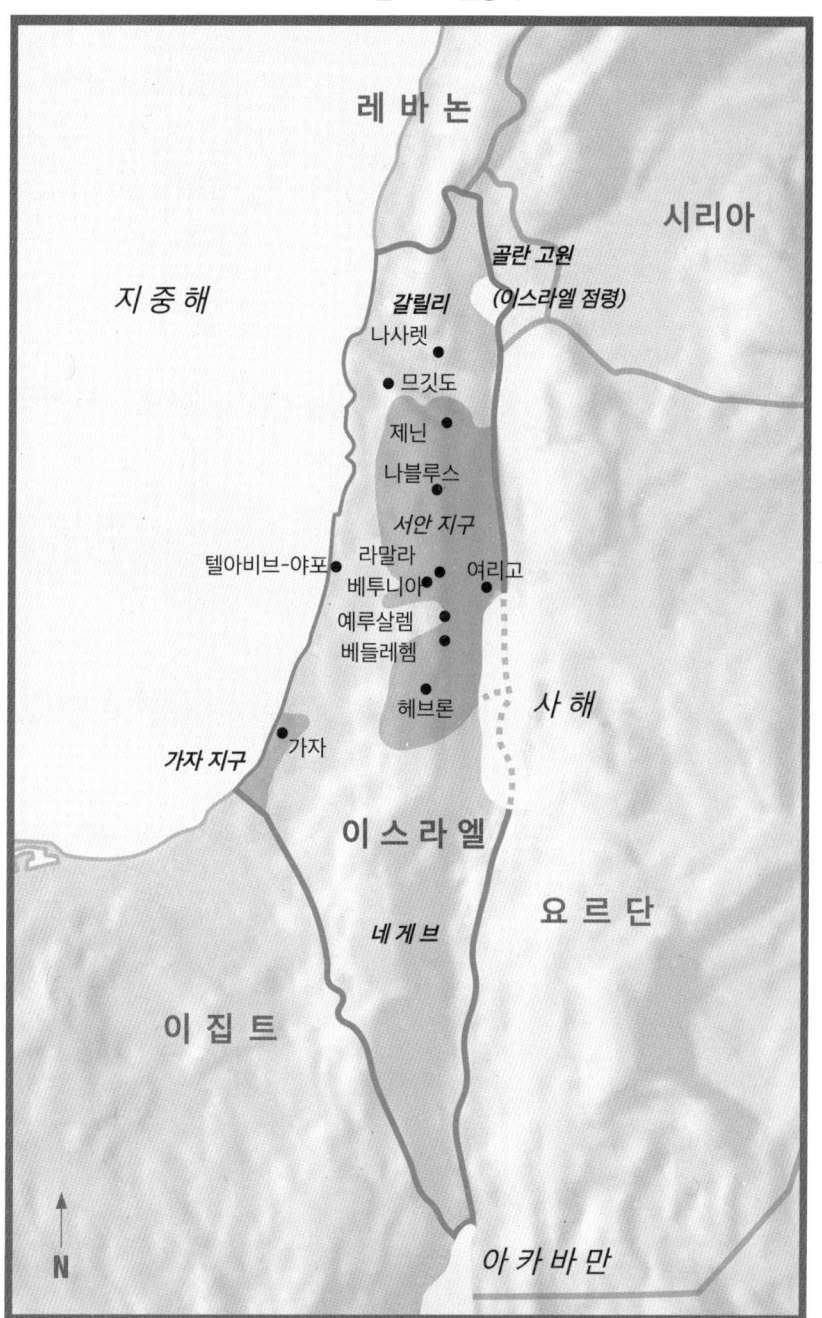

<이스라엘과 그 점령지>

저자의 말

시간은 연속적입니다. 태어남과 죽음 사이의 거리를 가로지르는 실처럼.

사건들은, 그럼에도 불구하고, 페르시아 양탄자처럼 수천 가닥의 풍부한 색채로 얽힌, 복잡한 무늬와 이미지로 이루어져 있습니다. 사건들을 순전히 연대순으로 나열하려는 시도는 마치 실 가닥들을 풀어 그것들을 이 끝에서 저 끝으로 놓는 것과 같을 것입니다. 그것은 단순해 보일 수 있겠지만, 그 형태는 사라져 버릴 것입니다.

이 책에 나오는 사건들은 이스라엘이 점령한 지역에서 겪었던 내 삶의 혼란 속에서 정리된 나의 최상의 기억들로, 그 사건들이 발생한 순서대로 연이어서 그리고 동시에 함께 얽혀 짜인 것입니다.

참고할 점들과 아랍어 이름들 및 용어들을 명확히 정리하여 제공하기 위해, 간단한 시대사와 용어 해설, 주요 인물 목록을 부록에 포함했습니다.

보안상의 이유로, 이 책에서는 이스라엘 국가 안보 기관인 신베트(Shin Bet)가 수행한 민감한 작전의 많은 세부 정보를 일부러 생략했습니다. 이 책에 공개된 정보는 이스라엘이 주도하는 국제적 테러와의 전쟁에 어떠한 위협도 가하지 않습니다.

마지막으로, 『하마스의 아들』은 중동과 같은 곳에서 계속되는 이야기입니다. 그러므로 나는 독자 여러분이 나의 블로그 http://www.sonofhamas.com을 방문하여 내가 나누는 해당 지역의 정세에 관한 나의 견해를 읽어 보시며 소통해 주시기를 초대합니다. 또한 거기에 주님이 이 책으로 그리고 내 가족에게 어떤 역사를 하고 계신지, 또한 현재 나를 어디로 인도하시는지 업데이트하고 있습니다.

—MHY

서문

중동에서의 평화는 50년 이상에 걸쳐 외교관, 총리, 대통령 들에게 가장 어려운 과제였습니다. 세계 무대에 나오는 새로운 인물들은 매번 자신이 아랍-이스라엘 갈등을 해결할 수 있는 사람이라고 생각합니다. 그러나 그들 각각은 이전에 나온 사람들과 마찬가지로 비참하게 그리고 완전하게 실패합니다.

사실, 중동과 그곳 사람들의 복잡성을 이해하기란 서양인들에게는 매우 어려운 일입니다. 그러나 나는 이해합니다. 내게 있는 그 특유의 시각을 통해 그것을 이해합니다. 앞으로 보시게 되겠지만, 나는 그 지역의 아들이고, 그 갈등의 아들이기 때문입니다. 나는 이슬람의 한 아이이며, 테러 혐의를 받은 테러리스트의 아들입니다. 나는 또한 예수를 따르는 신자입니다.

21살이 되기 전, 나는 아무도 볼 수 없는 일들을 보았습니다. 극심한 가난, 권력 남용, 고문, 그리고 죽음을 말이지요. 전 세계가 주목하는 중동 최고 지도자들의 뒷거래를 목격했습니다. 나는 하마스의 최고 관계자들로부터 높은 신뢰를 받았으며, 이른바 인티파다(Intifada)라 불리는 봉기에 참여했습니다. 이스라엘인들이 가장 두려워하는 암흑의 수용소에 억류됐었습니다. 그리고 보시겠지만, 나는 내가 사랑하는 사람들의 눈에 반역자가 되는 선택을 했습니다.

나의 믿기 어려운 여정은 어두운 곳들을 거쳐 비상한 비밀들에 접근하게 해 주었습니다. 이 책 속에서 나는 이제까지 오랫동안 숨겨져 있던 비밀들을 공개합니다. 지금까지 소수의 그림자 같은 개인들만이 알고 있었던 사건과 그 과정을 폭로하고자 합니다.

이러한 진실들이 드러나면 중동의 일부 지역에서는 상당한 파장이 일어날 것입니다. 그러나 나는 이러한 진실의 폭로가 이 끊이지 않는 분쟁의 희생자 가족들에게 위안과 그 분쟁의 종결을 가져다주기를 희망합니다.

오늘날 내가 미국 사람들 사이에서 대화할 때면, 많은 사람이 아랍-이스라엘 갈등에 대해 많은 질문들을 던지는 것을 보게 됩니다. 하지만 답변은 거의 없고 좋은 정보도 적습니다. 나는 다음과 같은 질문들을 듣곤 합니다.

- "중동에서는 왜 사람들이 그냥 어울릴 수 없을까요?"
- "누가 옳은 쪽인가요? 이스라엘인들인가요, 팔레스타인인들인가요?"

- "그 땅은 정말 누구의 것인가요? 왜 팔레스타인 사람들은 다른 아랍 국가로 이사를 가지 않는 건가요?"
- "왜 이스라엘은 1967년 '6일 전쟁'에서 얻은 땅과 재산을 돌려주지 않나요?"
- "왜 많은 팔레스타인 사람들이 아직도 난민 수용소에서 살고 있을까요? 왜 그들은 자신들의 국가를 가지지 못하나요?"
- "왜 팔레스타인 사람들은 이스라엘을 그렇게 미워하나요?"
- "이스라엘은 자살 폭탄 테러와 빈번한 로켓 공격으로부터 자신을 어떻게 보호하나요?"

이는 좋은 질문들입니다. 그러나 어느 하나도 진짜 문제, 즉 근본적인 문제를 건드리지 않습니다. 현재의 갈등은 사실 성경의 첫 번째 책에 기술된 사라와 하갈 간의 적대감으로 거슬러 올라갑니다. 그러나 정치적·문화적 현실을 이해하려면, 사실 제1차 세계대전 이후의 상황만 봐도 충분합니다.

전쟁이 끝나자 수 세기 동안 팔레스타인 민족의 고향이었던 팔레스타인 영토는 영국의 통치하에 놓였습니다. 그리고 영국 정부는 이 지역에 대해 특이한 인식을 갖고 있었는데, 이는 1917년 벨푸어 선언에서 다음과 같이 명시됐습니다. "영국 정부는 팔레스타인에 유대인의 민족적 본거지를 설립하는 데 호의적인 입장을 가지고 있다."

영국 정부의 독려로 주로 동유럽에서 수십만 명의 유대인 이민자들이 팔레스타인 영토로 몰려들었습니다. 아랍인과 유대인 사이의 충돌은 불가피했습니다.

이스라엘은 1948년에 국가가 됐습니다. 그러나 팔레스타인 영토는 그대로, 즉 비주권 영토로 남아 있었습니다. 질서를 유지하는 헌법이 없으면 종교법이 최고의 권위가 됩니다. 그리고 모든 사람이 자신이 적합하다고 생각하는 대로 법을 자유롭게 해석하고 집행할 수 있게 되면 혼란이 뒤따릅니다. 외부 세계가 보기에 중동 분쟁은 단순히 작은 땅을 두고 벌이는 줄다리기일 뿐이지만, 실제 문제는 아직까지 아무도 진정한 문제를 이해하지 못했다는 것입니다. 그 결과 캠프 데이비드에서 오슬로까지의(두 지역에서 이스라엘-이집트, 이스라엘-PLO[팔레스타인해방기구] 간의 협정이 각각 이뤄졌다—편주) 협상가들은 자신 있게 심장병 환자의 팔과 다리에 부목을 계속해서 대고 있습니다.

이해해 주시기 바랍니다. 나는 내가 이 시대의 위대한 사상가들보다 더 똑똑하거나 현명하다고 생각해서 이 책을 쓴 것이 아닙니다. 결코 아닙니다. 그러나 나는 하나님이 해결 불가능한 것처럼 보이는 갈등의 여러 측면에 나를 두심으로써 내게 특별한 관점을 주셨다고 믿습니다. 내 삶은 어떤 사람에게는 이스라엘, 다른 사람에게는 팔레스타인, 또 다른 사람에게는 점령지로 불리는, 복잡하고도 혼란스럽게 얽혀 있는 지중해 연안의 작은 땅처럼 분할됐습니다.

앞으로 전개될 지면에서의 나의 목적은 몇 가지 주요 사건에 대한 기록을 바로잡고, 몇 가지 비밀을 폭로하며, 모든 일이 순조롭게 진행된다면 불가능해 보이는 일마저도 성취될 수 있다는 희망을 여러분에게 남기는 데 있습니다.

제1장
체포되다
(1996)

나는 서안 지구 라말라 외곽의 주요 고속도로로 이어지는 좁은 길들 중 하나의 막다른 모퉁이를 나의 하얀색 스바루(Subaru)를 몰고 돌아 나갔다. 나는 천천히 브레이크를 밟아 가며 예루살렘을 오가는 도로 곳곳에 있는 수많은 검문소 중 한 곳으로 천천히 다가갔다.

"시동 꺼! 차 세워!" 누군가 서툰 아랍어로 소리쳤다.

예고도 없이, 이스라엘 군인 6명이 덤불에서 뛰어나와 내 차를 가로막았다. 그들은 각기 기관총을 들고 있었고, 총구는 모두 내 머리를 향하고 있었다.

공포가 목을 죄어 왔다. 나는 차를 세우고 열린 창문으로 열쇠를 던졌다.

"나와! 나와!"

지체할 시간도 없이 그중 한 명이 갑자기 문을 열고 나를 먼지

바닥에 내동댕이쳤다. 머리를 가릴 시간도 없이 구타가 시작됐다. 내가 나의 얼굴을 보호하려고 하는 와중에도, 군인들의 무거운 군화는 갈비뼈, 신장, 등, 목, 두개골 등 다른 목표물들을 재빠르게 발견했다.

그중 2명이 나를 일으켜 검문소로 끌고 갔다. 나는 시멘트 바리케이드 뒤에서 무릎을 꿇게 됐다. 내 두 손은 등 뒤로 묶여 있었고, 가장자리가 날카로운 플라스틱 지퍼 타이로 완전히 꽉 조여 있었다. 누군가 내 눈을 가린 뒤 지프차 뒷좌석 바닥에 밀어 넣었다. 그들이 나를 어디로 데려가는지, 내가 얼마나 오랫동안 떠나게 될지 궁금해하면서 두려움과 분노가 뒤섞였다. 나는 18살이 채 안 됐고, 고등학교 마지막 시험을 불과 몇 주밖에 남겨 놓지 않았었다. 나에게 무슨 일이 일어나게 될까?

비교적 짧은 거리를 주행한 후 지프차는 속도를 늦추더니 이내 멈췄다. 한 군인이 나를 뒷좌석에서 끌어내리고, 눈가리개를 벗겼다. 햇살이 강하게 비치면서, 나는 오페르 군사 기지에 왔다는 것을 알게 됐다. 오페르는 서안 지구에서 가장 크고 가장 안전한 이스라엘 국방 군사 시설 중 하나였다.

본 건물 쪽으로 이동하면서 우리는 방수포로 가려진 여러 대의 장갑 전차를 지나갔다. 그 괴물 같은 더미들은 내가 게이트 밖에서 볼 때마다 항상 흥미를 끌었던 것이었다. 그것들은 거대하고 커다란 바위처럼 보였다.

건물 안으로 들어가자마자 우리는 의사를 만났다. 아마도 심문을 견디기에 적합한지 확인하려는 듯이 나를 빠르게 점검했다. 몇 분도 지나지 않아 수갑과 눈가리개가 다시 채워졌고, 나는 지프차 뒷구석으로 밀쳐 넣어졌다.

내가 사람들의 발만 둘 만한 작은 공간에 몸을 맞추고자 내 몸을 비틀려 시도할 때, 우람한 군인이 그의 군홧발로 허리를 꽉 밟고 M16 소총의 총구로 내 가슴을 눌렀다. 휘발유 매연의 강렬한 냄새가 차량 바닥을 가득 채웠고 내 목구멍을 막았다. 내가 불편한 자세를 고치려고 할 때마다 군인은 총구를 내 가슴 깊숙이 박았다.

예고도 없이, 타는 듯한 통증이 온몸을 꿰뚫었고 발가락들이 오그라들었다. 마치 로켓이 내 두개골에서 폭발한 것 같았다. 충격은 앞좌석에서 가해진 것이었는데, 나는 군인 중 한 명이 소총 개머리판으로 내 머리를 친 것을 깨달았다. 그러나 내가 나 자신을 보호할 틈도 갖기 전에 그는 다시 나를 때렸는데, 이번에는 더 세게 그것도 내 눈을 가격했다. 나는 거기서 벗어나려 했지만 나를 발판으로 삼고 있던 군인이 나를 끌어당기며 일으켜 세웠다.

"움직이지 마. 움직이면 쏜다!" 그는 소리쳤다.

하지만 나는 어찌할 수 없었다. 그의 동료가 나를 칠 때마다 나는 그 충격 때문에 나도 모르게 움츠러들었다.

거친 눈가리개 아래서 내 눈은 점점 부어올라 감기기 시작했고 내 얼굴은 무감각해졌다. 다리에 피가 통하지 않았다. 어느샌가 내 호흡은 짧게 반복되는 헐떡거림으로 변하기 시작했다. 나는 그런 고통을 느껴 본 적이 없었다. 그러나 육체적인 고통보다 더 심한 것은 무자비하고 잔인하고 비인간적인 무언가의 손아귀에 있다는 공포였다. 나를 괴롭히는 사람들의 동기를 이해하려고 애쓰는 동안 내 마음은 흔들렸다. 나는 증오, 분노, 복수, 심지어 필요성 때문에 싸우고 죽이는 것을 이해했다. 그러나 나는 이 군인들에게 어떤 짓도 한 적이 없었다. 나는 저항하지 않았다. 나는 나에게 하라고 지시받은 모든 일을 다 했다. 나는 그들에게 위협이 되지 않았다. 나는 두 손이 묶이고 눈이 가려진 비무장 상태였다. 나에게 고통을 가하는 것을 그토록 즐기는 이 사람들의 내면에는 무엇이 있을까? 심지어 가장 하찮은 동물조차 이유가 있어 죽이는데, 그저 즐거움으로 죽이지 않는데.

나는 어머니가 나의 체포 소식을 들었을 때 마음이 어떠셨을지 생각해 보았다. 아버지가 이미 이스라엘 감옥에 수감되어 계신 상황에서 나는 가장이었다. 나도 아버지처럼 몇 달, 몇 년 동안 감옥에 갇히게 될 것인가? 그럴 때, 어머니는 나도 사라진 상황에서 어떻게 지내실까? 나는 아버지가 가족에 대해 걱정하시면서 우리가 아버지를 걱정하고 있다는 사실을 알고 슬퍼하시는 마음을 이해하기 시작했다. 어머니의 얼굴을 상상하니 눈물이 핑 돌았다.

또한 고등학교 시절이 모두 허사로 돌아가는 것은 아닌가 하는 생각도 들었다. 만약 내가 정말로 이스라엘 감옥으로 향하고 있다면, 다음 달 기말고사를 놓치게 될 것이다. 구타가 계속되는 와중에도 내 마음에는 질문과 울음이 쏟아졌다. '왜 나에게 이런 짓을 하는 겁니까? 내가 뭘 했는데요? 나는 테러리스트가 아니에요! 나는 단

지 어린아이일 뿐이에요. 왜 나를 이렇게 때리는 거예요?'

분명 몇 번이나 기절했는데, 내가 깨어날 때마다 군인들이 여전히 거기에 있었고 나를 때렸다. 나는 구타를 피할 수 없었다. 내가 할 수 있는 유일한 일은 비명을 지르는 것뿐이었다. 목구멍 뒤쪽에서 담즙이 차오르는 것을 느꼈고, 구역질이 나면서 온몸이 나의 토사물로 범벅이 됐다.

나는 의식을 잃기 전에 깊은 슬픔을 느꼈다. 이걸로 끝인가? 인생이 정말로 시작되기도 전에 나는 죽게 될 것인가?

제2장
믿음의 사다리
(1955-1977)

내 이름은 모사브 하산 유세프(Mosab Hassan Yousef).

나는 하마스 조직의 창설자 7명 중 하나인 셰이크 하산 유세프(Sheikh Hassan Yousef)의 장남이다. 나는 서안 지구의 도시, 라말라에서 태어났으며, 중동에서 가장 종교적인 이슬람 가문의 일원이다.

내 이야기는 성경에서 유대와 사마리아라고 부르는 이스라엘 지역에 위치한 알자니야 마을의 종교 지도자, 즉 이맘(imam)이었던 나의 할아버지 셰이크 유세프 다우드(Sheikh Yousef Dawood)로부터 시작된다. 나는 할아버지를 매우 사랑했다. 그가 나를 껴안을 때 그의 부드럽고 흰 수염이 내 뺨을 간지럽혔고, 나는 몇 시간 동안 앉아, 그의 감미로운 목소리로 외치는, 무슬림들을 기도의 시간으로 부르는 '아잔'(adhan)을 들을 수 있었다. 그리고 무슬림들은 매일 다섯 번씩 기도하라는 부름을 받았기 때문에, 나는 그런 기회를 충분히 가질 수 있었다. 아잔과 코란을 외치는 것은 잘하기가 쉽지 않은데, 할아버지가 그렇게 하셨을 때 그 소리는 마치 마법 주문 같았다.

내가 어렸을 때 어떤 외침들은 너무 거슬려서 귀를 틀어막고 싶을 정도였다. 하지만 할아버지는 열정적인 분이셨고, 아잔을 낭송하는 동안 이를 듣는 이들을 그 깊은 의미 속으로 데려가셨다. 할아버지는 그 한마디 한마디를 진심으로 믿으셨다.

요르단의 통치와 이스라엘의 점령 당시 알자니야에는 약 400명의 사람들이 살았다. 하지만 이 작은 시골 마을 주민들은 정치에 거의 관심이 없었다. 라말라에서 북서쪽으로 몇 킬로미터 떨어진, 구불구불하고 완만한 언덕에 자리 잡은 알자니야는 매우 평화롭고 아름다운 곳이었다. 거기서 보이는 일몰은 모든 것을 장밋빛과 보랏빛으로 물들였다. 공기는 맑고 신선했으며, 언덕 꼭대기에서는 지중해까지 쭉 바라볼 수 있었다.

매일 아침 4시쯤 되면 할아버지는 모스크로 가셨다. 아침 기도가 끝나면 그는 작은 당나귀를 데리고 들판으로 나가서 땅을 갈고, 올리브 나무를 가꾸며, 산에서 흘러내리는 샘물을 마시곤 하셨다. 알자니야에서는 단 한 사람만이 차를 가지고 있었기 때문에 대기 오염이 없었다.

집에 있을 때, 할아버지는 끊임없이 방문객을 맞이하셨다. 그는 이맘 그 이상이었다. 그는 그 마을 사람들에게 모든 것이었다. 그는 새로 태어난 모든 아기를 위해 기도하고 아이의 귀에 아잔을 속삭이셨다. 누군가 죽으면 할아버지는 시신을 씻어 기름을 바르고, 옷으로 감싸셨다. 그는 그들을 결혼시키고, 그들을 묻으셨다.

그가 가장 좋아했던 아들이 바로 나의 아버지 하산이었다. 아버지는 어렸을 때에도 정기적으로 할아버지와 함께 모스크에 가셨다. 그의 형제 중 어느 누구도 그처럼 이슬람에 관심을 두지 않았다.

할아버지 곁에서 하산은 아잔을 낭송하는 법을 배웠다. 그리고 그의 아버지처럼 그도 사람들이 호응하는 목소리와 열정을 갖고 있었다. 나의 할아버지는 그를 매우 자랑스러워하셨다. 아버지가 12살이었을 때, 할아버지는 이렇게 말씀하셨다. "하산아, 너는 하나님과 이슬람에 매우 관심이 있다는 걸 보여 주었다. 그래서 샤리아(sharia)를 배우도록 너를 예루살렘으로 보내려고 한다." 샤리아는 가정과 위생에서부터 정치와 경제에 이르기까지 일상생활 전반을 다루는 이슬람 종교법이다.

하산은 정치나 경제에 대해 전혀 알지도 못했고 관심도 없었다. 그는 단지 그의 아버지처럼 되고 싶었을 뿐이다. 그는 코란을 읽고 낭송하며 사람들에게 봉사하고 싶어 했다. 그러나 그는 자신의 아버지가 신뢰받는 종교 지도자이자 사랑받는 공직자 그 이상이라는 사실을 곧 알게 됐다.

아랍인들에게는 항상 가치와 전통이 정부 헌법이나 법원보다 더 큰 의미를 갖고 있었기 때문에 할아버지 같은 남성이 최고 권위자가 되는 경우가 많았다. 특히 세속 지도자가 약하거나 부패한 지역에서는 종교 지도자의 말이 법으로 여겨졌다.

나의 아버지는 단순히 종교를 공부하기 위해 예루살렘으로 보내진 것이 아니셨다. 할아버지는 그로 하여금 통치할 수 있도록 준비시키고 계셨다. 그래서 그 후 몇 년 동안 나의 아버지는 전 세계 대부분의 사람들이 '예루살렘'이라는 말을 듣자마자 바로 머릿속에 떠올리는 황금 돔 구조, 곧 '바위의 돔'이라 불리는 알아크사 모스크 옆의 예루살렘 구시가지에 살면서 공부하셨다. 그는 18세에 학업을 마치고 라말라로 이사했고, 그곳에서 즉시 구시가지 모스크의 이맘으로 고용되셨다. 알라와 그의 백성 모두를 섬기려는 열정으로 가득 찬 아버지는 할아버지가 알자니야에서 그랬던 것처럼 그 지역 사회에서 일을 시작하기를 열망하셨다.

그러나 라말라는 알자니야가 아니었다. 후자는 잠잠한 작은 마을이었지만 전자는 번화한 도시였다. 첫 방문으로 아버지가 모스크에 들어갔을 때 단지 5명의 노인만이 아버지를 기다리고 있음을 보고 충격을 받으셨다. 다른 사람들은 모두 커피숍이나 포르노 극장에 가서 술에 취하고 도박을 하고 있는 것 같았다. 심지어 모스크 바로 옆집에서 아잔을 외치는 남자도 미너렛(minaret: 기도탑)에서 마이크와 전선을 끌어와, 카드 게임에 방해를 받지 않고서도 이슬람 전통을 이어 갈 수 있었다.

아버지는 이 사람들을 안타까운 마음으로 바라보면서도, 그들에게 어떻게 다가가야 할지 확신하지 못하셨다. 5명의 노인조차 자신들이 곧 죽을 것이라는 것을 알고 단지 천국에 가고 싶어서 모스크에 왔다고 인정했지만, 적어도 그들은 기꺼이 경청했다. 그래서 그는 자신이 가진 것으로 사역하셨다. 그는 이들을 기도로 인도했고 이들에게 코란을 가르쳤다. 아주 짧은 시간에, 이들은 마치 아버지가 하늘에서 보내진 천사인 것처럼 그를 사랑하게 됐다.

모스크 밖에서는 이야기가 달라졌다. 많은 사람에게 있어서, 코란의 신에 대한 아버지의 사랑은 신앙에 대한 그들의 무관심을 드러냈고 그들은 기분이 상하곤 했다.

"아잔을 하고 있는 애는 누구야?" 사람들은 앳된 얼굴의 아버지를 가리키며 비웃었다. "저 사람은 여기에 어울리지 않아. 그 사람은 문제아야."

"이 어린 놈이 왜 우리를 당혹스럽게 만들어? 모스크에는 노인들만 간다구."

"너처럼 되느니 개가 되는 게 낫겠다." 그들 중 한 명이 아버지의 얼굴을 향해 소리쳤다.

아버지는 박해를 묵묵히 견뎠고, 결코 언성을 높이거나 자신을 변호하지 않으셨다. 그러나 사람들에 대한 그의 사랑과 연민은 그를 포기하도록 놔두지 않았다. 그리고 그는 자신이 하도록 부름받은 일, 사람들에게 이슬람과 알라에게로 돌아가기를 촉구하는 일을 계속하셨다.

아버지는 자신의 관심사를 할아버지와 나누었고, 할아버지는 아버지가 원래 생각했던 것보다 훨씬 더 큰 열정과 잠재력을 갖고 있다는 것을 빨리 인지하셨다. 할아버지는 고급 이슬람 연구를 위해 아버지를 요르단으로 보내셨다. 앞으로 확인하게 되겠지만, 아버지가 그곳에서 만났던 사람들은 결국 우리 가족의 역사를 바꾸고 싶지어 중동 분쟁의 역사에도 영향을 미칠 것이다. 그러나 이야기를 계속 이어 가기 전에, 중동 분쟁에 관해 지금까지 제시된 수많은 외교적 해결책이 한결같이 실패하고 평화를 기대할 수 없는 이유를 이해하는 데 도움이 될 만한 이슬람 역사의 몇몇 주요 사항을 잠시 설명하고자 한다.

* * *

1517년에서 1923년 사이에 오스만 칼리프제(Caliphate: 칼리프가 다스리는 국가/제도)로 전형화된 이슬람교는 튀르키예에 기반을 두고 세 개 대륙에 걸쳐 퍼졌다. 그러나 몇 세기 동안 엄청난 경제적·정치적 힘을 지녔던 오스만 제국은 중앙집권화됐고 부패하여 쇠퇴하기 시작했다.

튀르키예 통치하에서 중동 전역의 무슬림 마을은 박해와 세금에 억눌렸다. 이스탄불은 칼리프(caliph: 이슬람 공동체의 정치·종교 지도자)가 군인과 지역 관리 들의 학대로부터 신자들을 보호하기에는 너무 멀리 떨어져 있었다.

20세기가 되자 많은 무슬림들은 환멸을 느끼고 다른 삶의 방식을 찾기 시작했다. 일부는 최근에 들어온 공산주의자들의 무신론을 받아들였다. 다른 이들은 자신들의 문제로부터 도피하여 술, 도박, 음란물에 빠졌는데, 그중 대부분은 풍부한 자원과 급격한 산업화에 끌려 이 지역으로 들어온 서양인들에 의해 소개된 것이었다.

이집트 카이로에서 하산 알반나(Hassan al-Banna)라는 독실한 젊은 초등학교 교사는 가난하고, 직업도 없고, 신도 없는 동포들을 위해 울었다. 그러나 그는 이슬람교도가 아닌 서방을 비난하며, 그의 국민, 특히 젊은이들의 유일한 희망이 이슬람의 순수성과 단순함으로 돌아가는 것이라고 믿었다.

그는 커피하우스에 가서, 테이블과 의자에 올라가 모든 사람에게 알라에 대해 설교했다. 술주정뱅이들은 그를 조롱했다. 종교 지도자들은 그에게 도전했다. 그러나 대부분의 사람은 그를 사랑했다. 그가 그들에게 희망을 주었기 때문이었다.

1928년 3월, 하산 알반나는 '무슬림 형제단'(Muslim Brotherhood)으로 널리 알려진 무슬림 형제회를 설립했다. 새로운 조직의 목표는 이슬람 원칙에 따라 사회를 재건하는 것이었다. 10년이 안 돼 이집트의 모든 지방에 지부가 생겼다. 알반나의 형제는 1935년에 팔레스타인 영토에 지부를 설립했다. 그리고 20년 후, 형제단의 수는 이집트에서만 약 50만 명에 이르게 됐다.

무슬림 형제단의 구성원들은 주로 가장 가난하고 사회적으로도 영향력이 거의 없는 계층 출신이었지만 대의에 매우 충실했다. 그들은 코란에서 요구하는 대로 동료 무슬림들을 돕기 위해 자신들의 주머니를 비워 기부에 동참했다.

모든 무슬림을 테러리스트로 고정관념화하는 서구의 많은 사람은 사랑과 자비를 반영하는 이슬람의 측면을 모르고 있다. 이슬람은 가난한 자들과 과부들과 고아들을 돌보며, 복지를 지원한다. 또한 이슬람의 단결을 추구하면서 그들의 결집력을 강화시킨다. 이것이 무슬림 형제단의 초기 지도자들에게 동기를 부여한 이슬람의 모습이다. 물론 다른 측면도 있다. 예컨대, 모든 이슬람교도들에게 지하드(jihad: 문자적으로는 "투쟁"을 의미하지만, 무장 이슬람 단체들은 무장 투쟁, 심지어 테러리즘을 촉구하는 것으로 해석함)를 촉구하고, 알라를 위해 통치하고 대변하는 한 명의 거룩한 사람이 이끄는 세계적인 칼리프 국가, 즉 이슬람 국가를 수립할 때까지 세계와 투쟁하고 경쟁해야 한다는 것이다. 이것은 앞으로 이야기가 진행되면서 독자들이 이해하고 기억해야 할 중요한 부분이다. 하지만 다시 우리의 역사 수업으로 돌아가 보자.

1948년, 무슬림 형제단은 이집트 정부에 맞서 쿠데타를 시도했는데, 형제단은 점점 더 심화되는 이집트의 세속주의를 비난했다. 그러나 영국의 위임 통치가 끝나고 이스라엘이 유대 국가로서 독립을 선언하면서 봉기는 확산되기 전에 중단됐다.

중동 전역의 무슬림들은 분노했다. 코란에 따르면, 적이 무슬림 국가를 침공하면 모든 무슬림은 하나가 되어 자신의 땅을 지키기 위해 싸워야 한다. 아랍 세계의 관점에서 보면, 외국인들이 팔레스타인을 침공하여 이제는 메카와 메디나에 이어 지구상에서 세 번째로 성스러운 알아크사 모스크가 있는 팔레스타인을 점령했다. 모스크는 무함마드가 천사 가브리엘과 함께 천국으로 여행하고 아브라함, 모세, 예수와 이야기했다고 믿어지는 장소에 세워졌다.

이집트, 레바논, 시리아, 요르단, 이라크가 즉시 새로운 유대 국가를 침공했다. 1만 명의 이집트 군대 중에는 수천 명의 무슬림 형제단 자원봉사자도 있었다. 그러나 아랍 연합군은 수적으로나 화력으로나 열세였다. 1년도 채 지나지 않아 아랍군은 쫓겨났다.

전쟁의 결과로 약 75만 명의 팔레스타인 아랍인이 이스라엘 국가가 된 영토에서 도망치거나 고향에서 추방됐다.

비록 유엔(UN)은 결의안 194호를 통과시키고, 그 내용 중 일부에서 "집으로 돌아가 이웃과 평화롭게 살기를 원하는 난민은 그렇게 하는 것이 허용되어야 한다", 그리고 "그렇지 않기로 선택한 사람들의 재산에 대해서는 보상이 지급되어야 한다"고 명시했지만, 이 권고안은 결코 구현되지 않았다. 아랍-이스라엘 전쟁 중에 이스라엘을 떠난 수만 명의 팔레스타인인들은 집과 땅을 되찾지 못했다. 이들 난민들과 그 후손들 중 다수는 오늘날까지도 유엔이 운영하는 열악한 난민 수용소에서 살고 있다.

그때 무장한 무슬림 형제단의 구성원들이 전쟁터에서 이집트로 돌아오면서 중단됐던 쿠데타가 재개됐다. 그러나 전복 계획에 대한 소식이 새어 나가면서 이집트 정부는 무슬림 형제단의 활동을 금지하고 자산을 몰수했으며 많은 구성원을 투옥했다. 체포를 피한 사람들은 몇 주 후에 이집트 총리를 암살했다.

하산 알반나는 1949년 2월 12일 정부 비밀 기관에 의해 암살된 것으로 추정된다. 그러나 무슬림 형제단은 무너지지 않았다. 불과 20년 만에 하산 알반나는 이슬람의 휴면 상태를 뒤흔들고 무장 투사들과 함께 혁명을 일으켰다. 그리고 그 후 몇 년 동안, 이 조직은 이집트뿐 아니라 인근 시리아와 요르단에서도 사람들 사이에서 그 수와 영향력을 계속해서 더해 갔다.

아버지가 학업을 계속하기 위해 1970년대 중반 요르단에 도착했을 때 그곳의 무슬림 형제단은 이미 거기에 굳게 자리 잡고 있었고 현지 사람들에게 사랑을 받고 있었다. 무슬림 형제단의 구성원들은 이슬람의 생활 방식에서 벗어난 사람들에게 새로운 신앙을 격려하고, 상처받은 사람들을 치유하며, 사회의 부패한 영향으로부터 사람들을 구하려고 노력하는 등 아버지의 마음에 있는 모든 일을 하고 있었다. 아버지는 이들이 마르틴 루터(Martin Luther)와 윌리엄 틴데일(William Tyndale)이 기독교에서 그랬던 것처럼 이슬람에 대한 종교 개혁가라고 믿으셨다. 그들은 사람을 구하고 삶을 개선하기를 원했을 뿐, 죽이고 파괴하기를 원하지 않았다. 그리고 아버지는 무슬림 형제단의 초기 지도자들을 만났을 때 "맞습니다. 이것이 바로 제가 찾고 있던 겁니다"라고 말씀하셨다.

아버지가 그 초기에 본 것은 사랑과 자비가 반영된 이슬람의 일부였다. 그가 보지 못한 것, 아마도 아직까지 한 번도 보도록 허락되지 않은 것은 이슬람의 다른 측면이다.

이슬람의 삶은 사다리와 같다. 기도하고 알라를 찬양하는 것이 맨 아래 가로대이다. 더 높은 단계는 가난하고 궁핍한 사람들을 돕고, 학교를 설립하고, 자선 단체를 지원하는 것이다. 가장 높은 단계는 지하드이다.

그 사다리는 높다. 꼭대기에 무엇이 있는지 보기 위해 올려다보는 사람은 거의 없다. 그리고 진전은 일반적으로 점진적이고 거의 눈에 띄지 않는다. 마치 헛간에 있는 고양이가 제비를 쫓듯이 말이다. 제비는 고양이에게서 결코 눈을 떼지 않는다. 그냥 단지 거기 서서 고양이가 오가는 것을 지켜보고 있을 뿐이다. 그러나 제비는 깊이를 판단하지 않는다. 제비는 고양이가 매번 지나갈 때마다 조금씩 더 가까워지고 있는 것을 보지 못한다. 눈 깜짝할 사이에 고양이의 발톱이 제비의 피로 얼룩지게 될 때까지.

전통적인 이슬람교도들은 실제로 이슬람을 실천하지 않은 것에 대해 죄책감을 느끼며 사다리 밑에 서 있다. 맨 위에는 근본주의자들이 있는데, 코란 신의 영광을 위해 여성과 어린이를 죽이는, 뉴스에서 볼 수 있는 사람들이다. 온건파는 그 사이 어디엔가 있다.

그러나 온건파 무슬림은 실제로 근본주의자보다 더 위험하다. 왜냐하면 그들은 겉으로는 무해해 보이지만 언제 정상을 향해 다음 단계를 밟을지 알 수 없기 때문이다. 대부분의 자살 폭탄 테러리스트는 온건파에서 시작됐다.

아버지가 처음으로 사다리의 맨 아랫단에 발을 디딘 그날, 그는 결코 자신이 원래의 이상에서 얼마나 높이 올라갈지 상상하지 못하셨다. 그리고 35년이 지난 지금, 나는 아버지에게 묻고 싶다. "어디서 시작했는지 기억하시나요? 아버지는 그 모든 잃어버린 사람들을 보셨고 그들 때문에 가슴 아파하셨으며 그들이 알라에게 와서 안전하기를 바랐습니다. 그런데 자살 폭탄 테러리스트와 무고한 피? 이게 아버지가 하시려고 한 일인가요?" 그러나 우리 문화에서는 그런 일에 대해 아버지에게 말하는 것이 금지되어 있다. 그래서 그는 그 위험한 길을 계속 가셨다.

제3장
무슬림 형제단
(1977-1987)

요르단에서 공부를 마치고 점령지로 돌아왔을 때, 아버지는 곳곳에 있는 무슬림들에 대한 낙관과 희망으로 가득 차 계셨다. 마음속으로 그는 무슬림 형제단의 온건한 표현이 가져올 밝은 미래를 보았다.

아버지와 동행한 사람은 요르단 무슬림 형제단의 창립자 중 한 명인 이브라힘 아부 살렘(Ibrahim Abu Salem)이었다. 아부 살렘은 침체된 팔레스타인 형제단에 활력을 불어넣기 위해 왔다. 그와 아버지는 그들의 열정을 공유하는 젊은이들을 모집하고 그들을 소규모 활동가 그룹으로 구성하면서 함께 잘 일했다.

1977년, 아버지 하산은 주머니에 단돈 50디나르만 갖고 이브라힘 아부 살렘의 여동생 사브하 아부 살렘(Sabha Abu Salem)과 결혼했다. 나는 이듬해에 태어났다.

내가 7살일 때, 우리 가족은 라말라의 쌍둥이 도시인 알비레로 이사했고, 아버지는 알비레 지방자치단체 구역 내에 설립된 알아마리 난민 수용소의 이맘이 되셨다. 서안 지구에는 19개의 수용소가 산재해 있었고, 알아마리는 1949년 약 27,000평 규모의 부지에 설립됐다. 1957년에는 비바람을 맞는 텐트 대신 벽과 벽이 맞닿은, 연속된 콘크리트 주택으로 대체됐다. 거리는 자동차 폭만큼 넓었고, 도랑에는 오수가 강물처럼 흘렀다. 수용소는 혼잡했고, 물은 마실 수 없는 물이었다. 수용소 중앙에는 외로운 나무 한 그루가 서 있었다. 난민들은 주택, 식량, 의복, 의료, 교육 등 모든 것을 유엔에 의존했다.

아버지가 처음으로 모스크에 갔을 때, 기도하는 사람들이 한 줄에 20명씩 두 줄뿐인 것을 보고 실망하셨다. 그러나 그가 수용소에서 설교를 시작한 지 몇 달이 지나자 사람들이 모스크를 가득 메우고 거리에 넘쳐 났다. 아버지는 알라에 대한 헌신 외에도 무슬림 사람들에 대한 큰 사랑과 연민을 갖고 계셨다. 그리고 그 결과 그들도 그를 매우 사랑하게 됐다.

하산 유세프는 다른 사람들과 똑같았기 때문에 매우 호감을 받았다. 그는 자신이 섬기는 사람들보다 자신이 더 높다고 생각하지 않았다. 그는 그들이 사는 대로 살았고, 그들이 먹는 것을 먹었으며, 그들이 기도하는 대로 기도했다. 그는 화려한 옷을 입지 않았다. 그는 요르단 정부로부터 종교 유적지의 운영과 유지를 위해 아주 적은 급여를 받았는데, 그것도 겨우 생활비를 충당할 정도였다. 그가 공식적으로 쉬는 날은 월요일이었지만 그는 한 번도 쉬지 않았다. 그는 임금을 위해 일하지 않았다. 그는 알라를 기쁘게 하기 위해 일했다. 그에게는 이것이 신성한 의무이자 삶의 목적이었다.

1987년 9월, 아버지는 서안 지구에 있는 사립 기독교 학교에 다니는 무슬림 학생들에게 종교를 가르치는 부업을 시작하셨다. 물론, 그것은 우리가 이전보다 그를 덜 보게 된다는 것을 의미한다. 그가 그리했던 이유는 그의 가족을 사랑하지 않았기 때문이 아니라, 오히려 알라를 더 사랑했기 때문이었다. 그러나 그때 우리는, 앞으로 그를 거의 볼 수 없는 때가 다가오고 있음을 인지하지 못했다.

아버지가 일하는 동안 어머니는 홀로 아이들을 키우는 짐을 짊어지셨다. 그녀는 우리에게 좋은 무슬림이 되는 방법을 가르쳤고, 우리가 충분히 나이가 들었을 때 새벽 기도를 하도록 깨우고 이슬람 성월인 라마단 동안 금식하도록 격려하셨다. 이제 우리 형제자매는 여섯 명(남동생 소하이브[Sohayb], 세이프[Seif], 우와이스[Oways], 여동생 사빌라[Sabeela]와 타스님[Tasneem], 그리고 나)이 되었다. 아버지가 두 가지 일을 해서 돈을 벌어 왔지만 생활비를 해결하기도 쉽지 않았다. 어머니는 1디나르(한화 약 500원)라도 아껴 쓰기 위해 애쓰셨다.

사빌라와 타스님은 아주 어렸을 때부터 어머니의 집안일을 돕기 시작했다. 다정하고 순수하고 아름다웠던 내 여동생들은 놀 시간이 없어 장난감 위에 먼지가 잔뜩 쌓여 가도 결코 불평하지 않았다. 대신, 그들의 새로운 장난감은 부엌의 살림 도구들이었다.

"사빌라, 너무 많이 일하는구나." 어머니가 나의 가장 나이가 많은 여동생에게 말했다. "그만하고 쉬어야 해." 그러나 사빌라는 미소를 지으며 계속 일했다.

남동생 소하이브와 나는 불을 피우고 오븐을 사용하는 방법을 아주 어릴 때부터 배웠다. 우리는 요리와 설거지를 도맡아 했고, 아기인 우와이스를 돌보았다.

우리가 가장 좋아하는 게임은 '별들'(Stars)이라 불렸다. 어머니는 종이에 우리의 이름을 적었고, 우리는 매일 밤 잠자리에 들기 전에 그날 무엇을 했는지에 따라 우리에게 주어지는 '별들'을 받기 위해 둥글게 모였다. 월말에 가장 많은 별을 모은 사람이 승자가 됐다. 보통 사빌라였다. 물론 실제 상품을 살 돈은 없었지만 상관없었다. 별들은 무엇보다도 우리가 어머니로부터 칭찬을 받는다는 측면에서 더 중요했고, 우리는 항상 작은 영광의 순간을 간절히 기다렸다.

알리 모스크는 우리 집에서 불과 800미터 거리에 있었는데, 나 혼자서 걸어갈 수 있다는 사실이 매우 자랑스러웠다. 아버지가 간절히 자신의 아버지처럼 되고자 했던 것처럼, 나도 아버지와 같은 사람이 되고 싶었다.

알리 모스크 건너편에는 내가 본 것 중 가장 큰 공동묘지 가운데 하나가 우뚝 솟아 있었다. 라말라, 알비레, 그리고 난민 수용소를 위해 사용되는 묘지는 우리 동네 전체보다 다섯 배나 컸고 약 60센티미터 높이의 벽으로 둘러싸여 있었다. 하루에 다섯 번씩, 아잔(adhan)이 우리를 기도하도록 부를 때, 나는 수천 개의 무덤 사이를 지나 모스크로 왕복했다. 내 또래 남자아이에게 그곳은 믿을 수 없을 정도로 오싹했다. 특히 완전히 어두운 밤에는 더욱 그랬다. 나는 커다란 나무의 뿌리가 땅에 묻힌 시신으로부터 영양을 공급받는 모습을 상상하지 않을 수 없었다.

한번은 이맘이 정오 기도를 하자고 불렀을 때 나는 몸을 깨끗하게 하고 향수를 뿌리고 아버지가 입었던 것처럼 멋진 옷을 입고 모스크로 갔다. 아름다운 날이었다. 모스크에 가까이 다가가자 바깥에 평소보다 많은 차가 주차되어 있고 입구 근처에 한 무리의 사람들이 서 있는 것을 발견했다. 나는 언제나 그랬던 것처럼 신발을 벗고 들어갔다. 문 바로 안쪽에는 열린 상자에 하얀 솜으로 싸인 시신이 있었다. 나는 한 번도 시신을 본 적이 없었고, 뚫어지게 쳐다보면 안 된다는 것을 알면서도 그에게서 눈을 뗄 수가 없었다. 그는 천에 싸여 있었으며 얼굴만 노출됐다. 나는 그의 가슴을 자세히 관찰했고, 그가 다시 숨을 쉬기 시작하는 것은 아닌지 반쯤 기대했다.

이맘이 우리에게 기도하기 위해 줄을 서라고 부를 때, 나는 계속해서 관 안에 있는 시신을 보면서, 다른 사람들과 함께 앞으로 나아갔다. 우리가 낭송을 마쳤을 때 이맘은 시신이 기도를 받을 수 있도록 앞으로 가져오라고 했다. 여덟 명이 관을 어깨 위로 들어 올렸고, 한 명이 "라 일라하 일랄라!"(La ilaha illalla, "알라 외에 신은 없다")라고 외쳤다. 마치 신호에 맞춘 듯, 다른 사람들도 모두 소리치기 시작했다. "라 일라하 일랄라! 라 일라하 일랄라!"

나는 가능한 한 빨리 신발을 신고 묘지로 이동하는 군중을 따라갔다. 나는 키가 작았기 때문에 그들을 따라가기 위해 어른들의 다리 사이로 뛰어가야 했다. 나는 실제로 묘지 안에 가 본 적이 없었지만 다른 많은 사람과 함께 있기 때문에 안전할 것이라고 생각했다.

"무덤들을 밟지 마라." 누군가가 소리쳤다. "금지되어 있어!"

나는 군중 사이를 조심스럽게 헤쳐 나갔고, 우리는 깊고 탁 트인 묘지 구덩이 가장자리에 도착했다. 나는 약 2.4미터 깊이의 구덩이 바닥을 들여다보았다. 거기에 한 노인이 서 있었다. 나는 동네 아이들이 그 노인 주마(Juma'a)에 대해 얘기한 것을 들었었다. 그들은 그가 모스크에 참석한 적도 없고 코란의 신을 믿지도 않지만, 그는 모든 사람을 매장했으며, 때로는 하루에 두세 구의 시신을 매장하기도 했다고 말했다.

'그는 죽음을 전혀 두려워하지 않는가?' 나는 궁금했다.

남자들은 시신을 주마의 튼튼한 팔에 내려놓았다. 그런 다음 그들은 그에게 향수 한 병과 신선하고 좋은 냄새가 나는 녹색 물건을 건네주었다. 그는 시신을 두른 천을 열고 그 액체를 시신 위에 부었다.

주마는 시신을 메카를 바라보도록 오른쪽으로 돌린 다음 그 주위에 콘크리트 조각들로 작은 상자를 만들었다. 4명의 남자가 삽을 들고 구덩이를 채우자 이맘은 설교를 시작했다. 그는 마치 나의 아버지처럼 시작했다.

"이 사람은 떠났습니다." 죽은 사람의 얼굴과 목, 팔들에 흙이 떨어지자 그는 말했다. "이 사람은 돈, 건물, 아들, 딸, 아내 등 모든 것을 남겨 두고 떠났습니다. 이것이 우리 각자의 운명입니다."

그는 우리에게 회개하고 더 이상 죄를 짓지 말라고 촉구했다. 그러고 나서 그는 내가 아버지에게서 한 번도 들어 본 적이 없는 말을 했다. "이 사람의 영혼은 곧 그분에게로 돌아갈 것이고, 문카르와 나키르라는 두 무서운 천사가 그를 조사하기 위해 하늘에서 내려올 겁니다. 그 천사들은 그의 몸을 움켜잡고 흔들며 '네 신은 누구냐?'라고 물을 것이고, 만일 그가 잘못 대답하면 큰 망치로 때리고 땅속에 던져 버려 거기서 70년 동안 지내게 할 겁니다. 알라여, 우리의 때가 오면 올바른 답을 할 수 있도록 도와주소서!"

나는 겁에 질린 채, 열린 무덤을 내려다보았다. 이제 시신은 거의 덮였다. 심문이 시작되기까지 얼마나 시간이 걸릴지 궁금했다.

"그리고 그의 대답이 만족스럽지 않다면, 그를 덮고 있는 흙의 무게로 인해 그의 갈비뼈가 으스러질 것입니다. 벌레들이 천천히 그의 살을 먹어 치울 것입니다. 그는 죽은 자의 부활이 있을 때까지 머리가 99개 달린 뱀과 낙타 목만 한 전갈에 의해 고통받을 것이며, 그의 고통을 통해 알라의 용서를 받을 겁니다."

나는 그들이 누군가를 매장할 때마다 바로 우리 집 옆에서 이 모든 일이 일어나고 있다는 것을 믿을 수 없었다. 나는 이 묘지를 생각할 때 기분이 그다지 좋지 않았는데, 이제는 더 나빠졌다. 나는 질문들을 잘 외워서 내가 죽은 후에 천사들이 심문할 때 바르게 대답할 수 있어야겠다고 결심했다.

이맘은 마지막 사람이 묘지를 떠나자마자 조사가 시작될 것이라고 말했다. 나는 집에 갔지만 그가 한 말에 대한 생각을 멈출 수 없었다. 나는 묘지로 돌아가서 고문 소리를 듣기로 결정했다. 나는 동네를 돌아다니며 친구들을 데리고 가려고 노력했지만 다들 내가 미쳤다고 생각했다. 나는 혼자 가야만 했다. 묘지로 돌아가는 내내 나는 두려움에 떨었다. 나는 그것을 통제할 수 없었다. 얼마 지나지 않아 나는 무덤들로 가득한 바다 한가운데 서게 됐다. 나는 도망치고 싶었지만 두려움보다 호기심이 더 컸다. 나는 질문, 비명, 그 무엇이든 듣고 싶었다. 그러나 나는 아무 소리도 듣지 못했다. 나는 비석에 닿을 때까지 더 가까이 다가갔다. 오직 정적만이 있었다. 한 시간 정도 후, 지루해졌다. 나는 집으로 돌아갔다.

어머니는 부엌에서 바빴다. 나는 어머니에게 공동묘지에 갔다 왔는데 거기에서 이맘이 고문이 있을 거라고 말했다고 얘기했다.

"그리고 …?"

"그리고 사람들이 죽은 사람을 놔두고 떠난 후 내가 다시 찾아갔는데, 아무 일도 일어나지 않았어요."

"고문 소리는 동물들에게만 들릴 수 있어." 어머니는 말했다. "인간들은 못 들어."

8살 소년에게 그 설명은 완벽히 이해됐다.

그 후로 매일 나는 더 많은 시신이 묘지로 옮겨지는 것을 지켜보았다. 어느 정도 시간이 지나면서, 나는 사실 이것에 익숙해지기 시작했다. 그리고 누가 죽었는가를 보기 위해 이리저리 돌아다니기 시작했다. 어제는 여자, 오늘은 남자. 어느 날은 두 사람을 데려왔고, 그리고 몇 시간 후에는 다른 사람을 데리고 왔다. 아무도 새로 오지 않을 때, 나는 무덤 사이를 걸으며 이미 그곳에 묻혀 있는 사람들에 관한 이야기를 읽었다. '죽은 지 100년 됐구나.' '죽은 지 25년 됐구나.' '그의 이름은 뭐였을까? 그녀는 어디서 왔을까?' 공동묘지가 나의 놀이터가 됐다.

내 친구들도 처음에는 나처럼 공동묘지를 두려워했다. 그러나 우리는 밤에 서로 용기를 내어 담장 안으로 들어가려고 애썼고, 아무도 겁쟁이로 보이고 싶지 않았기 때문에 결국 우리는 모두 두려움을 극복했다. 심지어 우리는 그 공터에서 축구를 하기도 했다.

* * *

우리 가족이 성장하면서 무슬림 형제단 또한 커져 갔다. 얼마 지나지 않아, 이 단체는 가난한 사람들과 난민들의 조직에서, 학교와 자선 단체, 진료소를 세우기 위해 자신의 돈을 내놓는 교육받은 젊은 남녀, 사업가, 전문가들을 포함하는 조직으로 변모했다.

이러한 성장을 목격하며 이슬람 운동의 많은 젊은이들, 특히 가자 지구의 젊은이들은 무슬림 형제단이 이스라엘 점령에 반대하는 입장을 취해야 한다고 결정했다. 그들은 사회를 돌보아 왔고 앞으로도 그렇게 할 것이라고 말했다. 하지만 우리는 점령을 영원히 받아들일 것인가? 코란은 우리에게 유대인 침략자들을 몰아내라고 명령하지 않는가? 이 젊은이들은 비무장이었지만, 강하고 단호하며, 싸울 준비가 되어 있었다.

아버지 및 다른 서안 지구 지도자들은 동의하지 않았다. 그들은 이집트와 시리아에서 무슬림 형제단이 쿠데타를 시도하고 실패한 실수를 되풀이하고 싶지 않았다. 요르단에서는 우리 형제들이 전투에 가담하지 않을 것이라고 주장했다. 이들은 선거에 참여하고 사회에 강력한 영향력을 끼쳤다. 아버지는 폭력에 반대하지는 않았지만, 그의 사람들이 이스라엘 군대에 맞설 수 있는 위치에 있다고 생각하지 않으셨다.

몇 년 동안 무슬림 형제단 내부의 논쟁은 계속됐고 실제적인 행동에 대한 민초의 압력은 증가했다. 무슬림 형제단의 무대응에 불만을 느낀 파티 샤카키(Fathi Shaqaqi)는 1970년대 후반 팔레스타인 이슬라믹 지하드(Islamic Jihad)를 창설했다. 그럼에도 불구하고 무슬림 형제단은 그 후 10년 동안 비폭력 입장을 유지할 수 있었다.

1986년, 베들레헴 바로 남쪽 헤브론에서 역사적인 비밀 모임이 있었다. 아버지는 그곳에 있었지만 여러 해가 지날 때까지 그 일을 나에게 말해 주지 않으셨다. 일부 부정확한 역사적 기록과는 달리, 이 모임에는 다음과 같은 7명의 남성들이 참석했다.

- 휠체어를 사용하는 셰이크 아흐마드 야신(Shiekh Ahmed Yassin), 새로운 조직의 영적 지도자가 될 사람
- 헤브론 출신 무함마드 자말 알나트셰(Muhammad Jamal al-Natsheh)
- 나블루스 출신 자말 만수르(Jamal Mansour)

- 셰이크 하산 유세프(Sheikh Hassan Yousef, 나의 아버지)
- 라말라 출신 마흐무드 무슬리흐(Mahmud Muslih)
- 예루살렘 출신 자밀 하마미(Jamil Hamami)
- 가자 출신 아이만 아부 타하(Ayman Abu Taha)

이 모임에 참석한 남자들은 마침내 싸울 준비가 됐다. 그들은 돌을 던지고 타이어를 태우는 단순한 시민 불복종 행동부터 시작하기로 합의했다. 그들의 목표는 팔레스타인 민중들을 일깨우고, 단결시키며, 동원하고, 알라와 이슬람의 깃발 아래 독립의 필요성을 저들에게 이해시키는 것이었다.

하마스가 탄생했다.* 그리고 아버지는 이슬람의 사다리 꼭대기

---

* 이전에 누구도 이 정보를 얻은 적이 없다. 사실, 역사의 기록은 하마스가 조직으로 탄생한 날에 관해 부정확한 내용으로 가득 차 있다. 예를 들어, 위키피디아(Wikipedia)는 "하마스는 1987년 이집트 무슬림 형제단의 팔레스타인 지부를 담당하고 있는 셰이크 아흐마드 야신(Sheikh Ahmed Yassin), 압델 아지즈 알란티시(Abdel Aziz al-Rantissi), 무함마드 타하(Mohammad Taha)에 의해 창설됐다"고 부정확하게 주장한다. 이 항목은 7명의 창립자 중 2명에 관한 정보만 일치하며, 1년의 오차가 있다. http://en.wikipedia.org/wiki/Hamas (2009년 11월 20일 접속) 참조.

미드이스트웹(MidEastWeb)은 이렇게 말한다. "하마스는 1988년 2월경에 형제단이 제1차 인티파다(Intifada)에 참여할 수 있도록 결성됐다. 하마스의 창립 지도자는 아흐마드 야신(Ahmad Yassin), 아브드 알파타 두칸(Abd al-Fattah Dukhan), 무함마드 샤마(Muhammed Shama), 이브라힘 알야주리(Ibrahim al-Yazuri), 이사 알나자르(Issa al-Najjar), (베이트 하눈 출신인) 살라 셰하데(Salah Shehadeh), 아브드 알아지즈 란티시(Abd al-Aziz Rantisi)였다. 마흐무드 자하르(Mahmud Zahar) 박사도 보통 최초의 지도자 중 한 명으로 꼽힌다. 다른 지도자로는 셰이크 칼릴 카우카(Sheikh Khalil Qawqa), 이사

를 향해 몇 개의 계단을 더 올라가셨다.

알아샤르(Isa al-Ashar), 무사 아부 마르주크(Musa Abu Marzuq), 이브라힘 구샤(Ibrahim Ghusha), 칼리드 미샤알(Khalid Mish'al)이 있다." 이것은 위키피디아의 항목보다 부정확하다. http://www.mideastweb.org/hamashistory.htm (2009년 11월 20일 접속) 참조.

제4장
투석전
(1987-1989)

하마스는 봉기를 정당화할 수 있는 움직임이—어떤 움직임이라도—필요했다. 비록 그 모든 것이 비극적인 오해에서 비롯했지만, 그러한 움직임은 1987년 12월 초에 이루어졌다.

가자 지구에서 이스라엘인 플라스틱 판매원인 슐로모 사칼(Shlomo Sakal)이 칼에 찔려 사망했다. 불과 며칠 뒤, 가자 지구의 자발리아 난민촌에서 4명이 일상적인 교통사고로 사망했다. 그러나 그들이 사칼의 살해에 대한 보복으로 이스라엘인들에 의해 살해됐다는 소문이 퍼졌다. 자발리아에서 폭동이 일어났다. 17살 소년이 화염병을 던졌고 이스라엘 군인이 쏜 총에 맞아 사망했다. 가자 지구와 요르단강 서안 지구에서는 모두가 거리로 나섰다. 하마스가 앞장서면서, 이스라엘에서 벌어진 폭동은 새로운 형태의 투쟁이 되었다. 어린이들은 이스라엘 전차를 향해 돌을 던졌고, 그들의 사진은 그

주간 국제 사회의 잡지들에 표지로 등장했다.

제1차 인티파다(Intifada: 봉기)가 시작됐고, 팔레스타인 문제는 세계적인 뉴스거리가 됐다. 인티파다가 시작되자 우리 놀이터였던 공동묘지의 모든 것이 바뀌었다. 매일, 그 어느 때보다도 더 많은 시신이 도착했다. 분노와 격노가 슬픔과 함께 얽혔다. 팔레스타인 군중들은 약 1.5킬로미터 떨어진 이스라엘 정착촌에 도착하기 위해 공동묘지를 지나쳐야 하는 유대인들에게 돌을 던지기 시작했다. 중무장한 이스라엘 정착민들은 사람들을 마음대로 살해했다. 그리고 IDF(이스라엘방위군)가 현장에 도착했을 때, 더 많은 총격과 부상, 더 많은 사망자가 발생했다.

우리 집은 모든 혼돈의 중심에 있었다. 우리 집 지붕에 있는 물 저장 탱크는 이스라엘군의 총탄에 맞아 여러 번 박살이 났다. 복면을 쓴 '페다인'(feda'iyeen), 즉 자유의 투사들이 우리 공동묘지로 데려온 시신들은 더 이상 노인들만이 아니었다. 때로 그들은 여전히 피를 흘리며 들것에 실려 가던 시신이었는데, 씻기지도 않았고 천에 싸여 있지도 않았다. 각 순교자는 즉시 매장되어, 아무도 시신을 가져가거나 장기를 훔치거나 누더기로 감싸진 시신을 가족에게 돌려줄 수 없었다.

폭력이 너무 심한 와중에 가끔 모든 것이 조용한 때가 있었는데, 그럴 때마다 사실 나는 지루했었다. 나와 친구들도 돌을 던지기 시작했다. 소동을 일으키고 저항군 투사로서 존경받기 위해서였다. 우리는 높은 울타리와 감시탑으로 둘러싸인 산 정상의 묘지에서 이스라엘 정착촌을 볼 수 있었다. 나는 그곳에 살면서 새 차를 몰고 다니는 500명의 사람들이 궁금했다. 그들 중 다수는 무장을 하고 있었다. 그들은 자동 소총들을 가지고 다녔으며, 원한다면 어떤 사람이건 자유롭게 쏠 것처럼 보였다. 10살짜리 꼬마에게 그들은 마치 다른 행성에서 온 외계인처럼 보였다.

어느 날 저녁, 일몰 기도 직전 나는 몇몇 친구들과 길가에 숨어 기다렸다. 우리는 정착민 버스를 목표로 삼았는데 그 이유는 자동차보다 표적이 크고 맞히기 쉬웠기 때문이었다. 우리는 버스가 매일 동일한 시간에 온다는 것을 알고 있었다. 우리가 기다리는 동안, 이맘의 익숙한 목소리가 확성기를 통해 울렸다. "하야 알라스-살라" (*Hayya 'alās-salāh*, "예배를 향하여 서둘러라").

마침내 디젤 엔진의 낮은 울림 소리가 들렸을 때, 우리는 각자 돌멩이를 2개씩 집어 들었다. 우리는 숨어 있어서 거리를 볼 수 없었지만, 소리로 버스가 어디에 있는지 정확히 알 수 있었다. 아주 적절한 순간에 우리는 일어나 우리의 돌멩이를 던져 보냈다. 돌이 금속을 치는 명백한 소리는, 우리의 돌멩이 중 적어도 몇 발이 목표물에 맞았다는 확신을 주었다.

하지만 그것은 버스가 아니었다. 그것은 초조하고 성난 이스라엘 군인들로 가득 찬 커다란 군용 차량이었다. 우리는 재빨리 몸을 숙여 도랑에 있는 은신처로 돌아갔고, 차는 멈춰 섰다. 우리는 군인들을 볼 수 없었고, 그들도 우리를 볼 수 없었다. 그래서 그들은 허공을 향해 총을 쏘기 시작했다. 그들은 몇 분 동안 목표 없이 총을 쏘았고, 우리는 몸을 낮춰 재빨리 근처의 모스크로 도망쳤다.

기도는 이미 시작됐지만, 거기에 있던 그 누구도 자신이 하는 말에 집중하지 않았던 것 같다. 모두가 바로 밖에서 자동 소총 소리가 터져 나옴을 들으며 무슨 일이 일어나고 있는지 궁금해하고 있었다. 나와 친구들은 아무도 눈치채지 못하길 바라며 맨 마지막 줄에 섰다. 그러나 이맘이 기도를 마치자 모든 성난 눈이 우리를 향했다.

불과 몇 초 만에, IDF 차량들이 끼익 소리를 내며 모스크 앞에서 멈춰 섰다. 군인들이 방으로 쏟아져 들어와서 우리를 모두 밖으로 내보내고 신분증을 검사하는 동안 바닥에 엎드리라고 명령했다. 나는 마지막으로 나왔는데, 군인들이 이 모든 문제의 책임이 나에게 있다는 것을 알고 있다는 사실에 겁이 났다. 나는 그들이 틀림없이 나를 때려 죽일 것이라고 생각했다. 하지만 아무도 나에게 관심을 기울이지 않았다. 어쩌면 그들은 나 같은 아이가 IDF 차량에 돌을 던질 만큼의 용기는 없을 거라고 생각했을지도 모른다. 이유야 어찌 됐든, 나는 그들이 나를 노리지 않아서 기뻤다. 심문은 여러 시간 동안 계속됐고, 나는 그곳에 있던 많은 사람이 나에게 화가 나 있다는 것을 알았다. 그들은 내가 무슨 짓을 했는지 정확히 알지 못했을지 모르지만, 내가 급습을 가했다는 것에는 의심의 여지가 없었다. 나는 신경 쓰지 않았다. 사실 짜릿했다. 나와 내 친구들은 이스라엘 군대의 힘에 도전했고 무사히 빠져나왔다. 그 돌진은 중독성이 있어서 우리를 더욱 대담하게 만들었다.

친구와 나는 또 다른 날에 다시 숨었는데, 이번에는 길가에 더 가까웠다. 정착민 차가 왔고, 나는 일어서서 있는 힘껏 돌을 던졌다. 그 돌은 차 앞 유리에 부딪혔고, 마치 폭탄이 터지는 것 같았다. 유리가 깨지지는 않았지만 운전자의 얼굴을 볼 수 있었고 나는 그가 겁에 질려 있다는 것을 알 수 있었다. 그는 30-40미터쯤 더 가서 브레이크를 밟고는 차를 후진시켰다.

나는 공동묘지로 뛰어 들어갔다. 그는 쫓아왔지만, 바깥에 머물면서 M16 소총을 벽에 거치하고 나를 찾으려 무덤을 훑어보았다. 내 친구는 화가 난 이 무장한 이스라엘 정착민을 상대로 나만 홀로 남겨 두고 반대 방향으로 도망쳤다.

나는 운전사가 내가 낮은 묘비 위로 고개를 들기만을 기다리고 있다는 것을 알고 무덤 사이 바닥에 조용히 누워 있었다. 마침내 긴장감이 너무 심해져서, 나는 더 이상 가만히 있을 수 없었다. 나는 벌떡 일어나 할 수 있는 한 힘껏 달렸다. 다행히 날이 어두워지고 있었고, 그는 공동묘지로 들어오기를 두려워하는 것 같았다.

얼마 가지 않았을 때 나는 발들이 아래로 빠지는 것을 느꼈다. 누군가가 죽었을 때를 위해 예비된 열린 무덤의 맨 밑바닥에 있었던 것이다. '그 사람이 나일까?' 생각했다. 내 위에서는 그 이스라엘 사람이 공동묘지로 총알을 퍼부었다. 돌 파편이 무덤 속으로 비처럼 쏟아져 내렸다.

나는 꼼짝도 할 수 없이 웅크리고 있었다. 30분쯤 지났을 때, 사람들이 떠드는 소리가 들렸고, 나는 그가 떠났다는 것을 알고서, 안전하게 빠져나왔다.

며칠 후, 길을 걷고 있는데 같은 차가 나를 지나쳤다. 이번에는 두 사람이 타고 있었지만 운전자는 같았다. 그는 나를 알아보고는 재빨리 차에서 뛰어내렸다. 나는 다시 달리기를 시도했지만, 이번에는 운이 좋지 않았다. 그는 나를 붙잡았다. 뺨을 세게 때리고, 차로 나를 끌고 갔다. 우리가 차로 정착촌으로 가는 동안 아무도 아무 말도 하지 않았다. 두 사람 모두 긴장한 듯 총을 움켜쥐고 이따금 뒷좌석에 앉은 나를 쳐다보았다. 나는 테러리스트가 아니었다. 나는 그저 겁에 질린 어린아이일 뿐이었다. 그러나 그들은 마치 잘난 사냥꾼들이 대단한 호랑이를 포획한 것처럼 행동했다.

정문에서 한 군인이 운전사의 신분증을 확인하더니 손을 흔들어 통과시켰다. 그는 왜 이 사람들이 어린 팔레스타인 아이를 데리고 있는지 궁금해하지 않았을까? 나는 겁을 먹어야 한다는 것을 알았고, 실제로 그랬지만 주위를 쳐다보지 않을 수 없었다. 나는 이스라엘 정착촌에 들어가 본 적이 없었다. 아름다웠다. 깨끗한 거리, 수영장, 산 정상에서 내려다보이는 계곡의 멋진 전망.

운전사는 나를 정착촌 안에 있는 IDF 기지로 데려갔다. 군인들은 내 신발을 빼앗고 땅바닥에 앉혔다. 나는 그들이 나를 쏘고 내 시체를 들판 어딘가에 버릴 것이라고 생각했다. 하지만 날이 어두워지기 시작하자 그들은 나에게 집에 가라고 말했다.

"하지만 집에 어떻게 가야 할지 모르겠어요." 나는 항의했다.

"걷기 시작해. 그렇지 않으면 너에게 총을 쏠 꺼야." 한 남자가 말했다.

"제 신발을 주시겠어요?"

"아니. 그냥 걸어가. 그리고 다음에 네가 또 돌을 던지면, 나는 너를 죽일 거야."

우리 집은 1.5킬로미터 이상 떨어져 있었다. 나는 양말만 신은 채 집까지 돌멩이와 자갈이 발바닥을 파고드는 것을 느끼며 이를 악물고 걸었다. 어머니는 내가 오는 것을 보자마자 인도로 달려 나와 나를 꼭 껴안으셨다. 나는 거의 숨통이 막힐 뻔했다. 어머니는 내가 이스라엘 정착민들에게 납치됐다는 말을 들으셨고, 그들이 나를 죽일까 봐 두려워하셨다. 어머니는 내가 너무 어리석다고 몇 번이고 꾸짖으시며, 그러시는 동안에도 내내 내 머리에 입을 맞추고 나를 꼭 안으셨다.

어떤 사람은 내가 교훈을 얻었다고 생각할지 모른다. 하지만 나는 멍청한 어린아이였다. 나는 겁쟁이 친구들에게 나의 무용담에 대해 말하고 싶었다. 1989년 무렵에는 이스라엘 군인들이 우리 집 문을 두드리며 집으로 밀고 들어오는 것이 일상이 됐다. 그들은 항상 돌을 던지고 우리 집 뒷마당으로 도망친 사람을 찾고 있는 것 같았다. 군인들은 늘 중무장을 하고 있었는데, 나는 그들이 왜 돌 몇 개에 그토록 신경을 쓰는지 이해할 수 없었다.

이스라엘이 국경을 통제했기 때문에 팔레스타인인들이 제1차 인티파다에서 무기를 구하는 것은 거의 불가능했다. 나는 이 기간 동안 총으로 무장한 팔레스타인 사람을 본 기억이 없다. 단지 돌멩이와 화염병뿐이었다. 그럼에도 불구하고 우리 모두는 IDF가 비무장 군중을 향해 총을 쏘고 곤봉으로 사람들을 구타했다는 이야기를 들었다. 일부 보도에 따르면 3만 명에 달하는 팔레스타인 어린이들이 치료를 받아야 할 정도로 심하게 다쳤다고 한다. 이는 도무지 이해할 수 없는 일이었다.

어느 날 밤, 아버지는 유난히 늦게 집에 오셨다. 나는 창가에 앉아서 그의 작은 차가 모퉁이를 도는 것을 지켜보았다. 배고픔으로 배가 꼬르륵거렸다. 어머니는 어린 동생들과 함께 식사하라고 권했지만 나는 거절하고 아버지를 기다리기로 했다. 마침내 아버지의 낡은 차 엔진 소리를 듣고, 아버지가 집에 왔다고 소리쳤다. 어머니는 즉시 김이 모락모락 나는 접시와 그릇들로 식탁을 채우기 시작하셨다.

"늦어서 정말 미안해. 두 가족 사이의 분쟁을 해결하기 위해 다른 동네를 가야 했어. 왜 식사들을 안 했어?"

아버지는 빨리 옷을 갈아입고 손을 씻은 다음 식탁으로 오셨다.

"배가 많이 고프구나." 아버지가 미소를 지으며 말씀하셨다. "하루 종일 아무것도 안 먹었어." 이것은 이상한 일이 아니었다. 아버지는 밖에서 식사를 할 여유가 없으셨기 때문이다. 어머니가 만든 애호박 속을 채운 요리의 맛있는 향기가 집 안을 가득 채웠다.

우리가 자리를 잡고 식사를 시작하면서, 나는 아버지에 대한 존경심이 솟구쳐 오르는 것을 느꼈다. 아버지의 얼굴에 피로의 기색이 역력했지만, 나는 아버지가 자신이 하는 일을 얼마나 사랑하는지 알 수 있었다. 아버지가 섬기는 사람들에게 보여 준 은총은 오직 알라에 대한 그의 헌신에 견줄 만했다. 나는 아버지가 어머니와 우리 형제자매들과 대화하시는 것을 보면서, 아버지가 대부분의 무슬림 남자들과 얼마나 다른지 생각해 보았다. 아버지는 어머니를 도와 집안일을 하거나 우리를 돌보는 것을 당연하게 여기셨다. 사실, 아버지는 매일 밤 싱크대에서 자신의 양말을 빨았는데, 이는 어머니가 그 양말을 다루지 않게끔 하기 위해서였다. 이것은 여성들이 긴 하루를 보낸 남편의 다리를 문지르는 것을 특권으로 여기는 문화에서는 들어 본 적이 없는 행동이었다.

이제 우리는 탁자에 둘러앉아 서로 돌아가면서 아버지에게 우리가 학교에서 배운 것과 그동안 무엇을 하며 시간을 보냈는지를 이야기했다. 나는 맏이였기 때문에 어린 동생들이 먼저 말하게 놔두었다. 하지만 내가 말할 차례가 됐을 때, 뒷문을 두드리는 소리에 방해를 받았다. 이 시간에 누가 방문했을까? 어쩌면 누군가 큰 문제가 생겨 도움을 요청하러 왔을지도 모른다.

나는 문으로 달려가 엿보는 구멍 역할을 하는 작은 창문을 열었다. 나는 그 남자를 알아보지 못했다.

"아북 마우주드?"(Abuk mawjood)라고 그가 유창한 아랍어로 물었다. "너의 아버지가 여기 계시니?"라는 의미다. 그는 아랍인처럼 옷을 입고 있었지만, 뭔가 조금 어색한 느낌이 들었다.

"네, 계세요." 나는 대답했다. "제가 모셔 올게요." 나는 문을 열지 않았다.

아버지는 내 뒤에 서 계셨다. 아버지가 문을 열자 이스라엘 군인

몇 명이 우리 집으로 들어왔다. 어머니는 재빨리 머리에 스카프를 두르셨다. 가족들 앞에서는 괜찮았지만, 다른 사람들 앞에서 머리를 노출하는 것은 절대 금지였다.

"당신이 셰이크 하산이신가요?" 낯선 사람이 물었다.

"그래요." 아버지가 말씀하셨다. "내가 셰이크 하산이오."

그 남자는 자신을 샤이(Shai) 대위라고 소개하며 아버지와 악수를 나눴다.

"안녕하세요." 군인이 정중하게 말했다. "다들 괜찮지요? 우리는 IDF에서 왔는데, 5분만 우리와 함께 가셨으면 합니다."

그들이 아버지에게 무엇을 원할까? 나는 아버지의 표정을 읽으려고 그의 얼굴을 살폈다. 아버지는 그 남자에게 상냥한 미소를 지었고, 아버지의 눈에는 의심이나 분노의 기색이 전혀 없었다.

"좋아요. 같이 갈 수 있소." 아버지는 문 쪽으로 걸어가면서 어머니를 향해 고개를 끄덕이며 말씀하셨다.

"여기 집에서 기다리렴. 아버지가 곧 돌아오실 거야." 군인이 나에게 말했다. 나는 그들을 따라 밖으로 나가서 더 많은 군인이 있는지 동네를 살펴보았다. 아무도 없었다. 나는 현관 계단에 앉아 아버지가 돌아오기를 기다렸다. 10분이 지났다. 1시간, 2시간. 그런데도 아버지는 돌아오지 않으셨다.

우리는 아버지 없이 밤을 보낸 적이 한 번도 없었다. 아버지는 아무리 바빠도 저녁에는 항상 집에 계셨다. 아버지는 매일 아침 새벽 기도를 위해 우리를 깨웠고, 매일 우리를 학교에 데려다주셨다.

아버지가 오늘 밤 집에 오지 않는다면 우리는 어떻게 할 것인가?

내가 안으로 돌아왔을 때, 여동생 타스님은 소파에서 자고 있었다. 뺨이 여전히 눈물에 젖어 있었다. 어머니는 부엌에서 바쁘게 일하려고 애쓰셨지만, 시간이 지날수록 점점 더 초조해지고 화가 나셨다.

다음 날, 우리는 아버지의 실종에 관한 정보를 얻을 수 있는지 알아보기 위해 적십자사(Red Cross)를 찾았다. 데스크에 있던 남자는 아버지가 확실히 체포됐지만, IDF는 적어도 18일 동안은 적십자사에 어떤 정보도 주지 않을 것이라고 말했다.

우리는 집으로 돌아가 2주 반을 기다렸다. 그 모든 시간 동안 우리는 아무 소식도 듣지 못했다. 18일이 지났을 때, 나는 적십자사에 가서 그들이 어떤 정보를 얻었는지 알아보았다. 그들은 나에게 새로운 정보가 없다고 말했다.

"근데 18일이라고 했잖아요!" 나는 애써 눈물을 참아 가며 말했다. "아버지가 어디 있는지 말해 주세요."

"얘야, 집에 가거라." 남자가 말했다. "다음 주에 다시 와 봐."

나는 40일 동안 몇 번이고 다시 찾아갔는데, 그때마다 똑같은 대답을 들었다. "새로운 정보는 없습니다. 다음 주에 다시 오세요." 이것은 매우 이례적인 일이었다. 대부분의 경우, 팔레스타인 수감자 가족들은 구금된 지 2주 이내에 사랑하는 사람이 어디에 수감되어 있는지 알게 되었다.

어떤 수감자든 석방될 때마다, 우리는 그에게 아버지를 본 적이 있는지 물어보았다. 그들은 모두 아버지가 체포됐다는 것을 알고 있었지만, 그 외에는 아무것도 몰랐다. 아버지의 변호사조차도 아버지를 면회하는 것이 허락되지 않았기 때문에 아무것도 몰랐다.

나중에야 알게 된 사실이지만, 아버지는 이스라엘 수사기관 조사실인 마스코비예(Maskobiyeh)로 끌려가 고문과 심문을 받으셨다. 이스라엘 내부 보안기관인 신베트(Shin Bet)는 아버지가 하마스의 고위직에 있다는 것을 알고 있었고, 아버지가 일어나고 있는 일이나 앞으로 계획된 모든 일을 알고 있다고 생각했다. 그리고 그들은 아버지에게서 그것을 빼내려고 했다.

여러 해가 지나서야 아버지가 그 당시 실제로 있었던 일을 말해주었다. 아버지는 며칠 동안 수갑을 찬 채 천장에 매달렸고 기절할 때까지 전기 충격을 받으며 고문당하셨다. 그들은 아버지를 "새들"(birds)이라 불리는 협력자들과 함께 집어넣어, 그가 그들에게 무언가를 털어놓기를 기대했다. 그러나 그 노력이 실패하자 그들은 더욱 가혹하게 그를 때렸다. 그러나 아버지는 강하셨다. 그는 침묵을 지키며 하마스나 팔레스타인 형제들에게 해를 끼칠 수 있는 어떠한 정보도 이스라엘에 제공하지 않았다.

제5장
생존
(1989-1990)

이스라엘은 하마스의 지도자 중 한 명을 체포하면 상황이 나아질 것이라고 생각했다. 하지만 아버지가 수감되어 있는 동안 인티파다는 더욱 폭력적으로 변했다. 1989년 말, 라말라의 아메르 아부 사르한(Amer Abu Sarhan)은 팔레스타인 사람들의 죽음을 보고 더 이상 참을 수 없었다. 총이 없었기 때문에, 그는 식칼을 들고 3명의 이스라엘인을 찔러 죽였고, 사실상 혁명을 일으켰다. 이 사건은 폭력 사태가 크게 고조되는 계기가 됐다.

사르한은 친구나 가족을 잃거나, 땅을 빼앗긴 팔레스타인인들에게, 혹은 다른 복수를 원하는 이들에게 영웅이 됐다. 그들은 본래 테러리스트가 아니었다. 그들은 그저 희망도, 선택의 여지도 없는 사람들이었다. 그들은 더 이상 물러설 곳이 없었다. 그들에게는 남은 것도, 더 잃을 것도 없었다. 그들은 세상의 시선이나 심지어 자신의 생명에도 아무런 관심을 갖지 않았다.

그 당시 아이들에게는 학교에 가는 것이 정말 큰 문제였다. 학교를 마치고 집으로 걸어 갈 때면, 이스라엘 지프차들이 거리를 오가며 확성기로 즉각적인 통행 금지를 알리는 일이 흔했다. 이스라엘 군인들은 통행 금지령을 매우 엄중하게 수행했다. 이것은 미국 도시들의 통행 금지와는 다르다. 거기서는 10대 청소년이 밤 11시 이후 운전하다가 적발되면 당국이 그들의 부모에게 전화한다. 반면, 팔레스타인에서는 통행 금지령이 선포됐을 때 어떤 이유로든 거리에 있으면 총에 맞는다. 경고도, 체포도 없다. 그들은 당신을 즉시 쏜다.

첫 번째 통행 금지는 내가 학교에 있을 때 일어났다. 나는 어떻게 해야 할지 몰랐다. 나는 약 6킬로미터를 걸어야 했기 때문에 통금 시간 전에 집에 갈 수 없다는 것을 알았다. 거리는 이미 텅 비어 있었고, 나는 겁이 났다. 그 자리에 머물러 있을 수 없었다. 나는 학교에서 집으로 돌아가려고 애쓰는 어린아이에 불과했지만, 군인들이 나를 보면 총을 쏠 것을 알았다. 많은 팔레스타인 아이들이 총에 맞았다.

나는 이 집에서 저 집으로 피하고, 뒷마당을 기어 다니며, 길가의 덤불 속에 숨었다. 짖어대는 개와 기관총을 든 남자들을 피하기 위해 최대한 노력했다. 마침내 우리 거리로 돌아왔을 때, 내 동생들이 이미 무사히 집에 도착해 있는 것을 보고 너무나 감사했다.

그러나 통행 금지는 인티파다의 결과로 우리가 겪은 변화 중 하나일 뿐이었다. 복면을 쓴 남자가 여러 차례 학교에 나타나 파업이 선언됐으니 모두 집으로 돌아가라고 말하곤 했다. 팔레스타인 분파 중 하나가 일으킨 이 파업은 정부가 상점 주인들로부터 거둬들이는 판매세 수입을 줄임으로써 이스라엘에 재정적 타격을 주기 위한 목적이었다. 상점이 문을 열지 않으면 주인은 세금을 덜 낸다. 그러나 이스라엘 사람들은 바보가 아니었다. 그들은 탈세 혐의로 상점 주인을 체포하기 시작했다. 그렇다면 파업으로 인해 피해를 입은 사람은 누구였을까?

게다가 다양한 저항 조직들은 권력과 명성을 얻기 위해 끊임없이 서로 다투었다. 그들은 마치 하나의 축구공을 차지하기 위해 싸우는 아이들과 같았다. 그럼에도 하마스는 꾸준히 세력을 키워 나갔고 PLO(팔레스타인해방기구)의 지배력에 도전하기 시작했다.

* * *

PLO는 팔레스타인 사람들을 대표하기 위해 1964년에 설립됐다. 세 개의 가장 큰 회원 조직은 다음과 같다: 좌파 민족주의인 파타(Fatah), 공산주의 단체인 PFLP(팔레스타인해방인민전선), 그리고 역시 공산주의 이념을 따르는 DFLP(팔레스타인해방민주전선)이 있다.

PLO는 이스라엘이 1948년 이전에 팔레스타인 영토에 속했던 모든 땅을 반환하고 팔레스타인에 자주 결정권을 부여할 것을 요구했다. 이를 위해 PLO는 처음에는 이웃 요르단에서, 그다음에는 레바논과 튀니지로 근거지를 옮기며 홍보 활동, 게릴라전, 그리고 테러 행위를 펼치는 등 전 세계적인 캠페인을 벌였다.

이슬라믹 지하드 및 하마스와 달리, PLO는 결코 본질적으로 이슬람 조직이 아니었다. 이 단체들은 민족주의자들로 구성되어 있었으며, 실질적으로 그들 모두가 무슬림은 아니었다. 사실, 그들 중 많은 사람은 신을 믿지 않았다. 어렸을 때부터 나는 PLO가 부패하고 이기적인 조직이라고 생각했다. PLO 지도자들은 이스라엘에 대항하는 투쟁을 위한 기금 모금을 정당화하기 위해, 많은 경우 10대에 불과했던 사람들로 하여금 매년 한두 번의 세간의 이목을 끄는 테러 공격을 감행하도록 했다. 젊은 페다인들은 분노와 증오의 불길에 불을 지폈는데, 그들의 투쟁은 기부금이 PLO 지도자들의 개인 통장으로 계속 흘러들어 가게 하는 연료에 지나지 않았다.*

---

* PLO의 첫 번째 주목할 만한 비행기 납치 사건은 1968년 7월 23일 PFLP 활동가들이 엘알(El Al) 보잉 707기를 알제로 우회시켰을 때 발생했다. 약 12명의 이스라엘 승객과 10명의 승무원이 인질로 잡혔다. 사망자는 없었다. 그러나 4년 후 뮌헨 올림픽에서 PLO가 주도한 테러 공격으로 이스라엘 선수 11명이 사망했다. 그리고 1978년 3월 11일, 파타 전투원들은 텔아비브 북쪽에 배를 정박하고 버스를 납치한 후 해안 고속도로를 따라 공격을 시작하여 약 35명이 사망하고 70명 이상이 부상을 입었다.

　이 단체는 요르단 인구의 2/3를 차지하는 팔레스타인 난민들로부터 쉽게 모집될 수 있었다. 다른 아랍 국가들로부터 이 명분을 지지하는 자금이 쏟아져 들어오자, PLO는 경찰과 요르단 군대보다도 더 강력하게 무장할 수 있게 됐다. 그리고 얼마 지나지 않아 그 지도자 야세르 아라파트(Yasser Arafat)는 나라를 장악함으로써 팔레스타인 국가를 수립하기 직전에 이르렀다.

　요르단의 후세인(Hussein) 국왕은 나라를 잃지 않기 위해서 신속하고 단호하게 행동해야 했다. 몇 년 후 나는 이스라엘 정보 기관과의 예기치 못한 관계를 통해, 당시 요르단의 국왕이, 다른 아랍 국가들이 이스라엘 파괴에 몰두하

제1차 인티파다 초기에는 이데올로기적 차이로 하마스와 PLO가 매우 다른 길을 걷고 있었다. 하마스는 주로 종교적 열정과 지하

던 시기에 이스라엘과 비밀 동맹을 맺었다는 사실을 알고 놀랐다. 물론, 후세인 국왕은 왕좌를 지킬 힘이 없었고 이스라엘은 두 나라 사이의 긴 국경을 효과적으로 통제할 수 없었기 때문에 그렇게 하는 것이 논리적이었다. 하지만 이 정보가 외부로 새어 나갔다면 왕에게는 정치적·문화적 자살 행위가 되었을 것이다.

1970년, PLO가 더 이상 통제권을 장악하기 전에, 후세인 국왕은 PLO의 지도자들과 전투원들에게 나라를 떠나라고 명령했다. 그들이 거부하자 그는 이스라엘이 제공한 무기의 지원을 받아 그들을 몰아냈는데, 이 군사 행동은 팔레스타인인들 사이에서 '검은 9월'(Black September)로 알려졌다. 〈타임〉지는 아라파트가 우호적인 아랍 지도자들에게, "학살이 저질러졌다. 수천 명의 사람들이 잔해 밑에 깔려 있다. 시신이 썩어 가고 있다. 수십만 명의 사람이 집을 잃었다. 우리의 시체는 거리에 흩어져 있다. 굶주림과 목마름이 우리의 남은 아이들과 여자들과 노인들을 죽이고 있다"라고 말한 것을 인용했다("전투는 끝났다. 전쟁이 시작됐다." 〈타임〉, 1970년 10월 5일).

후세인 국왕은 이스라엘에 큰 빚을 졌는데, 1973년 이집트와 시리아가 이끄는 아랍 연합군이 곧 침공할 것이라고 예루살렘에 경고해 줌으로써 그 빚을 갚으려 했다. 안타깝게도 이스라엘은 그 경고를 심각하게 받아들이지 않았다. 침공은 욤 키푸르(대속죄일)에 일어났고, 적의 공격을 사전에 준비하지 않았던 이스라엘은 예상 밖의 치명적인 손실을 입었다. 이 비밀 역시, 나는 훗날 이스라엘 사람들로부터 알게 되었다.

검은 9월 이후, PLO 생존자들은 내전의 후유증으로 여전히 휘청거리고 있던 레바논 남부로 피신했다. 여기서 그 조직은 새롭게 세력을 확장하여 점점 강해졌고, 사실상 국가 속 국가로 자리 잡았다.

새로운 거점을 기반으로 PLO는 이스라엘을 상대로 소모전을 벌였다. 베이루트는 이스라엘 북부 지역에 가해지는 끝없는 포격과 미사일 공격을 막기에는 너무 약했다. 그리고 1982년, 이스라엘은 레바논을 침공하여 4개월간의 작전 끝에 PLO를 몰아냈다. 아라파트와 살아남은 1,000명의 전투원들은 튀니지로 망명했다. 그러나 먼 거리에서도 PLO는 이스라엘에 대한 공격을 계속했고 서안 지구와 가자 지구에 전투원들을 집결시켰다.

드 신학에 의해 움직였고, PLO는 민족주의와 권력 이데올로기에 의해 움직였다. 하마스가 파업을 선언하고, 문을 연 가게들을 불태우겠다고 위협하면, 길 건너편에 있는 PLO 지도자들은 문을 닫은 가게들을 불태우겠다고 위협했다.

하지만 두 집단이 공유한 것이 있었는데, 곧 "시온주의 단체"로 불리는 이스라엘에 대한 깊은 증오심이 그것이었다. 하마스는 매달 9일에 파업을 시행하고, PLO의 최대 분파인 파타는 매월 1일에 파업을 하기로 합의했다. 파업이 선언되면 모든 것이 멈추었다. 학교 수업, 상업, 자동차 운행 등 모든 것이 중지됐다. 아무도 일하지 않았고, 돈을 벌지 못했으며, 배울 수 없었다.

서안 지구 전체가 폐쇄됐다. 복면을 쓴 남성들이 시위를 하며, 타이어를 불태우고, 벽에 낙서를 하며, 상점들은 문을 닫았다. 하지만 누구든지 복면을 쓰고 자신이 PLO라고 주장할 수 있었다. 아무도 정확히 누가 그 복면 아래 있는지 몰랐다. 각자의 목적과 개인적인 원한에 의해 움직였다. 혼돈이 지배했다.

그리고 이스라엘은 그 혼란을 이용했다. 누구나 팔레스타인 인티파다 전사가 될 수 있었기 때문에 이스라엘 보안군은 복면을 쓰고 시위 현장에 침투했다. 그들은 대낮에도 어떤 팔레스타인 도시든 들어갈 수 있었고, 복면을 쓴 페다인들로 분장하여 놀라운 작전을 수행할 수 있었다. 그리고 복면을 쓴 사람이 누구인지 아무도 확신할 수 없었기 때문에, 사람들은 구타를 당하거나 사업장이 불태워지거나 종종 이스라엘 협력자로 몰려 교수형에 처해질 위험을 감수하고 지시받은 대로 행동했다.

얼마 지나지 않아, 혼돈과 혼란은 우스꽝스러운 지경에 이르렀다. 시험이 예정된 날 한두 번, 나와 급우들은 고학년 학생들을 설득하여 복면을 쓰고 학교에 와서 파업이 있다고 말하게 했다. 우리는 그것이 재미있다고 생각했다.

간단히 말해서, 우리는 우리 자신의 최대의 적이 되어 가고 있었다.

그 몇 년 동안 우리 가족은 특히 힘든 시기를 지냈다. 아버지는 여전히 감옥에 계셨고, 아이들이었던 우리는 끊임없는 파업으로 거의 1년 동안이나 학교에 가지 못했다. 나의 삼촌들, 종교 지도자들, 그리고 다른 모든 이들은 마치 나를 훈육하는 것이 그들의 임무인 것처럼 행동했다. 내가 셰이크 하산 유세프의 맏아들이었기 때문에, 그들은 나에게 매우 엄격한 기준을 적용했다. 그리고 내가 그들의 기대에 부응하지 못할 때마다 그들은 나를 때렸다. 내가 무엇을 해도, 하루에 다섯 번씩 모스크에 가더라도, 결코 충분하지 않았다.

한번은 친구와 함께 모스크에서 뛰놀고 있었는데 이맘이 나를 쫓아왔다. 그는 나를 붙잡자마자 그의 머리 위로 들어 올렸다가 바닥에 내동댕이쳤다. 숨이 턱턱 막혔고, 죽을 것만 같았다. 그러고는 계속 주먹으로 때리고 발로 찼다. 왜인가? 나는 다른 아이들이 하지 않는 일을 한 적이 없었다. 하지만 나는 하산 유세프의 아들이었기 때문에, 나는 그 이상이어야 한다는 기대를 받았다.

나는 한 아이와 친구였는데, 그 아이의 아버지는 종교 지도자였고 하마스의 거물이었다. 이 사람은 돌을 던지라고 사람들에게 권하곤 했다. 그러나 다른 사람의 아들들이 정착민들에게 돌을 던졌다는 이유로 총에 맞아 죽는 것은 괜찮았지만, 그의 외아들은 예외였다. 그는 우리가 돌을 던지고 있다는 것을 알고는 우리를 자기 집으로 불렀다. 우리는 그가 우리와 이야기하고 싶어 한다고 생각했다. 그러나 그는 난방기의 전선을 뽑더니 우리에게서 피가 날 때까지 온 힘을 다해 채찍질하기 시작했다. 그는 자신의 아들을 구하기 위해 우리의 우정을 깨뜨렸다. 내 친구는 결국 아버지를 악마보다 더 미워하며 가출했다.

아버지가 감옥에 있는 동안, 누군가 나를 통제하려는 것 외에, 우리 가족을 도와주려 한 이는 아무도 없었다. 아버지가 체포되면서, 우리는 아버지가 기독교 학교에서 가르치며 벌어 온 추가적인 수입을 잃었다. 학교는 아버지가 석방될 때까지 일자리를 보장해 주겠다고 약속했지만, 그동안 우리에게 필요한 물품을 살 돈은 충분하지 않았다.

우리 가족 중 아버지만 운전면허를 가지고 있었기 때문에 우리는 차를 사용할 수 없었다. 어머니는 시장에 가려면 먼 거리를 걸어야 했고, 나는 종종 어머니를 도와 짐 꾸러미를 나르기 위해 함께 갔다. 나는 부족함보다 부끄러움이 더 심했던 것 같다. 우리가 시장을 지날 때면, 나는 땅에 떨어진, 부서지고 썩은 작물들을 줍기 위해 수레 밑으로 기어들어 갔다. 어머니는 이렇게 아무도 원하지 않는 이 맛없는 채소들을 사려고 상인들과 가격을 흥정했다. 우리는 이것들을 가축에게 먹이기 위해 산다고 말했다. 어머니는 지금까지도 모든 것을 흥정해야 한다. 아버지가 13번이나 감옥에 갇혀 계셨기 때문이다. 이는 다른 어떤 하마스 지도자의 수감 횟수보다도 더 많은 횟수다. (내가 이 글을 쓰고 있는 지금도 아버지는 수감되어 계신다.)

내 생각에 아무도 우리를 도와주지 않은 이유는, 모두들 우리 가족이 돈이 많다고 여겼기 때문인 것 같다. 어쨌든 아버지는 저명한 종교 및 정치 지도자였으니까. 그리고 사람들은 의심할 여지없이 우리의 친척들이 우리를 도와줄 것이라고 믿었을 것이다. 분명히 알라가 도와줄 것이라고 생각했을 것이다. 그러나 우리 삼촌들은 우리를 무시했고, 알라는 아무것도 하지 않으셨다. 그래서 어머니는 우리 일곱 자녀를 홀로 돌보아야 했다. (우리 막냇동생 무함마드는 1987년에 태어났다.)

마침내, 상황이 정말 절망적이었을 때, 어머니는 아버지의 친구에게 돈을 빌려 달라고 부탁하셨다. 자신이 쇼핑을 하거나 옷이나 화장품을 사기 위한 것이 아니라, 적어도 하루에 한 끼 식사를 아이들에게 먹이기 위해서였다. 그러나 그는 거절했다. 그리고 그는 우리를 도와주기는커녕 무슬림 친구들에게 우리 어머니가 돈을 구걸하러 왔다고 말했다.

"그녀는 요르단 정부로부터 월급을 받는다." 그들은 그런 식으로 섣불리 판단하며 말했다. "왜 더 많은 것을 바라는 거지? 이 여자가 남편의 옥살이를 이용해 부자가 되려는 건 아닌가?"

어머니는 다시는 도움을 요청하지 않으셨다.

"모사브, 내가 집에서 바클라바(baklava)나 다른 과자를 만들고, 네가 그것을 공장 지역에 있는 노동자들에게 팔면 어떨까?" 나는 우리 가족을 돕기 위해서라면 무엇이든 기꺼이 하겠다고 했다. 그래서 나는 매일 방과 후 옷을 갈아입고, 어머니의 과자들을 쟁반에 가득 담아 가능한 한 많이 팔려고 애썼다. 처음에는 부끄러웠지만 결국에는 모든 노동자에게 당당히 다가가 사 달라고 요청했다.

어느 겨울날, 나는 여느 때처럼 과자를 팔기 위해 집을 나섰다. 그러나 내가 도착했을 때, 그곳은 텅 비어 있었다. 너무 추워서 아무도 일하러 나오지 않았던 것이었다. 손은 얼어붙었고 비가 내리기 시작했다. 비닐로 덮은 접시를 머리 위에 우산처럼 들고 나갔는데, 길가에 여러 사람을 태운 차 한 대가 눈에 들어왔다. 운전자는 나를 발견하자, 창문을 열고 몸을 내밀었다.

"어이, 아이야, 뭐 갖고 있니?"

"바클라바가 좀 있어요." 나는 차가 있는 곳으로 다가가며 말했다.

차 안을 들여다보니 이브라힘(Ibrahim) 삼촌이 눈에 띄어 깜짝 놀랐다. 그의 친구들은 이렇게 춥고 비가 오는 날 이브라힘의 조카가 구걸하는 것을 보고 충격을 받았고, 나는 삼촌에게 부끄러운 존재가 된 것 같아 부끄러웠다. 나는 무슨 말을 해야 할지 몰랐다. 그들도 마찬가지였다.

삼촌은 바클라바를 전부 사면서, 나에게 집에 가라고 하고 나중에 보자고 했다. 그는 우리 집에 도착하자마자 어머니에게 몹시 화를 냈다. 나는 그가 어머니에게 무슨 말을 했는지 듣지 못했지만, 그가 떠난 후 어머니는 울고 계셨다. 이튿날 학교가 끝나고 옷을 갈아입고 어머니에게 다시 과자를 팔러 갈 준비가 됐다고 말했다.

"네가 더 이상 바클라바를 팔지 않았으면 좋겠다." 어머니가 말씀하셨다.

"하지만 저는 매일 더 나아지고 있어요! 잘해요. 저를 믿으세요."

어머니의 눈에서 눈물이 흘렀다. 그리고 나는 그 이후로 다시 나가지 않았다.

나는 화가 났다. 이웃과 가족이 왜 우리를 돕지 않는지 이해할 수 없었다. 그뿐만 아니라 자립하기 위해 애쓰는 우리를 성급하게 판단하면서 쓸데없이 신경 쓰는 것이 어처구니없었다. 나는 그들이 우리 가족에게 손을 내밀지 않는 진짜 이유는 자신들이 테러리스트들을 돕고 있다고 이스라엘 사람들이 생각하면 자신들도 곤경에 처하게 될까 봐 두려워서가 아닐까 하고 생각했다. 하지만 우리는 테러리스트가 아니었다. 아버지 또한 테러리스트가 아니셨다. 안타깝게도 그 사실은 곧 변하게 된다.

제6장
영웅의 귀환
(1990)

아버지가 마침내 석방됐을 때, 1년 반 동안 외면당하던 우리 가족은 갑자기 왕족 대접을 받게 됐다. 영웅이 돌아온 것이다. 우리 가족은 더 이상 검은 양, 즉 더 이상 집안의 골칫덩이가 아니었고, 나는 명백한 후계자가 됐다. 남동생들은 왕자, 여동생들은 공주, 어머니는 왕비였다. 더 이상 누구도 감히 우리를 판단하지 못했다.

아버지는 기독교 학교에 복직했고, 모스크에서도 일하셨다. 이제 집에 있는 아버지는 가능한 한 어머니를 도와 집안일을 하려고 노력하셨다. 이것은 우리가 어린 자녀로서 짊어지고 있던 일들에 대한 부담을 덜어 주었다. 우리는 분명 부자는 아니었지만, 괜찮은 음식을 살 수 있을 만큼 충분한 돈이 있었고, 가끔씩 '별들' 놀이의 우승자는 상을 받기도 했다. 그리고 우리는 다른 사람들로부터 명예를 누렸고 많은 존경도 받았다. 그 무엇보다도, 아버지가 우리와 함께 계셨다. 우리는 다른 것이 필요하지 않았다.

모든 것이 빠르게 정상으로 돌아왔다. 물론 '정상'이란 상대적인 용어다. 우리는 여전히 이스라엘의 점령하에 있었고, 거리에서는 매일 살육이 일어났다. 우리 집은 피투성이가 된 시체들로 뒤덮인 공동묘지에서 이어지는 길 바로 아래에 있었다. 아버지는 이스라엘 감옥에서 테러 용의자로 18개월 동안 수감됐던 끔찍한 기억을 가지고 계셨다. 그리고 이스라엘의 점령지는 무법천지 정글로 전락하고 있었다.

무슬림들이 존중하는 유일한 법은 이슬람 법인데, 이는 특정 주제에 대한 종교적 판결인 '파트와'(fatwa)로 정의된다. 파트와는 무슬림들이 코란을 일상생활에 적용할 수 있도록 안내하기 위한 것이지만, 이를 중앙에서 통일성 있게 규제하는 사람이 없기 때문에 여러 셰이크(sheikh: 이슬람의 지도자 또는 성직자)들은 종종 같은 문제에 대해 다른 파트와를 발표한다. 그 결과, 모든 사람은 서로 다른 규칙 체계에 따라 살고 있으며, 어떤 규칙은 다른 규칙보다 훨씬 더 엄격할 수 있다.

어느 날 오후, 친구들과 실내에서 놀고 있는데 밖에서 비명 소리가 들렸다. 소리를 지르고 싸우는 것이 우리 세계에서 대단히 낯선 일은 아니었지만, 우리가 밖으로 뛰쳐나갔을 때 이웃인 아부 살림(Abu Saleem)이 큰 칼을 휘두르고 있었다. 그는 허공을 가르는, 번쩍이는 칼날을 피하려고 애쓰는 그의 사촌을 죽이려고 했다. 온 동네 사람들이 아부 살림을 막으려 했지만, 그는 덩치가 컸다. 그는 백정으로서 푸줏간 주인이었는데, 나는 그가 그의 뒷마당에서 소를 도살하는 것을 본 적이 있다. 그때 그는 머리부터 발끝까지 끈적끈적한 증기가 나는 피로 뒤덮여 있었다. 나는 그가 그의 사촌 뒤를 쫓는 것을 지켜보면서 그가 그 동물에게 한 일을 떠올리지 않을 수 없었다.

'맞아.' 나는 생각했다. '우리는 정말로 정글에 살고 있는 거야.'

출동할 경찰도, 권위자도 없었다. 우리가 할 수 있는 것은 그저 지켜보는 것뿐이었다. 다행히 그의 사촌은 도망쳐서 돌아오지 않았다.

그날 밤 아버지가 집에 돌아왔을 때, 우리는 무슨 일이 있었는지 말씀드렸다. 아버지는 키가 약 170센티미터에 불과했고, 운동선수의 체격을 가진 것도 아니셨다. 하지만 아버지는 옆집에 가서 "아부 살림, 무슨 일이야? 오늘 싸움이 있었다면서?"라고 물으셨다. 그러자 아부 살림은 계속 사촌을 죽이겠다고만 했다.

"자네도 알다시피, 우리는 점령당한 상태야." 아버지가 말씀하셨다. "그런 어리석은 짓을 할 시간이 없어. 자네는 차분히 사촌에게 사과하고, 사촌도 자네에게 사과해야 해. 더 이상 이런 문제는 생기지 않았으면 좋겠어."

다른 사람들처럼 아부 살림도 아버지를 존경했다. 그는 아버지의 지혜를 신뢰했고, 이런 문제에서도 마찬가지였다. 그는 사촌과의 문제를 해결하기로 동의하고, 아버지와 함께 동네 다른 남자들과의 모임에 참석했다.

"이것이 지금 상황입니다." 아버지가 조용히 말씀하셨다. "우리에게는 정부가 없고, 상황은 완전히 통제 불능 상태가 되고 있어요. 우리는 우리끼리 서로 피를 흘리면서 계속 싸울 수 없어요. 우리는 거리에서 싸우고, 집에서 싸우고, 모스크에서 싸우고 있어요. 이제 그만해야 해요. 우리는 적어도 일주일에 한 번은 둘러앉아 남자답게 우리의 문제를 해결하려고 노력해야 해요. 우리에겐 경찰도 없고, 누가 누구를 죽일 틈도 없어요. 우리에게는 해결해야 할 더 큰 문제가 있어요. 저는 여러분의 단결을 원해요. 서로 도와줘야 해요. 우리는 좀 더 가족처럼 지내야 해요."

남자들은 아버지의 제안이 타당하다고 생각했다. 그들은 매주 목요일 밤에 함께 모여 지역 문제를 논의하고 서로의 갈등을 해결하기로 결정했다.

모스크의 이맘으로서, 사람들에게 희망을 주고 문제를 해결하도록 돕는 것이 아버지의 직무였다. 그는 또한 그들의 정부와 가장 가까운 존재셨다. 그는 자신의 아버지를 닮아 가고 계셨다. 하지만 이제 그는 또한 하마스의 권위, 즉 셰이크의 권위로도 말씀하셨다. 셰이크는 이맘보다 더 많은 권위를 가지고 있으며 성직자보다 장군에 더 가까웠다.

아버지가 집에 돌아온 후 3달 동안, 나는 가능한 한 많은 시간을 아버지와 보내려고 노력했다. 나는 이제 학교에서 이슬람 학생 운동의 회장이 됐고, 이슬람과 코란에 대한 모든 것을 알고 싶었다. 어느 목요일 저녁, 나는 그에게 매주 열리는 동네 모임에 참여할 수 있을지 물어봤다. 나는 이제 거의 어른이라고 설명했으며 아버지에게 그렇게 대우해 달라고 했다.

"아니다." 그가 말씀하셨다. "너는 여기 있어. 이건 어른들끼리 하는 일이야. 나중에 무슨 일이 있었는지 얘기해 주마."

실망스러웠지만 이해했다. 내 친구들 중 어느 누구도 주간 집회에 참석하는 것이 허락되지 않았다. 적어도 아버지가 집에 돌아오면 집회에서 무슨 일이 있었는지는 알 수 있을 터였다.

그렇게 그는 몇 시간 동안 나가 계셨다. 어머니가 맛있는 생선 요리를 준비하는 동안 누군가 뒷문을 두드렸다. 문을 살짝 열어 들여다보니 거의 2년 전에 아버지를 체포했던 사람, 샤이 대위가 보였다.

"아북 마우주드?"(Abuk mawjood, "너의 아버지가 여기 계시니?")

"아니요, 그는 여기 없어요."

"그럼 문을 열어다오."

나는 달리 어쩔 도리가 없어서 문을 열었다. 샤이 대위는 처음 아버지를 찾아왔을 때처럼 정중했지만, 내 말을 믿지 않는다는 것을 알 수 있었다. 그가 집을 둘러봐도 되냐고 물었고, 나는 어쩔 수 없이 허락할 수밖에 없었다. 군인들이 우리 집을 수색하기 시작하면서 방마다 돌아다니며 옷장과 문 뒤를 살폈다. 나는 어떻게든 아버지가 집으로 돌아오지 않게 막을 수 있기를 바랐다. 당시에는 휴대전화가 없어서 알려 줄 수도 없었다. 하지만 생각해 보니, 설령 휴대전화가 있었다 해도 소용없었을 것이다. 아버지는 어차피 집으로 돌아오셨을 테니 말이다.

"좋아, 모두 조용히 해." 샤이 대위가 밖에 있던 군인들에게 말했다. 그들은 모두 수풀과 건물 뒤로 몸을 숨기고 아버지를 기다렸다. 나는 무력감을 느끼며 식탁에 앉아 귀를 기울였다. 얼마 후, 큰 소리로 "거기서 멈춰!"라는 외침이 들렸다. 그리고 움직이는 소리와 남자들의 목소리가 들렸다. 우리는 이것이 좋지 않은 상황이라는 것을 알고 있었다. 아버지가 다시 감옥에 가게 되실까?

몇 분 지나지 않아 아버지는 집 안으로 들어와 우리 각자에게 미안하다는 듯이 고개를 흔들며 미소를 지으셨다.

"그들이 나를 데려가려고 한다." 아버지가 말씀하셨다. 어머니에게 입을 맞추고 우리 각자에게도 입을 맞추며 말했다. "얼마나 오랫동안 떠날지 모르겠다. 착하게 지내고, 서로 잘 돌보아라."

그런 다음 그는 자켓을 입고, 접시 위에 있던 생선 튀김이 식어 가는 가운데 떠났다.

우리는 다시 난민처럼 대우를 받았다. 심지어 아버지가 그들과 다른 사람들로부터 보호하려고 애썼던 이웃 남자들에게서조차 말이다. 어떤 사람들은 걱정하는 척하며 아버지에 대해 묻곤 했지만, 별로 신경 쓰지 않는 것은 분명했다.

비록 아버지가 이스라엘 감옥에 수감되어 있음을 알고 있었지만, 아무도 그가 어느 감옥에 있는지 알려 주지 않았다. 우리는 그를 찾아 3개월 동안 모든 감옥을 뒤졌고, 마침내 그가 가장 위험한 사람들만 심문하는 특수 시설에 수감되어 있다는 소식을 들었다. '왜 인가?' 나는 궁금했다. 하마스는 테러 공격을 하지 않았다. 심지어 무장도 되어 있지 않았다.

아버지가 어디에 구금되어 있는지 알아냈고, 이스라엘 당국은 우리가 한 달에 한 번씩 30분 동안 아버지를 면회할 수 있도록 허락해 주었다. 한 번에 2명의 방문객만 들어갈 수 있었기 때문에 우리는 어머니와 번갈아 가며 갔다. 처음 그를 보았을 때, 그의 수염이 길어진 것과 피곤해 보이는 것에 놀랐다. 하지만 그를 보는 것은 정말 좋았다. 그는 결코 불평하지 않았다. 그는 단지 우리가 어떻게 지내는지 알고 싶어 했고, 우리 삶의 작은 소소한 것까지도 모두 말해 달라고 했다.

한번은 방문했을 때, 아버지가 나에게 사탕 한 봉지를 건네주셨다. 그는 수감자들에게 이틀에 한 조각씩 사탕이 주어지는데, 자기 것을 먹는 대신 우리에게 주려고 모든 조각을 모아 두었다고 설명했다. 우리는 그가 다시 석방되는 날까지 사탕 포장지를 소중히 간직했다.

드디어 그토록 바라던 날이 왔다. 우리는 그가 오리라 예상하지 못했다. 그가 문을 열고 들어왔을 때, 우리 모두는 꿈을 꾸고 있는 것이 아닐까 두려워하며 그에게 매달렸다. 그의 도착 소식은 순식간에 퍼져 나갔고, 그 후 6시간 동안 사람들이 우리 집으로 몰려들었다. 그렇게 많은 사람이 그를 환영하러 왔고, 모든 사람에게 물 한 잔씩 주다 보니 우리 집의 물탱크는 동이 났다. 나는 사람들이 아버지에게 보여 주는 분명한 동경과 존경을 보며 자랑스러웠지만, 동시에 화가 났다. 그가 없는 동안 이 사람들은 어디에 있었을까?

모두가 떠난 후, 아버지는 나에게 말씀하셨다. "나는 이 사람들을 위해, 그들의 칭찬을 받기 위해, 또는 나와 내 가족을 돌보기 위해 일하는 것이 아니다. 나는 알라를 위해 일하고 있다. 그리고 너희 역시 나만큼 큰 대가를 치르고 있다는 것을 안다. 너희도 알라의 종이니, 반드시 인내해야 한다."

이해는 됐지만, 아버지가 여기 없었을 때 상황이 얼마나 힘들었는지 과연 그가 알고 있었을까 하는 생각이 들었다.

우리가 이야기를 나누고 있는 동안, 다시 뒷문을 두드리는 소리가 들렸다. 이스라엘 당국이 아버지를 다시 체포했다.

제7장
급진적인
(1990-1992)

1990년 8월, 아버지가 세 번째로 수감되어 있을 때 이라크의 사담 후세인(Saddam Hussein)이 쿠웨이트를 침공했다.

팔레스타인 사람들은 난리가 났다. 모두가 거리로 쏟아져 나가, 이스라엘에 쏟아질 미사일들을 기대하며 환호했다. 우리 형제들이 드디어 우리를 도우러 왔다! 그들이 이스라엘을 강하게 공격하고, 중심부를 명중시킬 터였다. 곧 점령이 끝날 것이다.

1988년 쿠르드족 5,000명의 목숨을 앗아간 독가스 공격과 같은 일이 또 일어날 것을 예상한 이스라엘은 모든 시민에게 방독면을 나눠 주었다. 그러나 팔레스타인 사람들은 한 가구당 한 개의 방독면만 받았다. 우리 어머니는 하나를 갖고 있었지만, 우리 일곱 형제자매는 아무런 보호장치가 없었다. 그래서 우리는 창의력을 발휘하여 우리만의 마스크를 만들려고 노력했다. 우리는 또한 나일론 천을 사서 창문과 문에 테이프로 붙였다. 하지만 아침에 깨어 보니 습기 때문에 테이프가 모두 떨어져 있었다.

우리는 이스라엘 TV 채널에 집중하며 미사일이 날아온다는 경고가 나올 때마다 환호성을 질렀다. 우리는 이라크의 스커드 미사일이 텔아비브를 밝히는 것을 지켜보려고 지붕으로 올라갔다. 그러나 우리는 아무것도 보지 못했다.

'아마도 알비레는 좋은 전망을 얻기에는 최적의 장소가 아닐 거야.' 나는 생각했다. 나는 지중해까지 전망 가능한 알자니야에 있는 삼촌 다우드(Dawood)의 집으로 가기로 결정했다. 내 동생 소하이브도 나와 함께 갔다. 삼촌의 지붕에서 우리는 첫 번째 미사일을 보았다. 사실 그것은 불길일 뿐이었지만, 그래도 멋진 광경이었다!

약 40발의 스커드 미사일이 이스라엘에 떨어졌는데 단 2명의 이스라엘인이 사망했다는 소식을 들었을 때, 우리는 정부가 거짓말을 하고 있다고 확신했다. 그러나 그 말은 사실이었다. 이라크가 미사일의 사정거리를 늘리기 위해 임의로 개조하면서 정확성과 파괴력이 떨어졌기 때문이다.

우리는 유엔군이 사담 후세인을 바그다드로 되돌려 보낼 때까지 다우드 삼촌 집에 머물렀다. 나는 화가 났고 몹시 실망했다.

"전쟁이 왜 끝났어요? 이스라엘은 아직 끝나지 않았어요. 우리 아버지는 아직도 이스라엘 감옥에 있어요. 이라크군은 계속 미사일을 발사해야 해요!"

모든 팔레스타인 사람들은 확실히 실망했다. 수십 년에 걸친 점령 끝에 드디어 본격적인 전쟁이 선포됐지만, 파괴적인 전쟁 무기가 이스라엘로 발사됐음에도 불구하고 아무런 변화가 없었다.

* * *

페르시아 걸프 전쟁이 끝나고 아버지가 석방된 후, 어머니는 아버지에게 결혼 예물로 받은 금을 팔아서 땅을 사고 대출을 받아 집을 짓고 싶다고 말했다. 우리는 그때까지 세를 살았는데, 아버지가 집을 비울 때마다 집주인은 우리를 속이고 어머니를 무례하고 모욕적으로 대했다.

아버지는 어머니가 그토록 소중한 것을 기꺼이 포기하려 한다는 사실에 감동받았지만, 동시에 자신이 언제라도 다시 체포될 수 있기 때문에 대출금을 제때 갚지 못할까 봐 걱정하셨다. 그럼에도 불구하고 부모님은 이를 시도하기로 결정하셨고, 1992년에 우리는 라말라 근처인 베투니아에, 우리 가족이 오늘까지도 살고 있는 집을 지었다. 그때 나는 14살이었다.

베투니아는 알비레나 라말라보다 폭력적이지 않은 것 같았다. 나는 새 집 근처에 있는 모스크에 다녔고, '잘사'(jalsa)라는 모임에 들어갔는데, 그 모임은 우리에게 코란을 외우도록 격려하고 지도자들이 세계적인 이슬람 국가를 이끌 것이라는 신념들을 가르쳐 주었다.

우리가 이사한 지 몇 달 후에 아버지가 다시 체포되셨다. 보통 그에 대한 구체적인 혐의나 기소조차 없었다. 우리는 점령되어 있었기 때문에, 이스라엘 정부는 비상사태법을 통해 단지 테러에 연루된 것으로 의심될 경우 사람들을 체포할 수 있도록 허용했다. 기본적으로 종교인이며, 정치 지도자였던 아버지는 손쉬운 표적이었다.

당시에는 깨닫지 못했지만, 체포, 석방, 재구속의 패턴은 앞으로 수년 동안 계속됐으며, 그때마다 우리 가족은 점점 더 큰 부담을 느꼈다. 한편 하마스는 점점 더 폭력적이고 공격적으로 변해 가고 있었고, 젊은 하마스 대원들은 지도부를 더욱 강하게 압박했다.

"이스라엘이 우리 아이들을 죽이고 있어!" 그들은 울부짖었다. "우리가 돌을 던지면 그들은 기관총으로 우리를 쏴 죽인다. 우리는 점령받고 있다. 유엔과 전 세계 국제 공동체, 전 세계의 모든 자유인은 우리의 싸울 권리를 인정한다. 알라도 그것을 요구하신다. 그분의 이름이 찬양을 받으소서. 우리가 왜 기다려야 하는가?"

그 당시 대부분의 공격은 조직적이지 않고 개인적인 것이었다. 하마스 지도자들은 저마다의 생각을 가진 구성원들을 통제할 수 없었다. 아버지의 목표는 이슬람의 자유였고, 그는 자유를 얻기 위해 이스라엘과 싸워야 한다고 믿으셨다. 그러나 이 젊은이들에게 싸움은 목적을 위한 수단이 아니라 그 자체로 목적이 됐다.

요르단강 서안 지구가 위험해진 만큼, 가자 지구는 더욱 위험했다. 지리적인 이유로 가자 지구에서는 이집트의 근본주의 무슬림 형제단이 지배적인 세력으로 자리 잡고 있었다. 그리고 인구 과밀은 상황을 더욱 악화시킬 뿐이었다. 가자 지구는 지구상에서 가장 인구밀도가 높은 부동산 구역 중 하나로, 실제로 약 360제곱킬로미터의 난민 수용소에 100만 명 이상의 사람들이 모여 있었다.

가족들은 부동산 관련 서류와 현관 열쇠들을 벽에 걸어 놓곤 했는데, 이는 그들이 한때 이 집과 아름다운 농장의 소유주였다는 증거이자 이것들이 과거 전쟁의 전리품으로서 이스라엘로부터 약탈당한 것임을 매일 상기시켜 주는 무언의 증거였다. 이것은 모병을 위한 이상적인 환경이었다. 난민들은 동기가 충분했고 동원될 준비가 되어 있었다. 그들은 이스라엘인들뿐 아니라 자기 민족인 팔레스타인 사람들로부터도 박해를 받았다. 실제로, 난민 수용소가 이웃의 땅 위에 세워졌다는 이유로 그들은 침입자로 여겨졌고, 이등 시민 취급을 받았다.

성급한 젊은 하마스 행동원들은 대부분 난민촌 출신이었다. 이마드 아켈(Imad Akel)도 그중에 한 명이었다. 삼 형제 중 막내인 이마드는 약사가 되기 위해 공부하던 중 마침내 불의와 좌절을 경험하게 됐다. 그는 총을 손에 쥐고 이스라엘 군인 몇 명을 죽였으며 그들의 무기를 빼앗다. 다른 사람들이 그의 모범을 따를수록 이마드의 영향력은 커져만 갔다. 독립적으로 작전을 수행하던 이마드는 소규모 군사 조직을 설립하고 더 많은 공격 대상과 더 넓은 활동 범위를 제공하는 서안 지구로 이동했다. 나는 마을 사람들 사이의 대화를 통해 하마스가 그를 매우 자랑스러워한다는 것을 알았지만, 그는 조직에 대해 전혀 책임감을 갖고 있지 않았다. 그럼에도 불구하고 지도자들은 그가 하고 있는 일을 하마스의 다른 활동과 섞고 싶어 하지 않았다. 그래서 그들은 군사 조직인 에제딘 알카삼 여단(Ezzedeen

Al-Qassam Brigades)을 추가로 창설하고, 이마드를 그 지도자로 삼았다. 그는 곧 이스라엘이 가장 체포하고 싶어 하는 팔레스타인인이 됐다.

하마스는 이제 무장됐다. 돌, 낙서, 화염병이 총기로 빠르게 대체되면서 이스라엘은 이전에 겪어 보지 못한 문제에 직면하게 됐다. 요르단, 레바논, 시리아로부터 오는 PLO의 공격에 대처하는 것도 문제였지만, 이제 자국 국경 내부에서 일어나는 공격은 전혀 다른 일이었다.

제8장
불길을 부추기다
(1992-1994)

    1992년 12월 13일, 알카삼 조직원 5명이 텔아비브 인근에서 이스라엘 국경 경찰관 니심 톨레다노(Nissim Toledano)를 납치했다. 그들은 이스라엘에 셰이크 아흐마드 야신을 석방할 것을 요구했다. 이스라엘은 거절했다. 이틀 후 톨레다노의 시신이 발견됐고, 이스라엘은 하마스에 대한 대대적인 탄압을 시작했다. 1,600명 이상의 팔레스타인인들이 즉시 체포됐다. 이후 이스라엘은 하마스, 이슬라믹 지하드, 무슬림 형제단의 지도자 415명을 비밀리에 추방하기로 결정했다. 그들 가운데는 여전히 감옥에 수감되어 있던 아버지와 삼촌 3명도 포함되어 있었다.

    그때 나는 겨우 14살이었고, 우리 중 아무도 이런 일이 벌어지고 있다는 사실을 알지 못했다. 하지만 그 소식이 새어 나오면서, 우리는 아버지가 아마도 수갑에 채워지고 눈을 가린 채 버스에 태워진 수많은 교사, 종교 지도자, 기술자, 사회복지사 가운데 한 사람일 것이라는 사실을 어느 정도 추측할 수 있었다. 이 소식이 퍼져 나간 지 몇 시간 만에 변호사들과 인권 단체들이 탄원서를 제출하기 시작했다. 이스라엘 고등법원이 새벽 5시에 법적 문제를 검토하기 위해 소집됐고, 그 버스들은 그 자리에 멈춰 섰다. 그리고 그 후 논의가 진행되는 14시간 동안, 아버지와 다른 추방자들은 버스에 갇혀 있었다. 눈가리개와 수갑은 그대로 채워져 있었다. 음식은 없었다. 물도 없었다. 화장실도 없었다. 결국 법원은 정부의 손을 들어주었고, 버스는 다시 북쪽으로 향했다. 나중에 알게 된 사실이지만, 그 남자들은 레바논 남부에 있는 눈 덮인, 인적 없는 황무지로 끌려갔다. 우리가 혹독한 겨울의 한가운데에 있었기는 하나, 그들은 거처도 식량도 없이 그곳에 버려졌다. 이스라엘과 레바논 모두 구호 단체가 식량이나 의약품을 전달하는 것을 허용하지 않았다. 베이루트는 환자와 부상자를 병원으로 이송하는 일조차 거부했다.

12월 18일, 유엔 안전보장이사회는 강제 추방자들의 "안전하고 즉각적인 귀환"을 촉구하는 결의안 799호를 채택했다. 이스라엘은 거절했다. 아버지가 감옥에 계실 때는 언제든지 면회가 가능했지만, 레바논 국경이 폐쇄되면서 우리는 추방된 아버지를 만날 방법이 없었다. 몇 주 뒤에야 우리는 추방 이후 처음으로 텔레비전을 통해 아버지를 볼 수 있었다. 하마스 측은 아버지를 그 캠프의 사무총장으로 임명했는데, 이는 하마스 지도자인 압델 아지즈 알란티시 바로 아래에 해당하는 위치였다.

그 후로 우리는 매일 뉴스를 보면서 아버지의 얼굴을 한 번 더 볼 수 있기를 기대했다. 때때로 우리는 그가 확성기를 들고 추방된 이들에게 지시를 내리는 것을 보곤 했다. 봄이 되자, 아버지는 기자들과 구호 단체 구성원들이 찍은 사진과 편지를 보내는 데도 성공하셨다. 마침내 추방된 사람들은 휴대전화를 사용할 수 있게 됐고, 우리는 매주 몇 분씩 그와 이야기를 나눌 수 있었다.

추방당한 이들에 대한 국제적인 동정심을 불러일으키기 위해, 언론은 그들의 가족들을 인터뷰했다. 여동생 타스님은 카메라를 통해 "바바! 바바!"(Baba! Baba!, "아빠! 아빠!")라고 외치며 온 세계 사람들을 눈물짓게 했다. 어쨌든 우리 가족은 다른 모든 가족의 비공식 대표자가 됐다. 우리는 예루살렘에 있는 이스라엘 총리 집무실 앞에서 진행 중인 시위를 포함하여 모든 시위에 참석하도록 초대받았다. 아버지는 우리에게 매우 자랑스럽다고 말씀하셨고, 우리는 전 세계 사람들, 심지어 이스라엘의 평화주의자들로부터도 지지를 받았다는 사실에 약간의 위로를 얻었다. 약 6개월 후, 우리는 101명의 추방자들이 집으로 돌아올 수 있게 될 것이라는 소식을 들었다. 모든 가족들이 그렇듯이, 우리도 아버지가 그들 가운데 있기를 간절히 기대했다.

아버지는 포함되지 않았다.

다음 날, 우리는 레바논에서 돌아온 영웅들을 만나 아버지에 대한 소식을 알아보았다. 그러나 그들은 우리에게 그가 잘 지내고 있으며 곧 집에 돌아올 것이라는 말만 해 줄 수 있었다. 약 3개월이 더 지나서야 이스라엘은 나머지 추방자들의 귀국을 허용하기로 합의했다. 우리는 그 소식에 뛸 듯이 기뻤다.

지정된 날, 우리는 라말라 감옥 밖에서 나머지 수감자들이 석방되기를 초조하게 기다렸다. 10명이 나왔다. 그리고 20명. 그들 중에 아버지는 없었다. 마지막 남자가 지나갔고, 군인들은 이것이 전부라고 말했다. 아버지의 모습은 보이지 않았고, 그의 행방에 대한 소식도 없었다. 다른 가족들은 기쁜 마음으로 사랑하는 사람들을 집으로 데리고 갔고, 우리는 아버지가 어디 있는지 모른 채 한밤중에 밖에서 있게 됐다. 우리는 낙담하고, 좌절하고, 걱정하며 집으로 돌아갔다. 아버지는 왜 다른 죄수들과 함께 석방되지 않았을까? 그는 지금 어디에 있는 것일까?

다음 날, 아버지의 변호사가 우리에게 전화를 해서 아버지와 다른 여러 명의 추방자들이 다시 감옥으로 송환됐다고 알려 주었다. 그 변호사는 추방이 명백히 이스라엘에 역효과를 낳았다고 말했다. 추방 기간 동안 아버지와 다른 팔레스타인 지도자들은 뉴스에 자주 등장하여, 그 처벌이 과도하고 인권 침해였음을 전 세계 사람들에게 인식시킴으로써 동정을 얻는 데 성공했다. 아랍 세계 전역에서 그들은 대의의 영웅으로 여겨졌으며 그에 따라 그들은 훨씬 더 중요하고 영향력 있는 존재로 변해 갔다.

이 추방은 또한 이스라엘에 의도하지 않았지만 재앙적인 또 다른 결과를 가져왔다. 수감자들은 망명 기간을 이용해 하마스와 레바논의 주요 이슬람 정치 및 준군사 조직인 헤즈볼라(Hezbollah) 사이에 전례 없는 관계를 구축했다. 이 관계는 역사적, 지정학적으로 큰 영향을 가져왔다. 아버지와 다른 하마스 지도자들은 언론을 피해 캠프를 빠져나와 헤즈볼라와 무슬림 형제단 지도자들을 만났는데, 이는 그들이 팔레스타인 영토 내에서는 절대 할 수 없는 일이었다.

아버지와 다른 사람들이 레바논에 있는 동안, 과격한 하마스 대원들은 여전히 자유롭게 활동하면서 그 어느 때보다도 더욱 격화되고 있었다. 그리고 이 과격한 새로운 사람들이 하마스 내에서 임시 지도자 역할을 맡으면서 하마스와 PLO(팔레스타인해방기구) 사이의 간극은 더욱 벌어졌다.

그 무렵 이스라엘과 야세르 아라파트는 비밀 협상을 시작했고, 그 결과 1993년 오슬로 협정이 체결됐다. 9월 9일, 아라파트는 이츠하크 라빈(Yitzhak Rabin) 이스라엘 총리에게 서한을 보내 "이스라엘 국가가 평화와 안보 속에 존재할 권리"를 공식적으로 인정하고 "테러리즘과 기타 폭력 행위의 사용"을 포기한다고 밝혔다.

그 후 라빈은 PLO를 "팔레스타인 국민의 대표"로 공식 인정했고, 빌 클린턴(Bill Clinton) 대통령은 PLO와 미국인 사이의 접촉 금지령을 해제했다. 9월 13일, 전 세계는 아라파트와 라빈이 백악관에서 악수하는 사진을 보고 깜짝 놀랐다. 당시 여론조사에 따르면 요르단강 서안 지구와 가자 지구의 팔레스타인인 대다수는 DOP(Declaration of Principles, "원칙 선언")으로 알려진 협정의 조건을 지지하는 것으로 나타났다. 이 문서는 PA(팔레스타인자치정부)의 창설로 이어졌고, 가자와 여리고에서 이스라엘 군대의 철수를 요구했으며, 해당 지역에

자치권을 부여했다. 아라파트와 PLO가 망명지인 튀니지에서 돌아올 수 있는 문을 열었다.

하지만 아버지는 DOP에 반대하셨다. 그는 이스라엘이나 PLO를 신뢰하지 않았고, 따라서 평화 협상을 신뢰하지 않았다. 다른 하마스 지도자들 역시 각자 반대할 이유가 있었다고 그는 설명했다. 그중 하나는 평화 협정이 실제로 유지될 위험 때문이었다! 평화로운 공존은 하마스의 종말을 의미했기 때문이다. 그들의 관점에서 볼 때, 평화로운 분위기 속에서는 조직이 번창할 수 없었다. 다른 저항 단체들 역시 분쟁의 지속을 통한 이해관계가 있었다. 각자 다른 목표와 관심사를 가진 많은 사람이 있는 곳에서 평화를 이루는 것은 어렵다.

그렇게 공격은 계속됐다.

- 9월 24일 바스라 인근 과수원에서 한 이스라엘 남성이 하마스 페다인의 칼에 찔려 사망했다.
- PFLP(팔레스타인해방인민전선)와 이슬라믹 지하드는 2주 후 유대 사막에서 이스라엘인 2명이 사망한 사건에 대한 책임이 있다고 주장했다.
- 그로부터 2주 후, 하마스는 가자 지구의 유대인 정착촌 밖에서 2명의 IDF(이스라엘방위군) 병사를 사살했다.

그러나 이러한 살인 사건 중 어느 것도 1994년 2월 25일 금요일에 있었던 헤브론 대학살 사건과 같이 세계 언론의 헤드라인을 장식하지는 못했다.

유대교의 축제인 부림절과 이슬람교의 성월인 라마단 기간 동안, 바루크 골드스타인(Baruch Goldstein)이라는 미국 태생의 의사가 헤브론의 알하람 알이브라히미 모스크에 들어갔는데, 현지 전통에 따르면 여기에는 아담과 이브, 아브라함과 사라, 이삭과 리브가, 야곱과 레아가 묻혀 있다고 한다. 골드스타인은 아무런 경고도 없이 총을 난사하여 기도하러 온 팔레스타인인 29명을 죽이고 100명 이상에게 부상을 입혔다. 그는 곧 분노와 슬픔에 잠긴 군중에게 맞아 죽었다.

우리는 앉아서 텔레비전 화면을 통해 피투성이가 된 시체가 하나둘씩 그 신성한 장소에서 옮겨지는 것을 지켜보았다. 나는 충격에 빠졌다. 모든 것이 슬로우 모션처럼 느껴졌다. 어느 순간, 내 심장은 이전에 없던 분노로 쿵쾅거렸고, 그 분노는 나를 깜짝 놀라게 했다가 곧 진정됐다. 다음 순간 나는 슬픔으로 얼어붙었다. 그러다가 갑자기 화가 치밀어 올랐고, 또다시 무감각해졌다. 그리고 나만 그런 것이 아니었다. 점령지에 있던 모든 사람의 감정이 그 비현실적인 리듬에 맞춰 오르락내리락하기를 반복하다가 우리를 기진맥진하게 만들었다.

골드스타인이 이스라엘 군복을 입고 있었고 IDF의 병력이 평소보다 적었기 때문에, 팔레스타인 사람들은 그가 예루살렘 정부의 사주를 받았거나 적어도 엄호를 받았다고 확신했다. 우리에겐 방아쇠를 당기는 병사들과 정신 나간 정착민들이 모두 동일한 존재였다. 하마스는 이제 결의에 찬 목소리로 단호하게 말했다. 그들은 이 배신과 잔혹한 행위에 대해 복수만을 생각할 뿐이었다.

4월 6일, 아풀라에서 차량 폭탄 테러로 버스가 파괴되어 8명이 사망하고 44명이 부상을 입었다. 하마스는 그것이 헤브론에 대한 보복이라고 말했다. 같은 날, 하마스가 아슈도드 근처의 버스 정류장을 공격하여 이스라엘인 2명이 총에 맞아 사망하고 4명이 부상을 당했다.

일주일 후, 이스라엘은 최초의 공식적인 자살 폭탄 테러의 충격을 경험하며 역사의 끔찍한 문턱을 넘었다. 1994년 4월 13일 수요일 아침, 아버지가 레바논으로 추방된 후 마침내 석방되던 날, 21살의 아마르 살라 디아브 아마르나(Amar Salah Diab Amarna)는 이스라엘 중부의 하이파와 텔아비브 사이의 하데라 버스 정류장에 들어섰다. 그는 철물과 약 2킬로그램짜리 사제 아세톤 과산화물 폭발물이 들어 있는 가방을 들고 있었다. 9시 30분, 그는 텔아비브로 가는 버스에 올랐다. 10분 후, 버스가 역을 빠져나가자 그는 가방을 바닥에 내려놓고 폭파시켰다.

그 파편은 버스에 타고 있던 승객들을 휩쓸어, 6명이 사망하고 30명이 부상을 당했다. 구조대원들이 도착하자마자 두 번째 파이프 폭탄이 현장에서 폭발했다. 이것은 나중에 하마스 소책자에 헤브론에 대한 복수를 위한 "다섯 차례의 공격 중 두 번째 공격"이라고 발표됐다.

나는 하마스가 자랑스러웠고, 이 공격들이 이스라엘 점령에 대항한 엄청난 승리라고 생각했다. 15살 때, 나는 모든 것을 흑백논리로 보았다. 좋은 사람들과 나쁜 사람들이 있었다. 그리고 나쁜 사람들은 그들이 치러야 할 모든 대가를 받아야 한다고 생각했다. 못과 강철 구슬로 가득 찬 2킬로그램짜리 폭탄이 인간의 몸에 어떤 피해를 입힐 수 있는지 보았고, 그것이 이스라엘 공동체에 분명한 메시지로 전달되기를 바랐다.

그랬다.

자살 공격이 있을 때마다 ZAKA(재난 피해자 식별 단체)로 알려진 정통파 유대인 자원봉사자들이 형광 노란색 조끼를 입고 현장에 도착했다. 그들의 임무는 비유대인과 폭탄 테러리스트의 혈액과 신체 부위를 채취하여 자파에 있는 법의학 센터로 가져가는 것이었다. 그곳의 병리학자들은 신원 확인을 위해 시신을 재구성하는 일을 했다. 종종, DNA 검사만이 한 조각과 다른 조각을 연결하는 유일한 방법이었다.

지역 병원의 부상자들 가운데 사랑하는 사람을 찾지 못한 가족들은 자파로 보내졌는데, 그곳에서 그들은 종종 슬픔에 잠긴 채 멍한 표정을 지었다.

병리학자들은 가족들에게 유해를 보지 말라고 조언하면서, 사랑하는 이들을 생전의 모습 그대로 기억하는 것이 더 낫다고 말했다. 하지만 대부분의 사람들은 발 하나만 남아 있어도 마지막으로 시신을 만져 보고 싶어 했다.

유대인의 율법에 따르면 사람이 사망한 당일 시신 전체를 매장해야 했기 때문에, 큰 신체 부위를 먼저 매장하는 경우가 많았다. 작은 조각들은 유전자 분석으로 신원이 확인된 후 추가되어 비통에 잠긴 가족들의 상처를 다시 열어 젖혔다.

하데라 폭탄 테러가 공식적인 첫 번째 폭탄 테러였지만, 실제로는 세 번째 시도였으며, 하마스 폭탄 제조자 야흐야 아야쉬(Yahya Ayyash)가 자신의 기술을 완성하는 시행착오 단계의 일부였다. 아야쉬는 비르제이트 대학교의 공대생이었다. 그는 급진적인 무슬림이나 민족주의적 광신자가 아니었다. 그는 단순히 다른 나라에서 공부를 계속할 수 있도록 허락해 달라고 요청했는데 이스라엘 정부가 그의 요청을 거절했다는 사실에 원한을 품고 있었다. 그래서 그는 폭탄을 만들었고 팔레스타인인들에게 영웅이 됐으며 이스라엘의 최고 지명 수배자 중 한 명이 됐다.

아야쉬는 두 번의 실패한 시도와 4월 6일과 13일에 있었던 폭탄 테러를 포함하여 다섯 차례의 추가 공격으로 최소 39명의 사망자를 냈다. 그는 또한 그의 친구 하산 살라메(Hassan Salameh) 등 다른 사람들에게 폭탄 제조법을 가르치기도 했다.

* * *

걸프전 당시 야세르 아라파트는 사담 후세인의 쿠웨이트 침공을 지지했는데, 이로 인해 그는 미국과 미국 주도의 연합군을 지지하는 아랍 국가들로부터 멀어졌다. 그 결과, 이들 국가는 재정 지원을 PLO에서 하마스로 점차 전환하기 시작했다.

그러나 오슬로 협정의 성공에 힘입어 아라파트는 다시 정상에 올랐다. 그리고 이듬해에는 이츠하크 라빈 이스라엘 총리, 시몬 페레스(Shimon Peres) 이스라엘 외무장관과 함께 노벨평화상을 공동 수상했다.

오슬로 협정에 따라 아라파트는 서안 지구와 가자 지구에 PA를 설립해야 했다. 그래서 1994년 7월 1일, 그는 이집트의 라파 국경에 접근했고 가자 지구로 건너가 정착했다.

그는 추방 후 귀환을 축하하는 군중들에게 "국가적 단결은 … 우리의 방패이자, 우리 국민의 방패입니다. 단결, 단결, 단결"이라고 말했다.* 그러나 팔레스타인 영토는 단결과는 거리가 멀었다.

하마스와 그 지지자들은 아라파트가 비밀리에 이스라엘과 만나 팔레스타인인들이 더 이상 자결권을 위해 싸우지 않을 것이라고 약속한 것에 분노했다. 우리 대원들은 여전히 이스라엘 감옥에 갇혀 있었다. 우리에게는 팔레스타인 국가가 없었다. 우리가 가진 유일한 자치권은 아무것도 없는 작은 마을인 서안 지구 도시 여리고와 해안에 있는 크고 붐비는 난민 수용소인 가자를 관할하는 것뿐이었다.

그리고 이제는 아라파트가 이스라엘 사람들과 같은 테이블에 앉아 악수를 하고 있었다. "팔레스타인 사람들의 피는 어쩌란 말인

---

* "아라파트의 귀환: 단결은 '우리 국민의 방패,'" 〈뉴욕 타임스〉, 1994년 7월 2일, http://www.nytimes.com/1994/07/02/world/arafat-in-gaza-arafat-s-return-unity-isthe-shield-of-our-people.html (2009년 11월 23일 접속).

가?", "그렇게 싸구려로 여긴 것인가?" 우리 민족은 서로에게 물었다.

반면에, 일부 팔레스타인 사람들은 적어도 PA가 우리에게 가자와 여리고를 가져다주었다고 인정했다. 하마스가 우리에게 얻어 준 것은 뭐였나? 그들이 팔레스타인의 작은 마을 하나라도 해방시킬 수 있었는가?

어쩌면 그들의 말에 일리가 있었을지도 모른다. 그러나 하마스는 아라파트를 신뢰하지 않았는데, 그 이유는 그가 이스라엘 이전에 존재했던 팔레스타인 영토를 회복하는 대신 이스라엘 내부의 팔레스타인 국가에 안주하려 했기 때문이었다.

"우리가 어떻게 하길 바라십니까?" 아라파트와 그의 대변인들은 그들이 압박을 받을 때마다 논쟁을 벌였다. "수십 년 동안 우리는 이스라엘과 싸웠지만 이길 방법이 없다는 것을 알았습니다. 우리는 요르단과 레바논에서 쫓겨나 1,600킬로미터 이상 떨어진 튀니지로 쫓겨났습니다. 국제 사회는 우리를 반대했습니다. 우리에겐 힘이 없습니다. 소련이 붕괴되면서 미국은 유일한 세계 강대국으로 남았습니다. 그리고 미국은 이스라엘을 지원했습니다. 1967년 6일 전쟁 이전에 우리가 가졌던 모든 것을 되찾고 스스로를 통치할 수 있는 기회가 우리에게 주어졌습니다. 그리고 우리는 그 기회를 잡았습니다."

가자 지구에 도착한 지 몇 달 후, 아라파트는 처음으로 라말라를 방문했다. 아버지는 수십 명의 종교계·정계·재계 지도자들과 함께 그를 영접하기 위해 줄을 섰다. PLO 수장이 셰이크 하산 유세프에게 다가오고, 그는 아버지의 손에 입을 맞추며 아버지를 종교 지도자이자 정치 지도자로 인정했다.

그 후 1년 동안 아버지와 다른 하마스 지도자들은 가자시에서 아라파트를 자주 만나 PA와 하마스의 화해와 통합을 위해 노력했다. 그러나 회담은 하마스가 결국 평화 협상에 참여하기를 거부하면서 실패로 끝났다. 양측의 이념과 목표는 여전히 화해와는 거리가 멀었다.

* * *

하마스는 이미 본격적인 테러 조직으로 변모했다. 많은 구성원들이 이슬람의 사다리를 타고 올라가 정상에 도달했다. 우리 아버지와 같은 온건한 정치 지도자들은 무장 대원들에게 그들이 하고 있는 일이 잘못됐다고 말하지 않았다. 그들은 그렇게 할 수 없었다. 무엇을 근거로 그것이 잘못됐다고 선언할 수 있겠는가? 무장 대원들은 코란의 전폭적인 지지를 받고 있었다.

그래서 아버지는 직접 사람을 죽인 적이 없지만 공격을 묵인함으로 동조하셨다. 이스라엘군은 폭력적인 젊은 무장 세력을 찾아내 체포하지 못했고, 아버지처럼 상대적으로 약한 표적을 계속 추적했다. 내 생각에, 그들은 아버지가 그런 공격을 감행하고 있는 하마스의 지도자였기 때문에, 아버지가 투옥되면 그들을 막을 수 있을 것이라고 생각했던 것 같다. 그러나 이스라엘은 하마스가 실제로 누구인지, 무엇인지 알아내려는 노력은 전혀 하지 않았다. 그리고 하마스가 대부분의 사람들이 이해하는 것처럼 규칙과 위계질서가 있는 조직이 아니라는 것을 이해하기까지는 오랜 세월이 필요했다. 하마스는 유령 같은 존재였다. 어떤 이념(ideas)이었다. 이념은 파괴할 수 없다. 오히려 자극만 할 뿐이다. 하마스는 편형동물 같았다. 머리를 잘라 내면 또 다른 머리가 자랐다.

문제는 하마스의 중심 조직 원칙과 목표가 환상에 불과하다는 점이다. 시리아, 레바논, 이라크, 요르단, 이집트는 이스라엘을 바다로 몰아내고 그 땅을 팔레스타인 국가로 만들려고 여러 번 시도했지만 실패했다. 심지어 사담 후세인과 그의 스커드 미사일도 실패했다. 수백만 명의 팔레스타인 난민들이 반세기 전에 잃었던 집과 농장, 재산을 되찾으려면 이스라엘이 사실상 그들과 자리를 맞바꿔야 한다. 그리고 그런 일은 결코 일어나지 않을 것이 분명했기 때문에, 하마스는 그리스 신화의 시지프스와 같았다. 영원히 가파른 언덕 위로 바위를 굴려 올리지만, 결국 바위가 다시 굴러 떨어지는, 결코 목표에 도달하지 못하는 형벌을 받은 존재였다.

그럼에도 불구하고, 하마스의 임무가 불가능하다는 것을 인식한 사람들조차도 알라가 언젠가 이스라엘을 패배시킬 것이라는 믿음을 고수했다.

이스라엘에 PLO 민족주의자들은 정치적으로 해결해야 할 문제일 뿐이었다. 반면 하마스는 팔레스타인 문제를 이슬람화하여 종교 문제로 만들었다. 그리고 이 문제는 오직 종교적인 해결책으로만 해결될 수 있었는데, 우리는 그 땅이 알라의 것이라고 믿고 있기 때문에, 이는 결코 해결될 수 없었다. 그것으로 끝이었다. 더 이상 논의할 필요가 없다. 따라서 하마스에게 궁극적인 문제는 이스라엘의 정책이 아니었다. 이스라엘이라는 민족 국가의 존재 자체가 문제였다.

그러면 아버지는 어떠했는가? 그 역시 테러리스트가 됐는가? 어느 날 오후, 나는 (하마스의 일부 사람들이 "순교 작전"이라고 부른) 자살 폭탄 테러로 인해 최근에 여성과 어린이를 포함한 많은 민간인이 목숨을 잃었다는 신문 헤드라인을 읽었다. 나는 아버지의 친절, 인품, 지도력과 그런 일들을 자행하는 조직을 마음속에서 조화시키기 어려웠다. 그래서 그 신문 기사를 가리키며 아버지에게 그런 행위들에 대해 어떻게 생각하는지 물었다.

"한번은 집을 나섰는데 밖에 벌레 한 마리가 있었다. 죽일까 말까 두 번 생각했다. 그리고 나는 그것을 죽일 수 없었다." 그 간접적인 대답은 자신은 결코 그런 종류의 무자비한 살인에 직접 가담할 수 없다는 것을 나타냈다. 그러나 이스라엘 민간인들은 벌레가 아니었다.

그렇다. 아버지는 폭탄을 만들거나, 폭파범에게 폭탄을 묶어 주거나, 목표물을 선택하지 않았다. 하지만 여러 해가 지난 후, 나는 기독교 성경에서 스데반이라는 무고한 젊은이가 돌에 맞아 죽었다는 이야기를 접했을 때, 아버지의 대답을 떠올리곤 했다. "사울이 거기 있어 그의 죽음을 마땅히 여겼다"(사도행전 8장 1절).

나는 아버지를 깊이 사랑했고, 아버지가 어떤 분인지, 무엇을 옹호하는지에 대해 정말 존경했다. 하지만 벌레 한 마리도 해칠 수 없었던 아버지가, 자신이 직접 손에 피를 묻히지 않는 한, 다른 누군가가 폭탄을 던져 무고한 사람들을 해치는 일은 괜찮다고 합리화할 방법을 찾으신 것이 분명했다.

그 순간 아버지를 바라보는 나의 시선은 훨씬 더 복잡해졌다.

제9장
총기들
(1995년 겨울-1996년 봄)

오슬로 협정 이후 국제 사회는 PA(팔레스타인자치정부)가 하마스를 견제할 것으로 기대했다. 1995년 11월 4일 토요일, 내가 텔레비전을 시청하던 중 뉴스 속보가 흘러나왔다. 이츠하크 라빈이 텔아비브의 킹스 광장에서 열린 평화 집회 도중 총에 맞았다는 소식이었다. 심각해 보였다. 몇 시간 후, 당국은 그가 사망했다고 발표했다.

"와우!" 나는 아무에게도 말하지 않았지만 큰 소리로 외쳤다. "아직도 일부 팔레스타인 세력이 여전히 이스라엘 총리를 암살할 수 있는 힘을 가지고 있어! 이런 일은 진작에 있었어야지." 나는 그의 죽음과, 그것이 PLO(팔레스타인해방기구)와 그들의 이스라엘에 대한 무기력한 굴복에 미칠 타격을 매우 기뻐했다.

그때 전화벨이 울렸다. 나는 전화를 건 사람의 목소리를 즉시 알아차렸다. 야세르 아라파트였다. 그는 아버지와 이야기를 나누고 싶다고 했다.

나는 아버지가 전화기에 대고 말하는 것을 들었다. 아버지는 많은 말을 하지 않았지만, 친절하고 정중했으며, 대부분 수화기 너머에서 아라파트가 하는 말에 동의하셨다.

"알겠습니다." 아버지가 말씀하셨다. "안녕히 계십시오."

그러고는 아버지는 나를 돌아보았다. "아라파트는 하마스가 총리의 죽음을 축하하는 것을 막아 달라고 요청했다"라고 아버지는 말씀하셨다. "이 암살은 아라파트에게 매우 큰 손실일 거야. 라빈이 PLO와 평화 협상을 하는 데 정치적 용기를 보여 줬기 때문이야."

나중에 알게 된 사실이지만, 라빈은 팔레스타인 사람에 의해 살해된 것이 아니었다. 그것이 아니라 이스라엘인 법대생이 라빈의 등에 총을 쏜 것이었다. 하마스의 많은 사람은 이 정보에 실망했다. 개인적으로, 나는 유대인 광신자들이 하마스와 목표를 공유했다는 것이 조금 웃기다고 생각했다.

이 암살 사건은 전 세계를 긴장시켰고, 전 세계는 아라파트가 팔레스타인 영토를 통제하도록 더 많은 압력을 가했다. 그래서 그는 하마스에 대한 전면적인 단속을 시작했다. PA 경찰은 우리 집에 찾아와 아버지에게 준비하라고 한 뒤, 그를 아라파트의 관저에 가두었다. 그 와중에도 아버지에게는 극진한 존중과 친절을 보였다.

그럼에도 팔레스타인인들이 처음으로 다른 팔레스타인인들을 감옥에 가두는 상황이 벌어졌다. 보기에 좋지 않은 일이었지만, 적어도 아버지는 정중한 대접을 받으셨다. 다른 많은 사람과는 달리,

그는 편안한 방을 제공받으셨고, 아라파트는 수시로 아버지를 방문해 다양한 문제를 논의했다.

얼마 지나지 않아 하마스의 모든 최고 지도자들과 수천 명의 대원들이 팔레스타인 감옥에 갇혔다. 많은 사람이 정보 때문에 고문을 당했고, 일부는 목숨을 잃었다. 그러나 다른 사람들은 체포를 피하고 수배자가 된 채 이스라엘을 계속 공격했다.

이제 나의 증오는 여러 가지에 집중됐다. 나는 PA와 야세르 아라파트를 증오했고, 이스라엘을 증오했으며, 세속적인 팔레스타인인들도 증오했다. 아라파트와 PLO 같은 불경건한 자들이 코란에서 돼지와 원숭이에 비유한 이스라엘에 위대한 승리를 안겨 줄 때, 알라와 그의 백성을 사랑하는 나의 아버지는 왜 그토록 무자비한 대가를 치러야 했을까? 게다가 국제 사회는 이스라엘이 테러리스트들로부터 그 존재 권리를 인정받았다고 박수를 보내고 있었다.

나는 17살이 되었고 고등학교 졸업을 몇 달 앞두고 있었다. 감옥에 계신 아버지를 면회할 때마다, 집에서 가져온 음식이나 다른 것들을 가져다드릴 때마다, 아버지는 "네가 해야 할 일은 시험에 합격하는 것뿐이야. 학업에만 집중해. 나에 대해서는 걱정하지 마. 이것 때문에 네가 방해받는 것을 원치 않는다"라고 말씀하셨다. 하지만 삶은 더 이상 내게 아무런 의미가 없었다. 하마스의 군사 정파에 가담하고 이스라엘과 PA에 복수하는 것 외에는 다른 생각이 나지 않았다. 나는 내 인생에서 보았던 모든 것에 대해 생각했다. 이 모든 투쟁과 희생이 이스라엘과의 값싼 평화 속에서 이렇게 끝날 것인가? 만약 싸우다 죽는다면, 적어도 순교자로 죽어서 천국에 갈 수 있을 텐데 말이다.

아버지는 나에게 증오를 가르치신 적이 없었지만, 나는 그런 감정을 어떻게 해야 할지 몰랐다. 비록 아버지는 이스라엘의 점령에 열정적으로 맞서 싸웠고, 만일 핵무기가 있었다면 이스라엘을 공격하라는 명령 내리기를 주저하지 않으셨을 것이라고 생각하지만, 그는 하마스의 일부 인종차별주의 지도자들이 그랬던 것처럼 유대인들을 혐오하는 발언을 하신 적이 없다. 그는 정치보다는 코란의 신에 훨씬 더 관심이 많으셨다. 아버지는 개인적으로 유대인에 대한 반감이 없었지만, 알라가 우리에게 유대인을 말살할 책임을 주셨다는 것에 관해서는 의문을 제기하지 않으셨다.

"알라와 너의 관계는 어떠니?" 아버지는 내가 아버지를 방문할 때마다 물었다. "오늘 기도했니? 부르짖었니? 그분과 함께 시간을 보냈니?" 아버지는 결코 "나는 네가 훌륭한 '무자히드'(mujahid: 게릴라 전사)가 되기를 바란다"고 말하지 않으셨다. 아버지의 장남인 나에게 그가 항상 했던 훈계는 "어머니에게도, 알라에게도, 사람들에게도 아주 잘하라"는 것이었다.

나는 아버지가 어떻게 그토록 동정심과 용서를 베풀 수 있는지, 심지어 그를 체포하러 몇 번이고 찾아온 군인들에게도 어떻게 그랬는지 이해할 수 없었다. 아버지는 그들을 어린아이처럼 대했다. 내가 아버지에게 PA 영내에 음식을 가져다주면, 아버지는 종종 간수들을 초대하여 어머니가 특별히 준비한 고기와 밥을 함께 나누어

드셨다. 그리고 몇 달 후, 팔레스타인 경비병들조차 그를 사랑하게 됐다. 내게 아버지를 사랑하는 것은 쉬운 일이었지만, 그를 이해하는 것은 매우 어려운 일이었다.

분노와 복수에 대한 열망으로 나는 총을 찾기 시작했다. 그 당시에는 지역에서 무기를 구할 수 있었지만, 매우 비쌌고, 나는 돈이 없는 학생이었다.

예루살렘 옆 마을 출신의 동급생인 이브라힘 키스와니(Ibrahim Kiswani)는 내 관심사에 공감하며 기관총까지는 아니더라도 저렴한 소총이나 권총을 구입할 돈을 구할 수 있을 거라고 말했다. 나는 사촌인 유세프 다우드(Yousef Dawood)에게 어디서 무기를 구할 수 있는지 아느냐고 물었다.

유세프와 나는 그렇게 친한 사이는 아니었지만, 그에게는 나에게 없는 인맥이 있다는 것을 알고 있었다.

"나블루스에 몇 명 도움이 될 만한 친구들이 있긴 한데, 총을 어디에 쓸 거야?" 그가 물었다.

"모든 집마다 무기가 있잖아." 나는 거짓말을 했다. "가족을 보호하려면 한 정이 필요해."

거짓말은 아니었다. 이브라힘의 마을에서는 실제로 모든 가정이 호신용 무기를 가지고 있었고, 그는 나에게 형제와도 같은 존재였다.

복수하고 싶은 마음과 함께, 총을 가진 10대가 되는 것은 멋있을 것 같았다. 학교에는 더 이상 큰 관심이 없었다. 이 미친 나라에서 공부는 해서 뭐 하겠는가?

어느 날 오후, 마침내 사촌 유세프로부터 전화가 왔다.

"좋아, 우리는 나블루스로 갈 거야. 내가 PA 보안군에서 일하는 사람을 아는데, 그가 우리에게 몇 정의 무기를 가져다줄 수 있을 것 같아." 그가 말했다.

우리가 나블루스에 도착했을 때, 한 남자가 작은 집 문 앞에서 우리를 만나 안으로 안내했다. 거기서 그는 우리에게 스웨덴제 칼 구스타프 M45 기관단총들과 같은 종류의 이집트판 포트 사이드를 보여 주었다. 그는 우리를 산속의 외딴 곳으로 데리고 가서 그것들이 어떻게 작동하는지 보여 주었다. 그가 나에게 한번 해 보고 싶냐고 물었을 때, 내 심장이 뛰기 시작했다. 기관총을 한 번도 쏘아 본 적이 없어서, 갑자기 겁이 났다.

"아뇨, 전 당신을 믿어요." 나는 그에게 말했다. 나는 그 남자에게서 몇 정의 구스타프와 권총 한 정을 샀다. 나는 그것들을 차 안에 숨기고, 검문소에서 무기 냄새를 맡을 수도 있는 이스라엘 개들을 쫓아내기 위해 그 위에 후춧가루를 뿌렸다.

라말라로 돌아가는 길에 이브라힘에게 전화를 걸었다.

"어이, 내가 물건을 얻었어."

"진짜?"

"응, 진짜야."

우리는 이스라엘 사람들이 우리가 하는 말들을 모두 듣고 있을 가능성이 높았기 때문에 '총'이나 '무기'와 같은 단어는 쓰지 않는 것이 좋다는 걸 알고 있었다. 우리는 이브라힘이 그의 "물건"을 찾아갈 시간을 정하고 재빨리 작별 인사를 했다.

때는 1996년 봄이었다. 나는 이제 막 18살이 됐고, 무장을 하고 있었다.

* * *

어느 날 밤, 이브라힘이 나에게 전화를 했다. 그의 목소리 톤으로 보아 그가 정말 화가 나 있다는 것을 알 수 있었다.

"총들이 작동하지 않아!" 그는 전화기에 대고 소리쳤다.

"무슨 소리야?" 나는 아무도 우리의 대화를 듣지 않기를 바라며 쏘아붙였다.

"총들이 작동하지 않아." 그가 반복했다. "우린 속았어!"

"지금은 말할 수 없어." 나는 그에게 말했다.

"알았어, 하지만 오늘 밤에 보자."

그가 우리 집에 도착했을 때, 나는 즉시 그에게 맹렬히 쏘아붙였다.

"너 미쳤니? 전화로 그런 얘기를 하면 어떡해?" 내가 말했다.

"알아, 그래도 총들이 작동하지 않아. 권총은 괜찮은데, 기관단총은 발사가 안 돼."

"알았어, 작동이 안 된다고? 그런데 네가 제대로 쓸 줄 아는 거 맞아?"

그는 자신이 잘 다룰 줄 안다고 장담했다. 그래서 나는 직접 처리하겠다고 했다. 기말고사가 2주밖에 남지 않았기 때문에 이런 일에 시간을 쓸 여유가 전혀 없었지만, 나는 고장 난 총들을 유세프에게 되돌려 보낼 준비를 했다.

"이건 대참사야." 나는 그를 보자마자 말했다. "권총은 작동하는데 기관단총들은 작동하지 않아. 나블루스에 있는 너의 친구들에게 전화해서 최소한 돈이라도 돌려받을 수 있도록 해 봐." 그는 시도해 보겠다고 약속했다.

다음 날 남동생 소하이브가 내게 정신이 번쩍 들게 하는 소식을 전했다. "어젯밤 이스라엘 보안군이 형을 찾으러 집에 왔어." 그는 걱정스러운 목소리로 내게 말했다.

첫 번째 생각은 '우린 아직 아무도 죽이지 못했어!'였다. 나는 덜컥 겁이 났지만, 내가 이스라엘에 위험한 존재가 되고 있다는 생각에 내가 약간 중요해졌다는 느낌도 들었다. 아버지를 면회 갔을 때 이미 그는 이스라엘 사람들이 나를 찾고 있다는 사실을 알고 계셨다.

"무슨 일이니?" 아버지가 단호하게 물으셨다. 나는 사실대로 말했다. 그러자 아버지는 몹시 화를 내셨다. 그러나 그 분노 속에서 아버지가 매우 실망하며 걱정하고 계심을 알 수 있었다.

"이것은 매우 심각한 일이다"라고 아버지는 내게 경고하셨다. "너는 왜 너 자신을 이런 상황에 휘말리게 한 거야? 너는 엄마와 형제자매들을 돌보아야 하잖니. 이스라엘 사람들로부터 도망치는 것이 아니라. 그들이 너를 쏠 수 있다는 걸 모르겠어?"

나는 집으로 돌아가 옷가지와 교과서를 챙겨 놓고, 무슬림 형제단 학생 몇 명에게 시험을 치르고 학교를 마칠 때까지 나를 숨겨 달라고 부탁했다.

이브라힘은 내가 처한 상황의 심각성을 이해하지 못하는 것이 분명했다. 그는 계속해서 나에게 전화를 걸었고, 때로는 내 아버지의 휴대전화로 전화를 걸기도 했다.

"무슨 일이야? 지금 무슨 일이 일어나고 있는 거야? 내가 너한테 돈 다 줬잖아. 내 것 돌려줘."

나는 그에게 우리 집에 온 보안군에 대해 이야기했고, 그는 전화로 소리를 지르며 부주의한 말을 하기 시작했다. 나는 그가 더 이상 나를 연루시키기 전에 재빨리 전화를 끊었다. 그러나 다음 날, IDF(이스라엘방위군)가 그의 집에 나타나서 수색을 하고 권총을 발견했다. 그들은 즉시 그를 체포했다.

나는 길을 잃은 것 같았다. 믿지 말아야 할 사람을 믿었다. 아버지는 감옥에 수감되어 있었고 나에 대해 실망하셨다. 어머니는 나를 매우 걱정하셨다. 나는 시험 공부를 해야 했다. 그리고 나는 이스라엘 사람들의 수배를 받고 있었다.

상황이 이보다 더 나빠질 수 있을까?

제10장
도살장
(1996)

나는 나름대로 조심하려 했음에도, 이스라엘 보안군은 결국 나를 붙잡았다. 그들은 내가 이브라힘과 나누는 대화를 엿들었고, 이제 나는 수갑이 채워지고 눈이 가려진 채 군용 지프차 뒷좌석에 처박혀 소총 개머리판을 최대한 피하려고 애쓰고 있었다.

지프차가 멈춰 섰다. 몇 시간이나 달린 것처럼 느껴졌다. 군인들이 내 팔을 잡고 계단 위로 끌어올리는 동안, 수갑이 내 손목을 깊이 파고들었다. 손의 감각은 이미 사라지고 있었다. 사방에서 사람들이 분주히 움직이며 히브리어로 외치는 소리가 들렸다.

나는 작은 방으로 끌려갔고 거기서 눈가리개와 수갑이 벗겨졌다. 눈을 가늘게 뜨고 불빛 속에서 방향을 잡으려 애썼다. 구석에 작은 책상 하나가 놓여 있는 것 말고는 방이 텅 비어 있었다. 병사들이 이제 내게 무엇을 하려는지 궁금해졌다. 심문일까? 더 많은 구타일까? 고문은 아닐까? 오래 고민할 필요가 없었다. 몇 분 후, 한 젊은 군인이 문을 열었다. 그는 코에 피어싱을 하고 있었다. 나는 그의 러시아 억양을 알아차렸다. 그는 지프차 뒷좌석에서 나를 구타한 군인 중 한 사람이었다. 그는 내 팔을 잡고 길고 구불구불한 복도를 지나 또 다른 작은 방으로 데려갔다. 낡은 책상 위에는 혈압 측정기와 모니터, 컴퓨터, 작은 텔레비전이 놓여 있었다. 입구에 들어서자 강렬한 악취가 콧구멍을 가득 채웠다. 나는 토할 것 같아 헛구역질을 했다.

의사 가운을 입은 한 남자가 피곤하고 불만스러운 표정으로 우리 뒤로 들어왔다. 그는 원래 크기의 두 배로 부어 오른 내 멍든 눈과 얼굴을 보고 놀란 것 같았지만, 내 상태를 걱정하는 표정은 전혀 내보이지 않았다. 동물을 대하는 수의사들도 이 의사보다는 친절할 것 같았다. 그런 그가 나를 진찰했다.

곧 경찰 제복을 입은 경비원이 들어왔다. 그는 나를 뒤돌리게 하고 다시 수갑을 채우더니, 짙은 초록색 두건을 머리에 씌웠다. 그때 나는 악취의 근원을 알아냈다. 그 두건은 한 번도 세탁하지 않은 듯했다. 거기서 양치질하지 않은 것 같은 수백 명의 죄수들의 역겨운 입냄새가 났다. 나는 구역질이 나서 숨을 참으려고 애썼다. 하지만 숨을 헐떡일 때마다 더러운 천이 입속으로 빨려 들어왔다. 거기서 벗어나지 못하면 질식할 것만 같은 공포에 휩싸였.

경비원이 나를 수색하면서 허리띠와 신발 끈을 포함한 모든 것을 가져갔다. 그는 나를 씌운 두건을 붙잡고 복도를 지나며 끌고 갔다. 오른쪽으로 돌았다. 왼쪽, 또 왼쪽, 오른쪽, 오른쪽으로 한 번 더. 나는 내가 어디에 있는지, 그가 나를 어디로 데리고 가는지 몰랐다.

마침내 우리는 멈춰 섰고, 나는 그가 더듬거리며 열쇠를 찾는 소리를 들었다. 그가 문을 열자 그 소리는 두껍고 묵직했다. "계단이 있다." 그가 말했다. 그리고 나는 몇 개의 계단을 내려가는 것을 느꼈다. 두건 너머로 경찰차 위에 달린 것과 같은 점멸등이 어슴푸레 보였다.

경비원이 두건을 벗기자, 나는 내가 어떤 커튼 앞에 서 있다는 것을 깨달았다. 내 오른쪽에는 두건들이 담긴 바구니가 보였다. 우리는 커튼 저편으로부터 우리에게 들어와도 된다는 목소리가 들릴 때까지 몇 분간을 기다렸다. 경비원은 내 발목에 수갑을 채우고 내 머리를 다른 자루에 집어넣었다. 그러더니 그 자루의 앞부분을 잡고 커튼 사이로 나를 끌어당겼다.

환풍구에서 차가운 공기가 쏟아져 나왔고, 멀리서 음악이 울려 퍼졌다. 양쪽 벽에 계속 부딪히며 걸었으니, 아마 매우 좁은 복도를 따라 걸었던 모양이다. 어지럽고 기진맥진했다. 마침내 우리는 다시 멈췄다. 군인은 문을 열고 나를 안으로 밀어 넣었다. 그러고는 두건을 벗기고 무거운 문을 잠그고 떠났다.

나는 다시 한번 주변을 둘러보았다. 감방은 약 1.8제곱미터 정도 되는 정사각형으로, 작은 매트리스와 담요 두 장을 놓을 수 있을 정도였다. 나보다 먼저 감방을 사용했던 사람이 그중 하나를 베개로 말아 놓은 상태였다. 나는 매트리스 위에 앉았다. 끈적끈적한 느낌이 들었고 담요에서는 그 두건 냄새가 났다. 셔츠의 깃으로 코를 막았지만, 옷에서 구토 냄새가 났다. 천장에는 약한 전구 하나가 매달려 있었지만, 켜고 끌 수 있는 스위치를 찾을 수 없었다. 문에 있는 작은 구멍이 방의 유일한 창문이었다. 공기는 습했고, 바닥은 젖어 있었으며, 콘크리트는 곰팡이로 뒤덮여 있었다. 사방에 벌레가 들끓었다. 모든 것이 더럽고 썩어 갔으며 추악했다.

나는 어찌할 바를 몰라 한참 동안 앉아 있었다. 나는 화장실에 가야 했고 구석에 있는 녹슨 변기를 사용하려고 일어섰다. 나는 수세식 변기 손잡이를 눌렀고 바로 후회했다. 배설물이 흘러 나가지 않았다. 대신 바닥으로 넘쳐 나와 매트리스에 스며들었다.

나는 방에서 유일하게 건조한 구석에 앉아서 생각을 해 보았다. 이곳에서 밤을 보내야 하다니! 눈이 욱신거리고 따가웠다. 방 냄새에 숨이 막혀 숨쉬기도 힘들었다. 감방 안의 열기는 견딜 수 없었고, 땀에 흠뻑 젖은 옷이 내 몸에 달라붙었다.

어머니 집에서 염소 우유를 마신 이후로 아무것도 먹지도, 마시지도 못했다. 그리고 이제 내 셔츠와 바지 전체에서는 시큼한 냄새가 났다. 벽에는 튀어나온 파이프가 있었는데, 거기서 물을 좀 마실까 하여 꼭지를 돌렸다. 걸쭉한 갈색 액체가 나왔다.

몇 시였지? 날 밤새도록 여기에 놔두려고 하나?

머리가 지끈거렸다. 잠을 이룰 수 없을 거라는 걸 알았다. 내가 할 수 있는 유일한 일은 알라에게 기도하는 것뿐이었다.

'저를 보호해 주세요.' 간청했다. '저를 안전하게 지켜 주시고 빨

리 가족에게 데려다주세요.'

두꺼운 철문을 통해 멀리서 시끄러운 음악이 흘러나오는 것을 들을 수 있었는데, 같은 테이프가 계속해서 반복되고 있었다. 그 지루한 반복이 시간을 가늠하는 데 도움이 됐다.

또다시 레너드 코헨(Leonard Cohen)의 목소리가 울렸다.

> 그들은 나에게 20년의 지루함을 선고했다
> 내부에서 시스템을 바꾸려 했다는 이유로
> 하지만 나는 이제 간다
> 그들에게 보상하러 간다
> 먼저 우리는 맨해튼을 점령하고, 다음에는 베를린을 점령하자*

멀리서 수많은 문이 열리고 닫히는 소리가 들렸다. 천천히, 소리가 점점 더 가까워졌다. 그때 누군가 내 감방 문을 열더니 파란 쟁반을 안으로 밀어 넣고는 문을 쾅 닫았다. 화장실을 사용한 후 넘쳐 버린 똥물 위에 놓여 있는 쟁반을 바라봤다. 내용물에는 삶은 달걀 한 개, 빵 한 조각, 시큼한 냄새가 나는 요구르트 한 숟가락, 올리브 세 개가 들어 있었다. 물이 담긴 플라스틱 용기가 한쪽에 놓여 있었지만, 내가 입술에 가져갔을 때, 냄새가 아무래도 이상했다. 조금만 마시고 나머지는 손을 씻는 데 사용했다. 쟁반에 있는 음식을 다 먹었

---

* 레너드 코헨, "우리는 먼저 맨해튼을 점령한다"(First We Take Manhattan).
© 1988 Leonard Cohen Stranger Music, Inc.

지만 여전히 배가 고팠다. '이게 아침 식사인가? 그때가 몇 시였지?' 오후라고 추측했다.

내가 거기에 얼마나 오래 있었는지 알아내려고 애쓰고 있을 때, 감방 문이 열렸다. 누군가가, 아니 무언가가 그곳에 서 있었다. 인간이었을까? 그는 키가 작고, 75세쯤 되어 보였으며, 꼽추처럼 생긴 원숭이 같았다. 그는 러시아 억양으로 나에게 소리를 지르며, 나를 저주하고, 신을 저주하고, 내 얼굴에 침을 뱉었다. 나는 그보다 더 추한 것을 상상할 수 없었다.

분명 그는 경비원인 것 같았다. 왜냐하면 그가 나에게 다시 악취 나는 두건을 밀어 넣고 내 머리에 씌우라고 말했기 때문이다. 그러더니 그 앞부분을 붙잡고는 나를 갑자기 거칠게 복도로 끌어당겼다. 그는 사무실 문을 열고 나를 안으로 밀어 넣은 다음 낮은 플라스틱 의자에 강제로 앉혔다. 마치 초등학교 교실에 있는 어린아이의 의자 같았다. 의자는 바닥에 고정되어 있었다.

그는 나에게 수갑을 채웠다. 한쪽 팔은 의자 다리 사이에, 다른 한쪽 팔은 바깥쪽에 끼웠다. 그러고는 내 다리에 족쇄를 채웠다. 작은 작은 의자는 기울어져 있어서 몸을 앞으로 기울일 수밖에 없었다. 내가 있던 감방과는 달리 이 방은 너무 추웠다. 에어컨이 거의 0도로 설정된 것처럼 느꼈다.

나는 몇 시간 동안 그 자리에 앉아, 추위에 걷잡을 수 없이 떨고 있었으며, 고통스러운 각도로 구부린 채, 더 편안한 자세로 몸을 움직일 수도 없었다. 나는 악취 나는 자루를 통해 숨을 쉬려고 했지만 한 번도 충분히 숨을 쉬지 못했다. 나는 배가 고팠고, 기진맥진했고, 눈은 여전히 피범벅으로 부어 있었다.

문이 열리더니 누군가 내 두건을 벗겼다. 나는 군인이나 경비원이 아닌 민간인이라는 사실에 깜짝 놀랐다. 그는 책상 가장자리에 앉았다. 내 머리는 그의 무릎 높이쯤 됐다.

"이름이 뭐니?" 그가 물었다.

"모사브 하산 유세프."

"네가 어디 있는지 알아?"

"아니요."

그는 고개를 저으며 말했다. "어떤 사람들은 이곳을 암흑의 밤이라고 부른다. 어떤 사람들은 이곳을 도살장이라고 불러. 모사브, 넌 아주 큰 곤경에 처해 있어."

나는 어떤 감정도 드러내지 않으려고 애쓰며, 이 남자의 머리 뒤 벽에 있는 얼룩에 시선을 고정했다.

"아버지는 팔레스타인 감옥에서 어떻게 지내시니?" 그가 물었다. "이스라엘 감옥보다 더 재미있으시다고 하니?"

나는 자리에서 살짝 몸을 움직이면서도 여전히 대답을 거부했다.

"너는 지금 너의 아버지가 처음 체포된 후 끌려갔던 바로 그 장소에 있다는 것을 알고 있니?"

내가 있던 곳은 바로 그곳, 서예루살렘에 있는 마스코비에 취조소였다. 아버지가 나에게 이곳에 대해 말해 준 적이 있다. 이곳은 과거에 러시아 정교회였으며, 6천 년의 역사 위에 자리하고 있었다.

이스라엘 정부는 이곳을 경찰 본부, 사무실, 신베트 심문소가 포함된 고도의 보안 시설로 개조했다.

지하 깊숙한 곳에는 감옥으로 사용되던 고대의 굴이 있었다. 영화에서 볼 수 있는 쥐가 들끓는 중세 지하감옥처럼 검고 얼룩지고 어두운 마스코비예는 악명 높은 곳이었다.

이제 나는 아버지가 받았던 것과 똑같은 형벌을 받고 있었다. 이들은 수년 전 아버지를 구타하고 고문했던 바로 그 사람들이었다. 그들은 아버지를 오래도록 붙잡아 두었고, 그를 잘 알고 있었다. 하지만 끝내 그를 꺾지는 못했다. 아버지는 굳건히 버티셨고 점점 더 강해지셨다.

"왜 네가 여기 있는지 말해 봐."

"나도 잘 모르겠어요." 물론, 나는 작동하지도 않는 그 빌어먹을 총을 샀기 때문에 여기에 있다고 생각했다. 등에 불이 붙은 것 같았다. 심문관이 내 턱을 들어 올렸다.

"너도 너의 아버지처럼 강인해지고 싶은가? 너는 이 방 밖에서 무엇이 너를 기다리고 있는지 전혀 몰라. 하마스에 대해서 무엇을 알고 있는지 말해라! 어떤 비밀을 알고 있어? 이슬람 학생 운동에 대해서도 말해! 나는 모든 것을 알고 싶다!"

그는 정말로 내가 그렇게 위험하다고 생각했을까? 믿을 수가 없었다. 하지만 곰곰이 생각해 보니 아마 그랬을 거라는 생각이 들었다. 그의 관점에서 볼 때, 내가 셰이크 하산 유세프의 아들이고 자동소총을 구입했다는 사실만으로도 의심의 여지가 충분했다.

이 사람들은 아버지를 감금하고 고문했으며, 이제 나를 고문하려고 했다. 그들은 이로써 내가 진정 그들의 존재를 인정하게 될 것이라고 믿었을까? 나의 관점은 매우 달랐다. 우리 민족은 우리의 자유와 우리의 땅을 위해 투쟁하고 있었다.

내가 그의 질문에 대답하지 않자 그 남자는 주먹으로 책상을 내리쳤다. 그는 다시 내 턱을 들어 올렸다.

"나는 집에 가서 내 가족과 함께 밤을 보낼 거야. 너는 여기서 즐거운 시간을 보내."

나는 몇 시간 동안 작은 의자에 앉아 있었고, 여전히 불편하게 몸을 앞으로 숙이고 있었다. 마침내, 경비원이 들어와 내 수갑과 족쇄를 풀고, 머리에 두건을 씌우고는 복도를 따라 끌고 갔다. 레너드 코헨의 목소리가 점점 더 커졌다.

우리가 멈추자 경비원은 나에게 앉으라고 소리쳤다. 이제 음악에 귀가 먹먹해졌다. 또다시 손과 발이 낮은 의자에 묶였고, 그 의자는 "먼저 우리는 맨해튼을 점령하고, 다음에는 베를린을 점령하자"라는 무자비한 박자에 맞춰 진동하고 있었다.

춥고 불편한 자세 때문에 근육에 쥐가 났다. 나는 두건에서 풍기는 악취를 맛보았다. 하지만 이번에는 분명히 나만 그런 것이 아니었다. 레너드 코헨 너머에서도 다른 사람들이 고통스러워하며 울부짖는 소리가 들렸다.

"거기 누구 있어요?" 나는 기름에 찌든 천 사이로 소리를 질렀다.

"누구야?" 음악 너머로 가까운 곳에서 누군가가 소리쳤다.

"저는 모사브예요."

"여기 온 지 얼마나 됐어?"

"이틀이요."

그는 몇 분 동안 아무 말도 하지 않았다.

"나는 3주 동안 이 의자에 앉아 있었다." 그가 마침내 말했다. "그들은 나에게 매주 4시간씩만 잠을 자게 해."

나는 깜짝 놀랐다. 정말 듣고 싶지 않은 말이었다. 또 다른 남자는 자기도 나와 거의 같은 시기에 체포됐다고 말했다. 나는 그 방에 20명 정도 있을 것이라고 추측했다.

그때 누군가가 내 뒤통수를 세게 때리면서, 우리의 대화는 갑자기 중단됐다. 내 두개골을 관통하는 통증이 느껴졌고 나는 두건 안에서 눈물을 훔칠 수밖에 없었다.

"말하지 마!" 경비원이 소리쳤다.

매 순간이 한 시간처럼 느껴졌지만, 어쨌든 한 시간이 얼마였는지는 더 이상 기억할 수 없었다. 내 세상이 멈추었다. 밖에서는 사람들이 일어나 일하러 가고, 가족들이 있는 집으로 돌아가고 있다는 것을 알 수 있었다. 학교 친구들은 기말고사 공부를 하고 있었다. 어머니는 요리하고 청소하고 동생들을 껴안고 입맞춤을 하고 계셨다.

하지만 그 방에서는 모두가 앉아 있었다. 아무도 움직이지 않았다.

'먼저 우리는 맨해튼을 점령하고, 다음에는 베를린을 점령하자! 먼저 우리는 맨해튼을 점령하고, 다음에는 베를린을 점령하자! 먼저

우리는 맨해튼을 점령하고, 다음에는 베를린을 점령하자!'

주위에 있던 몇몇 남자들이 울부짖었지만 나는 울지 않겠다고 다짐했다. 나는 아버지가 한 번도 울지 않으셨다고 확신했다. 그는 강했다. 그는 굴복하지 않았다.

"쇼테르! 쇼테르!"(shoter! shoter!, "경비! 경비!") 한 남자가 소리쳤다. 음악이 너무 시끄러워서 아무도 대답하지 않았다. 마침내, 잠시 후, 경비원이 왔다.

"원하는 게 뭐야?"

"화장실에 가고 싶어요. 화장실에 가야 돼요!"

"지금은 화장실이 없어. 지금은 화장실 갈 시간이 아니야"라고 말했다. 그리고 그는 떠났다.

"쇼테르! 쇼테르!" 그 남자가 소리 질렀다.

30분 뒤에, 쇼테르가 돌아왔다. 그 남자는 통제 불능 상태였다. 쇼테르는 저주를 퍼부으며 쇠사슬을 풀고 그를 끌고 갔다. 몇 분 후, 쇼테르는 그를 다시 데려와 작은 의자에 다시 쇠사슬로 묶고는 떠났다.

"쇼테르! 쇼테르!" 다른 사람이 소리를 질렀다.

나는 기진맥진하고 속이 메스꺼웠다. 목이 아팠다. 나는 내 머리가 이렇게 무거운지 몰랐다. 나는 옆 벽에 기대어 앉으려고 했지만, 막 잠이 들려고 할 때 한 교도관이 와서 내 머리를 때리고 나를 깨웠다. 그의 유일한 임무는 우리를 깨우고 조용히 시키는 것 같았다. 마치 산 채로 묻혀 잘못된 대답을 한 후 천사 문카르와 나키르에게 고문을 당하고 있는 것 같았다.

경비원이 움직이는 소리가 들리니 아침이었던 것 같다. 그는 한 명씩 수갑과 족쇄를 풀고 그들을 데리고 나갔다. 몇 분 후, 그는 그들을 데려와 다시 작은 의자에 묶고는 다음 사람들에게 갔다. 마침내 그는 나에게 왔다.

그는 내 쇠사슬을 풀고는 내 두건을 움켜잡고 복도로 끌고 나갔다. 그는 감방 문을 열더니 안으로 들어가라고 했다. 그가 두건을 벗겼을 때, 나는 그가 내 아침 식사를 들고 있던 원숭이 같은 꼽추 경비원이라는 것을 알았다. 그는 달걀, 빵, 요구르트, 올리브가 담긴 파란 쟁반을 발로 내 쪽으로 밀었다. 바닥에는 거의 2-3센티미터 깊이로 악취 나는 물이 고여 있었고, 그 물이 쟁반에 튀었다. 먹느니 차라리 굶어 죽는 편이 낫겠다고 생각했다.

"먹고, 화장실 쓰는 데 2분이다." 그는 나에게 말했다.

나는 그 2분 동안 그저 스트레칭을 하고, 눕고, 잠을 자고 싶었다. 하지만 그저 멍하니 서 있기만 했고, 시간은 흘러만 갔다.

"이리 와! 이리 와!"

한 입을 베어 물기도 전에 경비원은 두건을 다시 내 머리 위로 씌우고 복도를 따라 나를 데리고 가서 작은 의자에 묶어 놓았다.

'먼저 우리는 맨해튼을 점령하고, 다음에는 베를린을 점령하자!'

제11장
제안
(1996)

    하루 종일 문들이 열렸다 닫혔다 하면서, 수감자들은 더럽고 냄새나는 두건을 쓴 채 한 심문관에게서 다른 심문관에게로 끌려갔다. 수갑이 풀리고, 수갑이 채워지고, 심문을 받고, 구타를 당했다. 때때로 어떤 심문관은 수감자를 세차게 흔들곤 했다. 보통 10번만 흔들면 기절했다. 수갑이 풀리고, 수갑이 채워지고, 심문을 받았다. 문이 열리고 닫혔다.

    매일 아침 우리는 푸른색 쟁반에 담긴 2분짜리 아침 식사를 받으러 끌려갔다. 그리고 몇 시간 뒤에는 주황색 쟁반에 담긴 2분짜리 저녁 식사를 받으러 끌려갔다. 매일매일, 매시간마다. 푸른색 아침 식사 쟁반. 주황색 저녁 식사 쟁반. 나는 금세 식사 시간을 갈망하게 됐다. 그것은 먹고 싶어서가 아니라 단지 일어서 있을 수 있는 기회를 얻기 위해서였다.

우리가 모두 식사를 마친 후 밤이 되면 문의 여닫히는 일이 멈추었다. 심문관들은 집으로 돌아갔다. 하루 일과가 끝났다. 그리고 끝없는 밤이 시작됐다. 사람들은 울고 신음하고 비명을 질렀다. 그들의 비명 소리는 더 이상 사람의 소리처럼 들리지 않았다. 어떤 사람들은 심지어 자신들이 무슨 말을 하는지조차 몰랐다. 무슬림들은 코란의 구절을 암송하며 알라에게 힘을 달라고 간청했다. 나도 기도를 했지만 어떤 힘도 주어지지 않았다. 바보 같은 이브라힘과 빌어먹을 총들, 그리고 어리석은 통화들을 생각했다.

또한 나는 아버지에 대해 생각했다. 그가 투옥되어 있는 동안 견뎌야 했던 모든 것을 생각했을 때 나는 마음이 아팠다. 하지만 나는 아버지의 성품을 잘 알고 있었다. 고문과 굴욕을 겪으면서도 그는 조용히 기꺼이 자신의 운명을 받아들였을 것이다. 아버지는 구타를 담당하도록 임명된 경비원들과도 친하게 지내셨을 것이다. 아버지는 한 인간으로서 그들에게 진정한 관심을 가지고 그들의 가족, 배경, 취미에 대해 물으셨을 것이다.

아버지는 겸손과 사랑과 헌신의 모범이셨다. 그의 키는 겨우 170센티미터에 불과했지만, 내가 아는 그 누구보다도 우뚝 섰다. 나도 아버지처럼 되고 싶었지만, 아직 갈 길이 멀다는 것을 알았다.

어느 날 오후, 내 일상이 예기치 않게 중단됐다. 한 경비원이 감방으로 들어와 나를 의자에서 풀어 주었다. 저녁 식사를 하기에는 너무 이른 시간이라는 것을 알았지만, 나는 질문을 하지 않았다. 나는 그저 어디로든, 심지어 지옥으로라도, 그 의자에서 벗어날 수 있다면 행복했다. 나는 작은 사무실로 끌려갔고, 거기서 다시 쇠사슬로 묶였는데, 이번에는 일반 의자에 앉았다. 신베트의 담당관이 방에 들어와 나를 위아래로 훑어보았다. 통증이 예전만큼 날카롭지는 않았지만, 내 얼굴에는 군인들이 소총 개머리판으로 때린 자국이 여전히 남아 있었다.

"어떠니?" 담당관이 물었다. "눈은 어떻게 된 거야?"

"그들이 나를 때렸어요."

"누가?"

"나를 여기로 데려온 군인들요."

"그건 안 돼. 위법이야. 조사해서 왜 이런 일이 일어났는지 알아봐야겠다."

그는 매우 자신감이 넘쳐 보였으며 친절하고 정중하게 나에게 말했다. 그것이 나로 하여금 무언가를 말하게 하려는 수작인가 싶었다.

"넌 시험을 앞두고 있잖아. 왜 여기 와 있는 거지?"

"몰라요."

"물론 네가 알지. 넌 바보가 아니야. 우리도 바보가 아니고. 나는 로아이(Loai)다. 네가 사는 지역의 신베트 지구 대장이지. 네 가족과 이웃에 대해 모든 것을 알고 있어. 그리고 너에 대한 모든 것도 다 알고 있어."

그는 정말로 모든 것을 알고 있었다. 분명히 그는 내가 살던 지역의 모든 사람을 담당하고 있었다. 누가 어디서 일하는지, 누가 학교에 다니는지, 무엇을 공부하는지, 누가 최근에 아기를 낳았는지, 그리고 아기의 몸무게까지 의심할 여지없이 다 알고 있었다. 모든 것을.

"너에게 선택권이 있어. 내가 오늘 여기까지 직접 온 건 너와 앉아서 얘기하기 위해서야. 다른 심문관들이 그렇게 친절하지 않았다는 걸 나도 알고 있어."

흰 피부에 금발인 그는 내가 이전에 들어보지 못한 차분한 목소리로 말했다. 그의 표정은 인자했고, 심지어 나를 조금 걱정하는 기색이 역력했다. 나는 이것이 이스라엘 전략의 일부가 아닐까 생각했다. 한 번은 구타하고 다음 순간에는 친절하게 대우함으로써 죄수를 혼란스럽게 만드는 것 말이다.

"알고 싶은 게 뭐예요?" 나는 물었다.

"자, 우리가 왜 너를 여기로 데려왔는지 알지? 네가 가진 모든 것을 다 털어놔야 해."

"무슨 말씀인지 모르겠어요."

"좋아, 너를 위해 쉽게 설명해 줄게."

그는 책상 뒤의 화이트보드에 세 단어를 썼다. '하마스', '무기', '조직'.

"이제 하마스에 대해 말해 볼까? 하마스에 대해 무엇을 알고 있어? 하마스와 어떤 관련이 있니?"

"몰라요."

"그들이 보유한 무기, 출처, 획득 방법 등에 대해 아는 게 있니?"

"아니요."

"이슬람 청년 운동에 대해 아는 게 있니?"

"아니요."

"좋아, 너한테 달렸어. 내가 너에게 뭐라고 말해야 할지 모르겠지만, 너는 정말 잘못된 길을 선택하고 있어. … 내가 먹을 것을 좀 가져다줄까?"

"아니요. 아무것도 필요 없어요."

로아이는 방을 떠났다가 몇 분 후 김이 모락모락 나는 닭고기 요리와 밥 한 접시 그리고 수프를 가지고 돌아왔다. 냄새가 너무 좋아서 나도 모르게 뱃속이 꼬르륵거렸다. 의심할 여지없이 그 음식은 심문관들을 위해 준비된 것이었다.

"모사브, 좀 먹어 봐. 괜히 강한 척 할 필요 없어. 그냥 먹고 좀 쉬어. 너도 알다시피, 나는 네 아버지를 오랫동안 알고 지냈어. 네 아버지는 좋은 사람이야. 그는 광신자도 아니고, 우리는 네가 왜 이런 문제에 휘말리게 됐는지 모르겠어. 우리는 너를 고문하고 싶지 않아. 하지만 네가 이스라엘을 적대하고 있다는 사실은 이해해야 해. 이스라엘은 작은 나라야. 우리는 스스로를 보호해야 하지. 우리는 그 누구도 이스라엘 시민들을 해치도록 내버려둘 수 없어. 우리는 평생 충분히 고통받았고, 우리 국민을 해치려는 자들을 쉽게 용납하지 않을 거야."

"나는 이스라엘 사람을 해친 적이 없어요. 당신들이 우릴 해치죠. 당신들은 아버지를 체포했어요."

"맞아. 그는 좋은 사람이지만, 이스라엘을 적대시하기도 해. 그는 사람들에게 이스라엘에 대항하여 싸우도록 독려하고 있어. 그것이 우리가 그를 감옥에 가둬야 하는 이유야."

나는 로아이가 내가 위험한 존재라고 정말로 믿고 있다는 것을 알 수 있었다. 이스라엘 감옥에 갇혀 있었던 사람들과 이야기를 나누면서 나는 팔레스타인 사람들이 항상 나처럼 가혹한 대우를 받지는 않았다는 것을 알았다. 또한 그들 모두가 이렇게 길게 심문을 받지도 않았다.

그때 내가 몰랐던 사실은 하산 살라메가 나와 거의 같은 시기에 체포됐다는 것이었다.

살라메는 암살된 폭탄 제조의 대가 야흐야 아야쉬에 대한 복수로 수많은 공격을 감행했다. 그리고 신베트는 내가 아버지의 휴대폰으로 이브라힘과 무기 구입에 대해 이야기하는 것을 들었을 때 나 혼자서 일을 하지 않았다고 가정했다. 사실, 그들은 내가 알카삼에 의해 포섭됐다고 확신했다.

마지막으로 로아이는 "이번이 내가 이 제안을 하는 마지막 기회야. 그리고 난 떠날 거야. 할 일이 많아. 너와 내가 지금 당장 이 상황을 해결할 수 있어. 우리가 뭔가를 해결할 수 있단 말이야. 너는 더 이상 심문을 받을 필요가 없어. 넌 그저 어린아이일 뿐이고, 도움이 필요해."

그렇다. 나는 위험한 사람이 되고 싶었고, 위험한 생각을 가지고 있었다. 하지만 분명한 것은, 나는 급진주의자가 되는 데 그다지 소질이 없었다는 것이다. 나는 작은 플라스틱 의자와 냄새나는 두건에 지쳤다. 이스라엘 정보 기관은 내 능력을 과대평가하고 있었다. 그래서 나는 그에게 이스라엘 사람들을 죽이기 위해 총기를 갖고 싶었다는 부분은 빼고 모든 이야기를 다 털어놓았다. 나는 총기들을 사서 내 친구 이브라힘이 그의 가족을 보호하는 것을 도우려고 했다고 말했다.

"그러니까 지금 총기들을 가지고 있군. 알겠어."

"네, 총기들이 있어요."

"그러면 그 총기들은 어디 있지?"

나는 그 총기들이 우리 집에 있었더라면 좋았을 거라고 생각했는데, 왜냐하면 나는 기꺼이 그것들을 이스라엘에 넘겨주었을 것이기 때문이다. 하지만 이제 나는 사촌을 연관시켜야 했다.

"좋아, 근데 문제가 있어요. 이것과 아무 상관도 없는 누군가가 이 총기들을 가지고 있어요."

"그가 누구야?"

"내 사촌 유세프가 가지고 있어요. 그는 미국인과 결혼했고, 그들에게는 신생아가 있어요." 나는 그들이 그의 가족을 배려해서 총기들만 가져가기를 바랐지만, 상황은 결코 쉽게 흘러가지 않았다.

이틀 후, 감방 벽 저편에서 실랑이가 벌어지는 소리가 들렸다. 나는 몸을 숙여 내 감방과 그 옆에 있는 감방을 연결하는 녹슨 파이프 쪽으로 몸을 기울였다.

"여보세요." 나는 불렀다. "거기 누구 있어요?"

침묵이 흘렀다.

그리고 …

"모사브?"

뭐라고?! 나는 내 귀를 믿을 수 없었다. 내 사촌이었다!

"유세프? 너야?"

나는 그의 목소리를 듣고 너무 기뻤다. 심장이 마구 뛰기 시작했다. 유세프였다! 그런데 그는 나를 욕하기 시작했다.

"왜 이런 짓을 했어? 나에겐 가족이 있다고 …."

나는 울기 시작했다. 나는 감옥에 있는 동안 사람과 대화하기를 너무나 원했었다. 그런데 우리 가족 중 한 사람이 벽 바로 반대편에 앉아 있고, 나에게 소리를 지르고 있었다. 그리고 그것은 나를 아프게 했다. 이스라엘 사람들이 듣고 있었다. 그들은 유세프를 내 바로 옆에 앉혀서 우리의 대화를 듣고 내가 진실을 말하고 있는지 알아내려고 했다. 나는 괜찮았다. 나는 유세프에게 우리 가족을 보호하기 위해 총들을 갖고 싶다고 말했었기 때문에 걱정하지 않았다.

신베트는 내 이야기가 사실이라는 것을 알게 되자 나를 다른 감방으로 옮겼다. 다시 혼자가 되어, 내가 어떻게 사촌의 인생을 망쳐 놓았는지, 내가 얼마나 가족에게 상처를 주었는지, 그리고 내가 어떻게 12년간의 학교 생활을 망쳐 버렸는지 생각했다. 모두 그 멍청한 이브라힘을 믿었기 때문이었다!

나는 몇 주 동안 그 감방에 갇혀 있었는데, 다른 사람과의 접촉은 전혀 없었다. 경비원들은 음식을 문 밑으로 밀어 넣었지만 나에게 한마디도 하지 않았다. 심지어 레너드 코헨이 그리워지기 시작했다. 아무 읽을 것도 없었고, 시간이 흐르고 있음을 감지할 수 있게 해 준 것은 매일 바뀌는 음식 쟁반의 색상뿐이었다. 생각하고 기도하는 것 외에는 할 일이 없었다.

마침내 어느 날 나는 다시 사무실로 끌려갔고, 또다시 로아이가 나와 이야기하기 위해 기다리고 있었다.

"모사브, 네가 우리와 협력하기로 결정한다면, 더 이상 감옥에서 시간을 보내지 않아도 되도록 최선을 다하겠다."

희망의 순간이었다. 내가 협조할 거라고 생각하게 만들면 그가 나를 여기서 풀어 줄지도 모른다는 생각이 들었다.

우리는 일반적인 것들에 대해 이야기를 조금 나누었다. 그러고 나서 그는 이렇게 말했다. "내가 너에게 우리와 같이 일하자고 제안하면 어떨까? 이스라엘 지도자들이 팔레스타인 지도자들과 마주 앉아 있어. 그들은 오랫동안 싸웠고, 결국에는 악수를 하고 함께 저녁을 먹고 있잖아."

"이슬람은 내가 당신들과 함께 일하는 것을 금해요."

"모사브, 언젠가는 너의 아버지도 와서 우리와 함께 앉아 이야기할 것이고 우리도 그와 이야기할 거야. 함께 일해서 사람들에게 평화를 가져다주자."

"이것이 우리가 평화를 가져오는 방법인가요? 우리는 점령을 끝냄으로써 평화를 가져와요."

"아니야. 우리는 변화를 만들고자 하는 용기 있는 사람들을 통해 평화를 가져온다."

"나는 그렇게 생각하지 않아요. 그럴 가치가 없어요."

"협력자로서 죽임을 당할까 봐 두려우니?"

"그런 게 아니에요. 우리가 겪은 모든 고통을 생각하면, 나는 결단코 당신과 친구로서 앉아서 이야기할 수 없고, 당신과 함께 일할 수는 더더욱 없어요. 나는 그렇게 할 수 없어요. 그것은 내가 믿는 모든 것에 반대되는 것이에요."

나는 여전히 내 주변의 모든 것이 싫었다. 점령도, PA(팔레스타인 자치정부)도. 나는 단지 무언가를 파괴하고 싶다는 이유로 급진주의자가 됐다. 하지만 이 충동이 나를 이 모든 혼란에 빠뜨렸다. 나는 이스라엘 감옥에 갇혀 있었는데, 이 남자가 나에게 이스라엘을 위해 일해 달라고 부탁하고 있었다. 만약 내가 '예'라고 대답한다면, 이번 생과 다음 생 모두에서 끔찍한 대가를 치러야 한다는 것을 알고 있었다.

"좋아요. 생각해 볼게요." 나는 내가 말하는 소리를 들었다.

나는 감방으로 돌아가 로아이의 제안에 대해 생각해 보았다. 나는 이스라엘을 위해 일하기로 동의했지만 이중 첩자였던 사람들에 대한 이야기를 들은 적이 있었다. 그들은 자신의 담당관들을 죽이고, 무기를 은닉하고, 모든 기회를 이용하여 이스라엘인들에게 더 깊은 상처를 입혔다. 만일 그에게 '그렇게 하겠다'라고 대답하면, 로아이가 나를 풀어 줄 가능성이 높다고 생각했다. 진짜 무기들을 손에 넣게 될 수도 있고, 그러면 나는 그 무기들로 그를 죽일 셈이었다.

증오의 불길이 내 안에서 타올랐다. 나는 나를 그토록 심하게 구타한 그 군인에게 복수하고 싶었다. 나는 이스라엘에 복수하고 싶었다. 그 대가로 목숨을 잃더라도 신경 쓰지 않았다.

하지만 신베트를 위해 일하는 것은 무기를 사는 것보다 훨씬 더 위험했다. 그냥 복수를 포기한 채 감옥 생활을 마치고 집에 가서 공부나 하면서 어머니와 가까이 지내고 형제자매들을 돌보는 편이 나을지도 몰랐다.

이튿날, 경비원이 마지막으로 나를 사무실로 데려갔고, 몇 분 후 로아이가 들어왔다.

"오늘은 좀 어때? 기분이 훨씬 좋아진 것 같네. 뭐 좀 마실래?"

우리는 오랜 친구처럼 커피를 마시며 앉았다.

"만약 내가 죽으면 어떻게 되죠?" 나는 정말로 죽는 것에 대해 신경 쓰지 않았지만 물어보았다. 나는 단지 그가 내가 진심이라고 믿게 만들고 싶었다.

"모사브, 내가 하나 말해 줄게." 로아이가 말했다. "나는 18년 동안 신베트에서 일해 왔고, 그동안 내가 아는 한 발각된 건 단 한 명뿐이야. 네가 봐 왔던, 그 수많은 사람들이 죽임을 당한 것은 우리와 아무런 상관이 없어. 그들은 가족이 없고 수상쩍은 행동을 했기 때문에 의심을 샀고, 그래서 사람들이 그들을 죽인 거야. 하지만 너는 절대 들키지 않을 거야. 우리가 너를 지켜주고 돌봐 줄 테니까."

나는 그를 한참 동안 쳐다보았다.

"좋아요." 나는 말했다. "제가 할게요. 이제 저를 풀어 주실 건가요?"

"잘 결정했다." 로아이가 활짝 웃으며 말했다. "하지만 지금 당장 석방할 수는 없어. 살라메가 잡힌 직후 너와 너의 사촌이 체포됐기 때문에, 그 이야기가 〈알쿠드스〉(팔레스타인의 주요 신문)의 1면에 실렸어. 모두들 네가 폭탄 제조자와 연루됐기 때문에 체포됐다고 생각하지. 너무 빨리 석방되면 사람들이 의심을 품을 거고, 그러면 너는 이스라엘의 협력자로 드러날 가능성이 있어. 너를 보호하는 가장 좋은 방법은 너를 감옥에 보내는 거야. 오래 있을 건 아니니까 걱정 마. 우리는 죄수 교환 또는 석방 협정을 통해 너를 풀어 줄 수 있는 방법을 찾을 거야. 일단 네가 그곳에 가면 하마스가 너를 돌볼 거야. 특히 너는 하산 유세프의 아들이니까. 석방 후에 보자."

그들은 나를 감방으로 데려갔고, 그곳에서 몇 주 더 머물렀다. 나는 마스코비예에서 빨리 벗어나고 싶었다. 드디어 어느 날 아침, 경비원이 이제 갈 시간이 됐다고 말했다. 그는 나에게 수갑을 채웠지만, 이번에는 내 손이 등 뒤로 놓이지는 않았다. 냄새나는 두건도 없었다. 그리고 45일 만에 처음으로 태양을 보았고 바깥 공기를 느꼈다. 나는 심호흡을 하며 폐를 가득 채우고 얼굴에 스치는 바람을 즐겼다. 나는 포드 승합차의 뒷좌석에 올랐고, 실제로 좌석에 앉았다. 그날은 뜨거운 여름날이었고, 금속으로 된 의자는 뜨거웠지만 상관없었다. 나는 자유를 느꼈다!

두 시간 후에 므깃도에 있는 감옥에 도착했지만, 한 시간 동안 승합차 안에 앉아 입소 허가를 기다려야 했다. 마침내 안으로 들어가자, 감옥 담당 의사가 나를 진찰하더니 내 상태가 양호하다고 말했다. 나는 진짜 비누로 샤워를 했고 깨끗한 옷과 기타 세면도구를 제공받았다. 점심시간에는 몇 주 만에 처음으로 따뜻한 음식을 먹었다.

나는 어느 단체에 소속되어 있느냐는 질문을 받았다.

"하마스"라고 대답했다.

이스라엘 감옥에서는 모든 조직이 그들의 구성원을 관리할 수 있었다. 이런 방식으로 사회적 문제를 줄이려는 의도도 있었지만, 동시에 파벌 간의 갈등을 키우려는 목적도 있었다. 수감자들이 서로에게 분노를 쏟아붓게 되면, 이스라엘군에 맞서 싸울 힘이 줄어들 것이기 때문이다.

감옥에 새롭게 들어가면 모든 수감자들은 소속을 선언해야 했다. 우리는 하마스, 파타, 이슬라믹 지하드, PFLP(팔레스타인해방인민전선), DFLP(팔레스타인해방민주전선) 등의 조직을 어떤 형태로든 선택해야 했다. 우리는 그저 아무 데도 속하지 않는다고 말할 수 없었다. 실제로 아무 소속이 '없는' 수감자들에게는 조직을 선택할 수 있는 며칠이 주어졌다. 므깃도에서는 하마스가 감옥 내부를 완전히 장악하고 있었다. 하마스는 그곳에서 가장 크고 강력한 조직이었다. 하마스가 규칙을 만들었고, 다른 사람들은 모두 그들의 규칙을 따라야 했다.

내가 들어가자 다른 수감자들이 나를 따뜻하게 맞아주면서 등을 두드려 주며 입소를 축하해 주었다. 저녁에는 둘러앉아 서로의 이야기를 나눴다. 하지만 얼마 지나지 않아 나는 조금 불편해지기 시작했다. 그중 한 명은 수감자들의 리더 역할을 하는 것 같았는데, 너무 많은 질문을 던졌다. 비록 그가 에미르(emir: 감옥 안의 하마스 지도자)라고 했지만 나는 그를 믿지 못했다. 나는 '새들'(birds), 곧 감옥 내 스파이에 대한 이야기를 많이 들었다.

'만약 그가 신베트 스파이라면, 왜 나를 믿지 않는 걸까? 나는 이제 그들 중 하나일 텐데.' 나는 마스코비예에서 심문관들에게 말한 것 외에는 아무 말도 하지 않기로 결정했다.

나는 므깃도 감옥에서 2주 동안 머물면서 기도하고 금식하고 코란을 읽었다. 새로운 죄수들이 들어오면 나는 그들에게 에미르에 대해 경고해 주었다.

"조심해야 해." 나는 말했다. "에미르와 그 친구들은 '새들'일지도 몰라." 새로 도착한 사람들은 즉시 에미르에게 내 의심에 대해 말했고, 그다음 날 나는 다시 마스코비예 취조소로 보내졌다. 다음 날 아침, 나는 사무실로 불려 갔다.

"므깃도 여행은 어땠어?" 로아이가 물었다.

"좋았어요." 나는 빈정대며 말했다.

"너도 알겠지만, 모든 사람이 처음 만났을 때 '새들'을 알아차릴 수 있는 건 아니야. 이제 가서 쉬어. 조만간 우리는 너를 다시 그곳에 보내서 조금 더 시간을 보내게 할 거야. 그리고 언젠가 우리는 함께 뭔가를 할 거야."

'그래, 그리고 언젠가는 네 머리에 총을 쏴 버릴 거야.' 그가 걸어가는 것을 보면서 나는 생각했다. 그런 급진적인 생각을 가진 나 자신이 자랑스러웠다.

나는 이 취조소에서 25일을 더 보냈는데, 이번에는 사촌 유세프를 포함한 다른 3명의 수감자와 함께 감방에 있었다. 우리는 이야기를 나누며 시간을 보냈다. 한 남자는 자기가 어떻게 사람을 죽였는지 말해 주었다. 또 다른 사람은 누군가를 시켜 자살 폭탄 테러를 하게 했다고 자랑했다. 모두들 흥미로운 이야기를 들려주었다. 우리는 둘러앉아 기도하고, 노래를 부르고, 재미있게 놀려고 애썼다. 현재 환경에서 벗어나기 위해 무엇이든 하려고 했다. 그곳은 사람을 위한 공간이 아니었다.

마침내, 나의 사촌을 제외한 우리 모두는 므깃도로 보내졌다. 그러나 이번에는 '새들'이 있는 쪽이 아니라, 진짜 감옥으로 향하고 있었다. 그리고 그 어떤 것도 다시는 예전과 같지 않을 것이다.

제12장
수감번호 823
(1996)

그들은 우리가 오는 냄새를 맡을 수 있었다.

우리의 머리카락과 수염은 가위나 면도기를 사용하지 않은 지 3개월이나 되어 길게 자랐다. 우리 옷은 더러웠다. 마스코비예의 악취를 없애는 데 약 2주가 걸렸다. 문질러도 소용이 없었다. 그냥 닳아 없어져야 했다.

대부분의 수감자들은 '미바르'(*mi'var*)에서 형기를 시작했다. 미바르는 모두가 수용소의 일반 구역으로 옮겨지기 전에 거치는 임시 구역이었다. 그러나 일반 수감자들과 함께 있기에는 너무 위험하다고 간주되는 수감자들 중 일부는 수년 동안 미바르에서 살았다. 놀랄 것도 없이, 이들은 모두 하마스와 연계되어 있었다. 몇몇 남자들이 나를 알아보고 우리를 환영하러 왔다.

셰이크 하산의 아들인 나는 어디를 가든 인정받는 데 익숙했다.

그가 왕이라면, 나는 왕자, 즉 명백한 후계자였다. 그리고 나는 그런 대우를 받았다.

"우리는 당신이 한 달 전부터 여기 있다고 들었어요. 당신의 삼촌도 여기 있어요. 그분이 곧 당신을 방문할 거예요."

점심은 따뜻하고 배불렀지만 '새들'과 함께 있을 때 먹었던 것만큼 맛있지는 않았다. 그래도 나는 행복했다. 나는 감옥에 있었지만 실은 자유를 느꼈다. 혼자 있을 수 있는 시간이 있을 때면 신베트에 대해 궁금해했다. 나는 그들과 함께 일하기로 약속했지만, 그들은 나에게 아무 말도 하지 않았다. 그들은 우리가 어떻게 소통할 것인지, 실제로 함께 일하는 것이 무엇을 의미하는지 전혀 설명하지 않았다. 그들은 나를 혼자 내버려두었고, 어떻게 행동해야 하는지에 대한 조언도 주지 않았다. 나는 완전히 헤매고 있었다. 나는 더 이상 내가 누구인지 몰랐다. 혹시 내가 사기를 당한 것은 아닌가 하는 생각도 들었다.

미바르는 2개의 큰 기숙사인 8호실과 9호실로 나뉘었고 침대가 늘어서 있었다. 기숙사들은 L자 모양을 이루며 각각 20명의 죄수를 수용했다. L자형 각진 곳에는 콘크리트 바닥에 페인트칠을 한 운동장과 적십자사에서 기증한 부서진 탁구대가 있었다. 우리는 하루에 두 번씩 운동을 하러 나갔다.

내 침대는 9호실의 맨 끝에 위치했고, 화장실 바로 옆에 있었다. 우리는 2개의 화장실과 2개의 샤워실을 공유했다. 각 화장실은 바닥에 구멍이 뚫려 있었고 그 위에 서거나 쪼그리고 앉았으며, 용변이 끝나면 양동이에 담긴 물을 몸에 끼얹었다. 덥고 습했으며 냄새는 끔찍했다.

사실, 기숙사 전체가 그랬다. 남자들은 아팠고 기침을 했다. 어떤 사람들은 샤워하는 것에 신경조차 쓰지 않았다. 모두들 입냄새가 심했다. 담배 연기가 약한 선풍기를 압도했다. 그리고 환기를 위한 창문도 없었다.

우리는 새벽 기도를 위해 매일 새벽 4시에 일어났다. 우리는 수건을 들고 줄을 서 있었다. 아침에 막 일어난 남자들의 모습처럼 보였고, 선풍기도 환기구도 없을 때 풍기는 남자들의 냄새가 났다. 그런 다음 '우두'(wudu) 시간이 됐다. 이슬람교의 정화 의식을 시작하기 위해 우리는 손을 손목까지 씻고, 입을 헹구고, 콧구멍으로 물을 들이켰다. 우리는 양손으로 이마에서 턱까지, 한쪽 귀에서 다른 쪽 귀까지 얼굴을 문지르고, 팔은 팔꿈치까지 씻은 후, 젖은 손으로 이마에서 목 뒤까지 머리를 한 번 닦았다. 마지막으로 손가락을 적셔 귀를 안팎으로 닦고 목 주위를 닦고 두 발을 발목까지 씻었다. 그런 다음 전체 과정을 두 번 더 반복했다.

4시 30분, 모두가 세면을 마쳤을 때, 턱수염이 덥수룩하고 건장한 체격의 이맘이 아잔(adhan)을 외쳤다. 그런 다음 그는 '알파티하'(Al-Fatihah: 코란의 서두에 나오는 수라[sura], 즉 장[章])를 읽었고, 우리는 네 가지 '라카아'(rakat: 기도하기, 일어서기, 무릎 꿇기, 절하기를 반복하는 것)를 거쳤다.

우리 수감자들 대부분은 하마스나 이슬라믹 지하드와 연계된 무슬림들이었기 때문에, 어쨌든 이것이 우리의 일상이었다. 그러나 세속 조직과 공산주의 조직에 속한 사람들조차도 기도하지 않더라도 동시에 일어나야 했다. 그리고 그들은 그것을 달갑게 생각하지 않았다.

한 남자는 15년 형의 절반 정도를 복역 중이었다. 그는 이슬람의 모든 일상에 신물이 났고, 아침에 일어나기까지 오랜 시간이 걸렸다. 일부 수감자들은 그를 찌르고 주먹으로 때리며 "일어나!" 하고 소리쳤다. 마침내, 그들은 그의 머리에 물을 퍼부어야 했다. 나는 그에게 미안한 마음이 들었다. 정결하게 하고, 기도하고, 읽는 데 한 시간쯤 걸렸다. 그리고 나서 모두들 다시 잠자리에 들었다. 침묵. 묵상 시간.

나는 항상 다시 잠드는 게 어려웠는데, 보통 7시가 가까워질 때까지 잠들지 못했다. 마침내 내가 다시 잠들 때쯤이면 누군가 "아다드! 아다드!"(Adad! Adad!, "점호! 점호!")라고 외쳤다. 이는 인원 점검을 준비할 시간이라는 경고였다.

우리는 인원수를 세는 이스라엘 군인을 등지고 침상에 앉아 있었는데, 이는 그가 비무장 상태였기 때문이다. 이 일은 단 5분밖에 걸리지 않았고, 우리는 다시 잠을 자도록 허락됐다.

"잘사! 잘사!"(Jalsa! Jalsa!) 에미르(emir)가 8시 30분에 소리쳤다. 하마스와 이슬라믹 지하드가 하루에 두 번씩 여는 단체 모임 시간이었다. 하늘은 누구도 몇 시간 연속으로 잠을 자게 하는 것을 금했다. 정말 짜증이 났다. 9시 잘사를 위해 모두가 화장실에 갈 준비를 하려고 또다시 줄이 늘어섰다.

그날의 첫 번째 하마스 잘사 동안, 우리는 코란을 읽는 규칙을 공부했다. 나는 이 모든 것을 아버지에게서 배웠지만, 대부분의 수감자들은 하나도 몰랐다. 두 번째 매일의 잘사는 하마스, 감옥 내 우리 자신의 규율, 새로 도착한 사람들에 대한 공지, 밖에서 무슨 일이 일어나고 있는지에 대한 뉴스가 주를 이루었다. 비밀도 없고, 계획도 없고, 일반적인 뉴스만 있었다.

매번 잘사가 끝나면, 우리는 화장실 맞은편 방의 맨 끝에 있는 텔레비전을 보며 시간을 보내기도 했다. 어느 날 아침, 만화를 보고 있는데 광고가 나왔다.

'꽝!'

커다란 나무판이 화면 앞에 흔들거리며 내려앉았다.

나는 펄쩍 뛰며 주위를 둘러보았다.

"방금 무슨 일이 일어난 거야?!"

나는 그 판때기가 천장에 매달려 있는 두꺼운 밧줄에 연결되어 있다는 것을 깨달았다. 방 한쪽에서는 한 죄수가 밧줄 끝을 꽉 붙잡고 있었다. 그의 임무는 불순한 것이 있는지 살피고 우리를 보호하기 위해 텔레비전 앞에 나무판을 떨어뜨리는 것이었다.

"왜 판때기를 떨어뜨렸어?"라고 물었다.

"당신 자신을 보호하는 거야." 남자가 퉁명스럽게 말했다.

"보호? 무엇으로부터?"

"광고에 나오는 여자애." 판때기 지킴이가 설명했다. "그녀는 머리에 스카프를 두르고 있지 않았어."

나는 에미르를 향했다. "이 사람이 진심인가요?"

"응, 물론이야." 에미르가 말했다.

"하지만 우리 모두는 집에 텔레비전을 가지고 있고, 거기서 우리는 이런 짓을 안 해요. 왜 여기서 이러는 거죠?"

"감옥에 수감되어 있을 때에는 이례적인 도전들이 있어. 우리에겐 여자가 없어. 그리고 그들이 텔레비전에서 보여 주는 것들은 수감자들에게 문제를 일으킬 수 있고 우리가 원하지 않는 관계로 이어질 수 있어. 이것은 규칙이자 우리가 텔레비전을 보는 방식이야."

물론, 모든 사람이 같은 방식으로 보는 것은 아니었다. 우리가 볼 수 있는 것은 누가 밧줄을 잡고 있느냐에 따라 크게 달라졌다. 만약 그 남자가 헤브론 출신이었다면, 그는 스카프를 두르지 않은 여성 만화 캐릭터도 덮기 위해 판때기를 떨어뜨렸을 것이다. 그가 진보적인 라말라 출신이었다면 우리는 더 많은 것을 볼 수 있었을 것이다. 우리는 번갈아 가며 밧줄을 잡기로 되어 있었지만, 나는 그 의미 없는 것을 다루기를 거부했다.

점심 식사 후에는 정오 기도가 있었고, 이어서 또 다른 묵상 시간이 이어졌다. 대부분의 수감자들은 이 시간 동안 낮잠을 잤다. 나는 보통 책을 읽었다. 그리고 저녁에는 운동 공간에 나가서 산책을 하거나 함께 어울리거나 이야기하는 것이 허락됐다.

감옥에서의 삶은 하마스 대원들에게 꽤 지루했다. 우리에게 카드놀이는 허용되지 않았다. 우리는 코란이나 이슬람 서적만 읽어야 했다. 다른 분파들은 우리보다 훨씬 더 많은 자유가 허락됐다.

어느 날 오후에 드디어 사촌 유세프가 나타났고, 나는 그를 만나서 무척 기뻤다. 이스라엘 측에서 우리에게 몇 개의 이발기를 빌려주었고, 우리는 마스코비예의 냄새를 없애기 위해 그의 머리를 깎아 주었다.

유세프는 하마스가 아니었다. 그는 사회주의자였다. 그는 알라를 믿지 않았지만 신을 불신하지도 않았다. 그 덕에 그는 DFLP(팔레스타인해방민주전선)에 배속되기에 충분히 적합했다. DFLP는 이슬람 국가를 위해 싸운 하마스와 이슬라믹 지하드와는 달리 팔레스타인 국가를 위해 싸웠다.

유세프가 도착한 지 며칠 후, 삼촌인 이브라힘 아부 살렘이 찾아왔다. 그는 2년 동안 행정 구금 상태에 있었지만 그에 대한 공식적인 혐의는 제기된 적이 없었다. 그리고 그는 이스라엘의 안전에 위협이 되는 존재였기 때문에, 그곳에 오랫동안 구금되어 있었다. 하마스 VIP로서 삼촌 이브라힘은 미바르와 실제 감옥 사이를 자유롭게 오갈 수 있었고, 한 감옥 구역에서 다른 감옥 구역으로 자유롭게 이동할 수 있었다. 그래서 그는 내가 괜찮은지 확인하고, 옷을 가져다주기 위해 미바르에 왔다. 아버지가 감옥에 수감되어 있을 때 우리 가족을 버리고 나를 때렸던 사람에게는 어울리지 않는 관심 표현이었다.

키가 거의 180센티미터에 달하는 이브라힘 아부 살렘은 실제보다 더 큰 체구를 가졌다. 음식에 대한 열정의 증거인 그의 불룩한 배는 그를 일종의 유쾌한 미식가처럼 보이게 했다. 하지만 나는 더 잘 알고 있었다. 삼촌 이브라힘은 비열하고 이기적인 사람이었고 거짓말쟁이이자 위선자였다. 아버지와 정반대였다.

그러나 므깃도의 성벽 안에서 삼촌 이브라힘은 왕처럼 대접을 받았다. 모든 수감자들은 어떤 분파에 속해 있든지, 그의 나이, 교수 능력, 대학에서의 업적, 정치적·학문적 업적 때문에 그를 존경했다. 일반적으로, 지도자들은 그의 방문을 기회로 여겼고, 그에게 강연을 해 달라고 요청하곤 했다.

모두가 이브라힘의 강의를 듣는 것을 좋아했다. 그는 강사라기보다는 연예인에 가까웠다. 그는 사람들을 웃기는 것을 좋아했고, 이슬람에 대해 가르칠 때는 모든 사람이 이해할 수 있는 간단한 언어로 설명했다.

그러나 이날은 아무도 웃지 않았다. 그 대신 모든 수감자들은 눈을 크게 뜨고 침묵 속에 앉아 있었고, 이브라힘은 협력자들이 어떻게 가족을 속이고 당황하게 만들었으며 팔레스타인 사람들의 적이 되었는지에 대해 격렬하게 말했다. 그의 말투에서 나는 그가 '나에게 말하지 않은 것이 있다면 지금 당장 말하는 것이 좋을 거야'라고 말하는 것 같은 느낌을 받았다.

물론 나는 말하지 않았다. 설령 이브라힘이 나와 신베트의 관계에 대해 의심했더라도 셰이크 하산 유세프의 아들에게 감히 직접 그렇게 말하지는 못했을 것이다.

그는 떠나기 전에 "필요한 게 있으면 나에게 말해. 널 내 근처에 두도록 시도하겠다"라고 말했다.

때는 1996년 여름이었다. 나는 겨우 18살이었지만, 불과 몇 달 만에 여러 생을 산 것처럼 느꼈다. 삼촌이 면회를 온 지 몇 주 후, '샤위시'(shaweesh), 즉 수감자 대표가 9호실로 들어와 "팔백이십삼!" 하고 외쳐 불렀다. 나는 내 번호를 듣고 깜짝 놀라 고개를 들었다. 그런 다음 그는 서너 개의 다른 번호를 부르더니 우리에게 소지품을 챙기라고 말했다.

우리가 미바르를 벗어나 사막으로 들어섰을 때, 열기가 용의 숨결처럼 나를 덮쳤고 잠시 현기증이 났다. 우리 눈앞에 들어온 것은 커다란 갈색 텐트 꼭대기뿐이었다. 그 외에는 아무것도 보이지 않았다. 우리는 첫 번째 구역, 두 번째 구역, 세 번째 구역을 지나 행진했다. 수백 명의 수감자들이 새로 도착한 사람들을 보기 위해 높은 철조망으로 달려갔다. 우리가 제5구역에 도착하자 문이 활짝 열렸다. 50명이 넘는 사람들이 우리 주위로 몰려들어 우리를 껴안고 악수를 청했다.

우리는 행정 텐트로 끌려갔고, 다시 한번 우리의 조직 소속을 물었다. 그런 다음 나는 하마스 텐트로 안내됐는데, 거기서 에미르가 나를 맞이하며 악수했다.

"어서 오십시오." 그가 말했다. "만나서 반갑습니다. 우리는 여러분이 매우 자랑스럽습니다. 곧 침대를 준비해 드리고, 수건과 필요한 것들을 드릴게요." 그런 다음 그는 감옥 특유의 유머로 "그냥 편하게 지내시고 즐거운 시간 보내세요"라고 덧붙였다.

감옥의 모든 구역에는 12개의 텐트가 있었다. 각 텐트마다 20개의 침대와 사물함이 있었다. 최대 수용 인원, 240명. 철조망으로 둘러싸인 직사각형 틀을 상상해 보라. 제5구역은 네 곳으로 나뉘어 있었다. 높은 철조망으로 둘러싸인 벽이 북쪽에서 남쪽으로 구역을 나누었고, 낮은 울타리가 동쪽에서 서쪽으로 구역을 나누었다.

제1사분면과 제2사분면(오른쪽 위와 왼쪽 위)에는 각각 세 개의 하마스 텐트가 있었다. 제3사분면(오른쪽 아래)에는 네 개의 텐트, 즉 하마스, 파타, PFLP(팔레스타인해방인민전선)/DFLP, 이슬람 지하드를 위한 텐트가 각각 하나씩 있었다. 그리고 제4사분면(왼쪽 아래)에는 2개의 텐트가 있었는데, 하나는 파타를 위한 것이고 다른 하나는 DFLP/PFLP를 위한 것이었다.

제4사분면에는 부엌, 화장실, 샤워장, '샤위시'를 위한 공간과 주방 노동자를 위한 공간, '우두'를 위한 세면대도 있었다. 우리는 기도를 하기 위해 제2사분면의 공터에 줄을 섰다. 물론 구석구석에 감시탑이 있었다. 제5구역의 정문은 제3사분면과 제4사분면 사이의 울타리 안에 있었다.

한 가지 더 자세히 설명하자면, 동쪽과 서쪽으로 뻗어 있는 울타리에는 제1사분면과 제3사분면 사이, 제2사분면과 제4사분면 사이에 문들이 있었다. 이 문들은 통상 열려 있었지만, 인원 점검 시에는 닫혔다. 그럼으로써 관리자들은 구역의 절반을 한 번에 격리할 수 있었다.

나는 제1사분면 구역의 위쪽 구석에 있는 하마스 텐트에 배정받

앉고, 오른쪽에서 세 번째 침상을 지정받았다. 첫 번째 인원 수가 세어지고 나서, 우리 모두가 둘러앉아 이야기를 나누고 있을 때, 먼 곳에서 소리치는 한 목소리가 들렸다. "바리드 야 무자히딘! 바리드!"
(Bareed ya mujahideen! Bareed!, "자유의 투사로부터 온 편지다! 편지!").

다음 구역에 있는 '사와에드'(sawa'ed)가 모든 사람에게 사전 경고를 준 것이었다. 사와에드는 감옥 내 하마스 보안단 요원들로, 한 구역에서 다른 구역으로 메시지를 전달하는 역할을 했다. 그 명칭은 "팔들을 던지는"을 의미하는 아랍어 단어에서 유래했다.

그 호출에 따라 두 사람이 텐트에서 뛰쳐나와 손을 뻗고서는 하늘을 쳐다보았다. 마치 기다렸다는 듯이 공 하나가 어디선가 떨어지는 것 같았다. 이것은 우리 구역의 하마스 지도자들이 다른 구역의 지도자들로부터 암호화된 명령이나 정보를 받는 방법이었다. 감옥에 있는 모든 팔레스타인 단체들은 이 의사소통 방법을 사용했다. 각각은 고유한 코드명을 가지고 있었기 때문에, 경고가 외쳐지면 적절한 '포수'가 낙하 지점으로 달려가야 한다는 것을 알 수 있었다.

공들은 물로 부드럽게 만든 빵으로 만들어졌다. 메시지를 삽입한 다음 반죽을 소프트볼 크기의 공으로 만든 뒤 그것을 말리고 굳혔다. 당연히 최고의 투수와 포수만이 '우체부'로 선발됐다.

흥미진진함이 시작된 것만큼이나, 빠르게 끝났다. 그리고 점심시간이 됐다.

제13장
아무도 믿지 말라
(1996)

오랫동안 지하에 갇혀 있다가 하늘을 보니 정말 좋았다. 마치 몇 년 동안 별들을 보지 못한 것 같았다. 별들은 수용소의 거대한 조명으로 인해 밝기가 감소됐지만 그럼에도 불구하고 아름다웠다. 하지만 별이 쏟아진다는 것은 인원 점검과 취침을 위해 텐트로 향할 시간이라는 것을 의미했다. 그리고 그때부터 정말 혼란스러워졌다.

내 번호는 823번이었고, 수감자들은 번호순으로 숙사가 배정됐다. 즉, 그 번호는 내가 제3사분면에 있는 하마스 텐트에 있어야 한다는 것을 의미했다. 하지만 그 텐트는 꽉 차 있어, 나는 제1사분면의 구석 텐트에 배정됐다.

하지만 인원 점검 시간이 다가왔을 때, 나는 여전히 제3사분면의 정확한 위치에 서 있어야 했다. 그래야 경비원이 명단을 확인할 때 질서를 위해 조정해 놓은 모든 배치 사항을 일일이 기억할 필요가 없었기 때문이다.

인원 점검의 모든 움직임은 세밀하게 계획되어 있었다.

M16 소총을 발사할 수 있도록 준비한 25명의 군인들이 제1사분면 텐트로 들어와서 텐트에서 텐트로 이동했다. 우리 모두는 군인들을 등진 채 텐트를 바라보고 서 있었다. 총에 맞을까 봐 아무도 감히 움직이지 못했다.

거기서 인원 점검을 마친 병사들은 제2사분면 텐트로 이동했다. 그 후 그들은 울타리의 두 문을 모두 닫아, 제1사분면이나 제2사분면의 누구도 실종된 수감자를 대신하기 위해 제3사분면이나 제4사분면으로 슬쩍 들어가지 못하도록 했다.

제5구역에서의 첫날 밤, 나는 기이한 야바위(shell game)가 벌어지고 있는 것을 발견했다. 내가 처음 제3사분면 구역에 들어갔을 때 매우 병약해 보이는 수감자가 내 옆에 서 있었다. 마치 곧 죽을 것 같은 끔찍한 표정이었다. 머리는 삭발한 상태였고 지친 기색이 역력했다. 그는 결코 눈을 마주치지 않았다. '이 사람은 누구야? 무슨 일이 생긴 거야?' 나는 궁금했다.

군인들이 제1사분면에서 인원수를 세고 제2사분면으로 넘어갔을 때, 누군가 그 남자를 붙잡아 텐트 밖으로 끌고 나갔고, 다른 수감자가 내 옆에 자리를 잡았다. 나중에 알게 된 사실이지만, 제1사분면과 제3사분면 사이의 울타리에 작은 구멍이 뚫려 있어서 수감자를 다른 사람으로 바꿀 수 있었다고 한다.

분명히, 아무도 군인들이 이 빡빡머리 남자를 보는 것을 원하지 않았다. 하지만 왜 그랬을까?

그날 밤, 침대에 누워 있는데 멀리서 누군가 신음하는 소리가 들렸는데, 그 사람은 심한 고통을 겪고 있었던 것이 분명하다. 하지만 그 소리는 오래가지 않았고, 나는 금세 잠이 들었다.

아침은 항상 너무 빨리 찾아왔고, 어느새 우리는 새벽 기도를 위해 깨어나고 있었다. 제5구역에 수감된 240명의 수감자 중 140명은 일어나 6개의 화장실을 사용하기 위해 줄을 섰는데, 그것은 사실상 공동 생활 구역에 시야를 차단하는 막이 둘러진 6개의 구멍에 불과했다. '우두'(wudu)를 위한 8개의 세면대, 그리고 30분.

그런 다음 우리는 기도하기 위해 줄을 섰다. 일상은 미바르에서와 거의 똑같았다. 그러나 이제 수감자가 12배나 됐다. 나는 그렇게 많은 사람이 있음에도 모든 일이 얼마나 순조롭게 진행되는지에 놀랐다. 아무도 실수하지 않는 것 같았다. 소름이 돋을 정도였다.

모두들 공포에 질린 것 같았다. 아무도 감히 규칙을 어길 엄두를 내지 못했다. 아무도 감히 화장실에 오래 머물지 않았다. 아무도 감히 심문을 받고 있는 죄수나 이스라엘 군인과 눈을 마주치지 않았다. 아무도 울타리에 너무 가까이 서 있지 않았다.

하지만 나는 얼마 지나지 않아 이해하기 시작했다. 하마스는 감옥 당국의 눈을 피해 자체적으로 모든 것을 운영하고 있었고 규율을 엄격히 집행하고 있었다. 규칙을 어기면 벌점을 받았다. 벌점을 충분히 모으면, '마지드'(majd) 곧 웃지도 않고 농담도 하지 않는 건장한 하마스 보안단을 마주해야 했다.

대부분의 경우, 우리는 거의 마지드를 볼 수 없었는데, 그들은 정보 수집에 바빴기 때문이다. 한 구역에서 다른 구역으로 던져진, 메시지가 적힌 공들은 그들로부터 온 것이고 그들을 위한 것이었다.

하루는 침대에 앉아 있는데 마지드가 들어오더니 "모두 이 텐트에서 나가!" 하고 소리쳤다. 아무도 아무 말도 하지 않았다. 텐트는 몇 초 만에 텅 비었다. 그들은 이제 텅 빈 텐트 안으로 한 남자를 데리고 들어가 출입구를 닫고 경비병 2명을 배치했다. 누군가는 텔레비전을 켰다. 크게. 다른 사람들은 노래를 부르거나 시끄럽게 떠들기 시작했다.

텐트 안에서 무슨 일이 일어나고 있는지는 몰랐지만, 나는 인간이 그 사람처럼 비명을 지르는 것을 결코 들은 적이 없었다. '무슨 일을 당했길래 그런 비명 소리가 들렸던 것일까?' 궁금했다. 고문은 약 30분 동안 계속됐다. 그리고 나서 2명의 마지드가 그를 끌어내 다른 텐트로 데려갔고, 거기서 심문이 다시 시작됐다.

텐트에서 나오기 전에 나는 라말라 근처의 한 마을 출신인 아켈 소루르(Akel Sorour)라는 친구와 이야기를 나누고 있었다.

"저 텐트 안에서 무슨 일이 일어나고 있는 거지?"라고 물었다.

"아, 그는 나쁜 놈이야." 그는 간단하게 말했다.

"그가 나쁜 놈이라는 건 알겠는데, 그들이 저 사람에게 무엇을 하고 있는 거지? 그리고 저 사람이 무슨 짓을 했는데?"

"그는 감옥에서 아무 짓도 안 했어." 아켈이 설명했다. "그런데 그들은 그가 헤브론에 있을 때 이스라엘 측에 하마스 대원에 대한 정보를 넘겼대. 꽤 많이 불었다는 말이 돌았어. 그래서 그들은 간혹 그를 고문해."

"어떻게?"

"보통 손톱 밑에 바늘을 꽂고 플라스틱 음식 쟁반을 맨살 위에 녹여 부어. 아니면 체모를 태워 버리기도 하고. 때로는 무릎 뒤에 큰 막대기를 끼우고 몇 시간 동안 무릎을 구부려 앉게 한 채 잠을 못 자게 하기도 하지."

이제야 나는 왜 모든 사람들이 그토록 조심스럽게 줄을 서는지, 그리고 내가 처음 도착했을 때 보았던 빡빡머리 남자에게 무슨 일이 일어났던 것인지 이해하게 됐다. 마지드는 협력자들을 증오했다. 그리고 우리가 무고하다는 것을 입증하기 전까지 우리 모두는 이스라엘의 협력자, 스파이로 의심받았다.

이스라엘이 하마스 내부 조직을 밝혀내고 그 조직원들을 잡아들이는 데 성공했기 때문에, 마지드는 조직 내부가 스파이로 가득 차 있을 것이라고 추측했고, 반드시 그들을 색출해 내려 했다. 그들은 우리의 모든 행동을 감시했다. 그들은 우리의 태도를 지켜보았고 우리가 말하는 모든 것을 들었다. 그리고 그들은 점수를 매겼다. 우리는 마지드가 누구인지는 알았지만 그들의 정보원이 누구인지는 몰랐다. 친구라고 생각했던 누군가가 마지드와 함께 일하고 있을 수도 있었고, 내일이면 내가 조사 대상이 될 수도 있었다.

나는 최대한 나 자신을 숨기고 내가 누구를 믿어야 할지 매우 조심하는 것이 최선의 방법이라고 생각했다. 수용소의 의심과 배신의 분위기를 이해하고 나니, 나의 생활은 완전히 달라졌다. 자유롭게 움직일 수도, 말할 수도, 신뢰하거나 관계를 맺거나 친구를 만들 수도 없는, 마치 전혀 다른 감옥에 있는 것처럼 느껴졌다. 실수하거나, 늦거나, 기상 호출 동안 잠을 자거나, '잘사'(jalsa) 시간 중에 졸까 봐 두려웠다.

만약 누군가 협력자라는 이유로 마지드에 의해 '유죄 판결'을 받았다면, 그의 삶은 끝장나는 것이다. 그의 가족의 삶도 끝장난다. 그의 아이들, 그의 아내, 모두가 그를 버렸다. 협력자로 알려지는 것은 누구에게나 있을 수 있는 최악의 평판이었다. 1993년과 1996년 사이, 협력자로 의심받던 150명 이상의 사람들이 이스라엘 감옥 안에서 하마스에 의해 조사를 받았다. 그중 16명이 살해됐다.

나는 매우 빠르고 정확하게 글을 쓸 수 있었기 때문에, 마지드는 나에게 그들의 서기가 되어 줄 수 있겠느냐고 물었다. 내가 다룰 정보는 일급 비밀이라고 그들은 말했다. 그리고 그들은 그것을 혼자만 간직하라고 경고했다.

나는 하루 종일 수감자들에 관한 기록을 베껴 쓰는 데 시간을 보냈다. 우리는 이 정보를 교도관들의 손이 닿지 않는 곳에 보관하기 위해 매우 조심했다. 우리는 이름 대신 코드 번호만 사용했다. 가장 얇은 종이에 쓰인 이 서류들은 최악의 음란물과 같았다. 사람들은 그들의 어머니와 성관계를 가졌다고 고백했다. 어떤 사람은 소와 성관계를 가졌다고 말했다. 또 다른 어떤 사람은 자기 딸과 성관계를 가졌다고 했다. 또 다른 사람은 이웃과 성관계를 갖고 이를 몰래카메라로 촬영한 뒤 이스라엘 측에 사진들을 넘겨 주었다. 보고서에 따르면 이스라엘 측은 그 사진들을 그 이웃에게 보여 주었고, 만약 그 여자가 그들의 스파이로 함께 일하기를 거부한다면 그 사진들을 그녀의 가족에게 보내겠다고 위협했다. 그래서 그들은 계속 성관계를 하며 정보를 수집했고, 또 다른 사람들과도 성관계를 가지며 그것을 촬영했다. 그렇게 해서 온 마을 전체가 이스라엘을 위해 일하는 것처럼 보였다. 그런데 이것은 내가 필사하도록 요청받은 첫 번째 서류에 불과했다.

나에게는 미친 짓처럼 보였다. 서류를 계속 필사하면서, 나는 고문을 당하고 있는 용의자들이 도저히 알 수 없는 것들을 질문받고, 고문자들이 듣고 싶어 하는 대답을 내뱉고 있다는 사실을 깨달았다. 고문을 멈추게 하기 위해서라면 무슨 말이든 할 것이 뻔해 보였다. 나는 또한 이러한 기괴한 심문 중 일부는 수감된 마지드들의 성적 환상을 충족시키는 것 외에는 아무런 목적이 없다고 생각했다.

그러던 어느 날, 내 친구 아켈 소루르가 그들의 희생자 중 하나가 되었다. 그는 하마스 조직의 일원이었고 여러 번 체포됐지만, 어떤 이유에서인지 그는 도시 출신 하마스 수감자들에게 결코 받아들여지지 않았다. 아켈은 평범한 농부였다. 그가 말하고 먹는 방식이 다른 이들에게 우스꽝스러워 보였기 때문에 그들은 그를 이용했다. 그는 그들을 위해 요리도 하고 청소도 함으로써 그들의 신뢰와 존중을 얻기 위해 최선을 다했지만, 그들은 그가 두려움 때문에 그들에게 봉사한다는 것으로 알고 그를 쓰레기처럼 취급했다.

그리고 아켈에게는 두려워할 만한 이유가 있었다. 그의 부모는 죽었다. 그의 여동생이 그에게 남은 유일한 가족이었다. 이는 그가 받는 고문에 대해 복수해 줄 사람이 없었다는 것을 의미했고, 결국 그는 극도로 취약한 상태에 놓이게 됐다. 게다가 그의 감방에 함께 있던 친구가 마지드에게 심문을 받았고, 고문을 당하면서 아켈의 이름을 언급했다. 나는 그를 향한 매우 안타까운 마음이 들었다. 하지만 내가 어떻게 그를 도울 수 있겠는가? 나는 아무 권한도 없는 단지 혼란스러운 아이였을 뿐이다. 나는 나도 똑같은 대우를 받지 않는 유일한 이유가 아버지 덕분이라는 것을 알았다.

한 달에 한 번씩 가족들이 우리를 방문하는 것이 허락됐다. 이스라엘 감옥의 음식은 아쉬움이 많았기 때문에, 가족들이 보통 집에서 만든 음식과 개인 물품을 가져다주었다. 아켈과 나는 같은 지역 출신이었기 때문에 우리 가족들은 같은 날에 왔다.

긴 신청 절차를 거친 후, 적십자사는 특정 지역의 가족들을 모아 버스에 태웠다. 므깃도까지는 차로 두 시간밖에 걸리지 않았다. 하지만 버스는 모든 검문소에 정차해야 했고 모든 승객은 정차할 때마다 수색을 받아야 했기 때문에, 우리 가족들은 정오까지 감옥에 도착하기 위해 새벽 4시에 집을 나서야 했다.

어느 날, 아켈은 여동생과 즐거운 시간을 보낸 후, 그녀가 가져다준 음식 봉지들을 들고 제5구역으로 돌아왔다. 그는 행복했고 무엇이 그를 기다리고 있는지 전혀 몰랐다. 이브라힘 삼촌이 강의를 하러 왔는데, 그것은 항상 나쁜 징조였다. 나는 이브라힘이, 종종 마지드들이 누군가를 심문하려고 끌고 갈 때 그들을 엄호하기 위해 사람들을 모아 놓고 설교를 한다는 사실을 알게 됐다. 이번에 그 '누군가'는 아켈이었다. 마지드는 그의 선물들을 빼앗고 그를 텐트로 데리고 들어갔다. 그는 커튼 뒤로 사라졌고, 거기서 그의 최악의 악몽이 시작됐다.

나는 삼촌을 쳐다보았다. 왜 그는 그들을 막지 않았을까? 그는 아켈과 함께 여러 번 감옥에 갇혀 있었다. 그들은 함께 고난을 겪었다. 아켈은 그를 위해 요리를 하고 그를 돌봐 주었다. 삼촌은 이 남자를 알고 있었다. 아켈은 시골 출신의 가난하고 조용한 농부였고 삼촌은 도시 출신이었기 때문일까?

이유야 어찌 됐든, 이브라힘 아부 살렘은 마지드들과 함께 앉아 웃으며 아켈의 여동생이 수감된 오빠를 위해 가져온 음식을 먹었다. 그 옆에서는 하마스 동료 대원들(동료 아랍인, 동료 팔레스타인인, 동료 무슬림 등)이 아켈의 손톱 밑에 바늘을 찔러 넣었다.

그 후 몇 주 동안 아켈을 몇 번 만났을 뿐이다. 머리와 턱수염은 깎여 있었고, 시선은 땅에만 고정되어 있었다. 깡마른 체구를 가진 그는 죽음의 문턱에 선 노인처럼 보였다.

나중에, 나는 그의 기록을 필사하라는 지시를 받았다. 그는 마을의 모든 여자는 물론 당나귀와 다른 동물들과도 성관계를 가졌다고 자백했다. 나는 모든 말이 거짓이라는 것을 알았지만, 나는 그 기록을 필사했고, 마지드는 그것을 그의 마을로 보냈다. 그의 누이는 그와 의절했다. 그의 이웃들은 그를 피했다.

내가 보기에, 마지드는 그 어떤 협력자들보다 훨씬 더 나빴다. 그러나 그들은 또한 강력했고 감옥 체계 내부 운영에 있어서 영향력이 있었다. 나는 그들을 이용해 내 목적들을 이룰 수 있을지도 모른다고 생각했다.

아나스 라스라스(Anas Rasras)는 마지드 리더였다. 그의 아버지는 서안 지구의 대학 교수이자 삼촌 이브라힘의 절친한 친구였다. 내가 므깃도에 도착한 후, 삼촌은 아나스에게 내가 적응하고 요령을 익히는 것을 도와 달라고 부탁했다. 아나스는 헤브론 출신으로 40세쯤 됐고, 매우 비밀스러웠으며, 매우 영리하고, 매우 위험한 사람이었다. 그는 감옥에서 나오는 순간마다 신베트의 감시를 받았다. 그는 친구가 거의 없었지만 고문에는 결코 가담한 적이 없었다. 이로 인해 나는 그를 존경하게 됐고 심지어는 신뢰하게 됐다.

나는 그에게 내가 어떻게 이스라엘과 협력하기로 동의했는지에 대해 이야기했고, 그래서 내가 이중 첩자가 되어 고급 무기를 입수하고, 내부에서 그들을 죽이기로 했다고 말했다. 나는 그에게 나를 도와줄 수 있는지 물었다.

"이건 확인해 봐야겠다." 그가 말했다. "아무한테도 말하지는 않겠지만, 알아볼게."

"알아보겠다고요? 그게 무슨 말이에요? 도와줄 수 있을까요, 없을까요?"

나는 그를 믿지 말았어야 했다. 그는 나를 도와주기는커녕, 즉시 이브라힘 삼촌과 다른 마지드 구성원 몇 명에게 내 계획을 말해 버렸다.

다음 날 아침, 삼촌이 나를 찾아 왔다.

"무슨 짓을 생각하고 있는 거야?"

"놀라지 마세요. 아무 일도 일어나지 않았어요. 나에게 계획이 있어요. 삼촌이 이 일에 얽힐 필요는 없어요."

"모사브, 이것은 너와 네 아버지, 네 가족 전체의 명성에 매우 위험하다. 그런 일은 다른 사람들이나 하는 거지, 네가 할 일은 아니야."

그는 나에게 묻기 시작했다. 신베트가 감옥에서 나에게 연락처를 주었는지, 내가 특정 이스라엘 사람이나 보안 요원을 만났는지, 내가 그들에게 무슨 말을 했는지, 내가 또 다른 사람들에게 무엇을 말했는지. 그가 나를 심문하면 할수록 나는 더욱 화가 났다. 마침내, 나는 그의 면전에서 폭발하고 말았다.

"종교적인 것에만 충실하시고, 보안은 내버려두는 게 어때요! 이 사람들은 모두 쓸데없이 사람들을 고문하고 있어요. 그들은 자신들이 뭘 하고 있는지 전혀 몰라요. 보세요, 더 이상 할 말이 없어요. 나는 내가 원하는 대로 할 테니, 삼촌도 원하는 것을 하세요."

나는 상황이 나에게 좋지 않다는 것을 알고 있었다. 나는 아버지 때문에 그들이 나를 고문하거나 심문하지 않을 것이라고 확신했지만, 이브라힘 삼촌은 내가 진실을 말하고 있는지 아닌지 알지 못하는 것 같았다.

그 당시에는 나도 확신이 없었다.

나는 마지드를 믿은 것이 어리석었음을 깨달았다. 이스라엘 사람들을 믿은 것도 똑같이 어리석은 짓이었을까? 그들은 여전히 나에게 아무 말도 하지 않았다. 그들은 나에게 아무런 연락도 주지 않았다. 혹시 그들이 나를 가지고 놀고 있는 건 아닐까?

텐트로 돌아갔을 때 나는 정신적으로나 감정적으로 무너지기 시작하는 나 자신을 느꼈다. 나는 더 이상 아무도 믿지 않았다. 다른 수감자들은 나에게 무언가 문제가 있음을 알아차렸지만, 그것이 무엇인지는 몰랐다. 마지드는 내가 한 말을 밖으로 새어 나가게 하지는 않았지만 한순간도 내게서 눈을 떼지 않았다. 모두가 나를 의심하고 있었다. 마찬가지로 나도 모든 사람을 의심했다. 그리고 우리 모두는 갈 곳도 없는 열린 철창에서 함께 살았다. 도망가거나 숨을 곳이 없었다.

시간은 계속 흘러갔고 의심은 점점 커져만 갔다. 매일 비명 소리가 들렸고, 매일 밤 고문이 이어졌다. 하마스가 자기 사람들을 고문하고 있었다! 내가 아무리 원해도, 그것을 정당화할 방법을 찾을 수 없었다.

얼마 지나지 않아 상황은 더욱 악화됐다. 한 사람이 아니라 3명이 동시에 조사를 받게 됐다. 어느 날 새벽 4시, 한 남자가 그 구역을 가로질러 달려가더니, 경계 울타리를 넘으려 했다. 철조망에 옷과 살점이 갈기갈기 찢긴 채 20초 만에 수용소 밖으로 나갈 수 있었다. 이스라엘 감시탑 경비병은 기관총을 돌려 그를 조준했다.

"쏘지 마세요!" 남자가 비명을 질렀다. "쏘지 마세요! 탈출하려는 게 아니에요. 나는 저들에게서 도망치려는 거라고요!" 그리고 그는 울타리 너머로 헐떡이며 자신을 노려보는 마지드를 가리켰다. 군인들은 문밖으로 뛰어나와 그 수감자를 땅바닥에 내동댕이치고 몸을 수색한 뒤 끌고 갔다.

이것이 하마스였나? 이것이 이슬람이었나?

제14장
폭동
(1996-1997)

아버지는 나에게 이슬람 그 자체였다.

만약 내가 그를 알라의 저울에 올려놓는다면 지금껏 내가 만난 그 어떤 무슬림보다도 더 무거울 것이다. 아버지는 단 한 번도 기도 시간을 거르지 않으셨다. 집에 늦게 돌아와 지쳐 있을 때조차, 한밤중에 코란의 신에게 기도하고 부르짖는 소리를 자주 들을 수 있었다. 그는 겸손했고, 사랑이 많았으며, 용서할 줄 아는 분이었다. 어머니에게, 자녀들에게, 심지어 전혀 모르는 이들에게조차 그러했다.

아버지는 이슬람을 변호하는 데 그치지 않으셨다. 그는 무슬림이 어떠해야 하는지를 삶으로 보여 주었다. 그는 세상을 정복하고 노예로 삼아야 한다는 이슬람의 잔혹한 면이 아니라, 이슬람의 아름다운 면을 보여 주었다.

그러나 내가 수감된 이래로 10년 동안 나는 아버지가 내면의 비

이성적인 면과 씨름하는 모습을 보았다. 한편으로 그는 정착민, 군인, 무고한 여성과 아이들을 죽인 무슬림들이 잘못됐다고 생각하지 않았다. 그는 알라가 그들에게 그렇게 할 수 있는 권한을 부여해 주었다고 믿었다. 다른 한편으로 그는 그들이 한 일을 직접 행할 수 없었다. 그의 영혼 속의 무언가가 그것을 거부했다. 자신에게는 옳다고 정당화할 수 없는 것을, 그는 다른 이들에게는 옳다고 합리화했다.

그러나 어렸을 때 나는 그의 미덕만을 보았고 그것이 신앙의 열매라고 생각했다. 나도 아버지처럼 되고 싶었기 때문에 아버지가 믿는 것을 의심 없이 믿었다. 하지만 그때 나는 몰랐다. 우리가 알라의 저울 위에서 아무리 무겁게 측정된다 하더라도 우리의 모든 의와 선행이 신에게는 더러운 걸레와 같다는 것을.

그럼에도 내가 므깃도에서 본 무슬림들은 나의 아버지와 전혀 달랐다. 그들은 마치 자신들이 알라보다 더 위대한 존재라는 듯이 사람들을 심판했다. 그들은 비열하고 옹졸했으며, 우리가 머리를 가리지 않은 여배우를 보지 못하도록 텔레비전 화면을 가리는 등의 행동을 했다. 그들은 편협한 위선자들이었고, 벌점을 많이 받은 사람들, 곧 가장 연약하고 취약한 사람들을 고문하곤 했다. 인맥이 있는 죄수들은 아무 제재 없이 활보했다. 심지어 이스라엘과 내통하고 있음을 시인한 자라 해도, 만일 그가 셰이크 하산 유세프의 아들이라면 무사할 수 있었다.

처음으로, 나는 늘 당연하게 믿어 왔던 것들에 의문을 품기 시작했다.

"팔백이십삼!"

내가 재판을 받을 때였다. 나는 6개월 동안 감옥에 있었다. IDF(이스라엘방위군)는 나를 예루살렘으로 데려갔고, 검찰은 판사에게 16개월 형을 선고해 달라고 요청했다.

16개월이라니! 신베트 지구 대장은 나에게 짧은 기간 동안만 감옥에 있을 거라고 약속했었다! 내가 무슨 짓을 했기에 이런 가혹한 형을 선고받은 걸까? 물론, 나는 미친 생각이 떠올라 총을 몇 자루 샀다. 그러나 그것들은 작동하지도 않는 쓸모없는 총들이었다!

"16개월."

법원은 내가 이미 복역한 시간을 인정했고, 마지막 10개월을 위해 므깃도로 돌려보냈다.

"좋아요." 나는 알라에게 말했다. "10개월을 더 복역할 수 있지만, 제발 거기는 말고요! 지옥에서는 아니죠!" 하지만 내가 불평할 수 있는 대상은 아무도 없었다. 특히 나를 끌어들였다가 내버린 이스라엘 보안 요원들은 더더욱 아니었다.

적어도 한 달에 한 번은 가족을 볼 수 있었다. 어머니는 4주에 한 번씩 므깃도로 고된 여행을 하셨다. 어머니는 내 형제자매 3명만 데리고 오도록 허락을 받았기 때문에 그들은 번갈아 가며 방문했다. 그리고 어머니는 매번 새로 만든 맛있는 시금치 튀김 만두와 바클라바(baklava)를 가져오셨다. 우리 가족은 한 번도 방문을 거르지 않았다.

울타리 안과 커튼 뒤에서 무슨 일이 벌어지고 있는지는 공유할 수 없었지만, 그들을 보는 것은 나에게 큰 안도감을 주었다. 그리고 나를 볼 때 그들의 고통도 조금이나마 덜어지는 것 같았다. 나는 어린 동생들을 위해 요리를 하고, 청소를 하고, 목욕을 시키고, 옷을 입히고, 학교에 데려다주는 등 그들에게 아버지와 같은 존재였으며, 감옥에서는 저항의 영웅이 되어 있었다. 동생들은 나를 무척 자랑스러워했다.

한 면회 자리에서 어머니는 PA(팔레스타인자치정부)가 아버지를 석방했다고 말씀해 주셨다. 나는 아버지가 항상 '하지'(Hajj: 메카 순례)를 하고 싶어 하셨다는 것을 알고 있었고, 어머니는 아버지가 집으로 돌아온 직후 사우디아라비아로 출발했다고 말씀하셨다. '하지'는 이슬람 종교의 다섯 번째 기둥(pillar: 이슬람의 기본 교리/의무—편주)이었으며, 신체적으로나 재정적으로 여유가 있는 모든 무슬림은 일생 동안 적어도 한 번 이상은 다녀와야 하는 의무였다. 매년 200만 명 이상이 메카를 순례한다.

하지만 아버지는 끝내 하지를 이루지 못하셨다. 이스라엘과 요르단을 잇는 알렌비 다리를 건너는 길에, 이번에는 이스라엘군에 의해 다시 체포되셨다.

* * *

어느 날 오후, 므깃도의 하마스 분파는 교도관들에게 사소한 요구 사항들을 나열한 목록을 제시하고, 24시간 안에 이를 충족시키지 않을 시 폭동을 일으키겠다고 위협했다.

분명히, 교도관들은 폭동을 원하지 않았다. 폭동이 일어나면 수감자들이 총에 맞을 수도 있었고, 예루살렘의 정부 관료들은 그런 일이 일어날 경우 적십자사와 인권 단체들이 벌일 엄청난 소란을 감당하고 싶지 않았기 때문이다. 폭동은 관련된 모든 사람이 손해를 보는 시나리오였다. 그래서 이스라엘 측은 우리 구역에 배치된 주요 '샤위시'(shaweesh)를 만났다.

"우리는 이런 식으로는 일할 수 없다"라고 감옥 관계자들이 그에게 말했다. "시간을 더 주면 우리가 뭔가 방법을 찾아보겠다."

"아니요." 그가 단호하게 말했다. "24시간 남았소."

물론, 이스라엘 측이 굴복함으로써 약점을 드러낼 수는 없었다. 그리고 솔직히 말해, 나는 왜 그렇게 호들갑을 떠는지 이해할 수 없었다. 비록 이곳이 비참하기는 했지만, 내가 들어 본 다른 시설들에 비하면 므깃도는 오성급 감옥이었다. 더 많은 전화 통화 시간, 더 긴 면회 시간 등 그런 종류의 것들은 나에게 어리석고 무의미한 요구로 보였다.

하루 종일 우리는 태양이 하늘을 가로질러 지나가기를 기다렸다. 그리고 마감 시한이 지났을 때, 하마스는 우리에게 폭동을 준비하라고 말했다.

"우리가 뭘 해야 해요?" 하고 우리는 물었다.

"그저 파괴적이고 폭력적으로 행동해! 아스팔트를 부수고 그 조각들을 군인들에게 던져. 비누를 던져. 뜨거운 물을 뿌려. 들 수 있는 건 뭐든지 던져!"

어떤 사람들은 통에 물을 채워서 군인들이 가스통을 던지면 우리가 그것들을 집어 양동이에 떨어뜨릴 수 있게 했다. 우리는 운동장을 파기 시작했다. 갑자기 사이렌이 울리고 상황은 매우 위험해졌다. 수백 명의 진압복을 입은 군인들이 수용소 전체에 배치됐고 경계 울타리 너머로 우리를 향해 조준했다.

내 머릿속을 계속 맴도는 유일한 것은 이 모든 것이 얼마나 정신 나간 짓인지였다. '우리가 왜 이 짓을 하고 있는 거야?' 궁금했다. '이건 미친 짓이야! 그 미치광이 "샤위시" 때문인가?' 나는 겁쟁이는 아니었지만, 이건 무의미한 일이었다. 이스라엘 측은 중무장을 하고 보호 장구를 착용했으며, 우리는 아스팔트 조각들을 던질 예정이었다.

하마스가 신호를 보내자, 모든 구역의 수감자들이 나뭇조각, 검은 상판 조각, 비누를 던지기 시작했다. 순식간에 수백 개의 검은 가스통이 이 구역으로 날아와 폭발했고, 수용소 안은 짙은 흰 안개로 가득 찼다. 나는 아무것도 보이지 않았다. 냄새는 형언할 수 없을 정도였다. 내 주변에 있던 모든 사람이 땅바닥에 쓰러졌고 신선한 공기를 마시려고 숨을 헐떡였다.

이 모든 상황이 단 3분 만에 벌어졌다. 그리고 이것은 시작일 뿐이었다.

군인들은 우리를 향해 커다란 파이프를 조준하고, 노란 가스를 뿜어 댔다. 하지만 그 물질은 최루가스처럼 공중에 흩날리지 않았다. 공기보다 무거웠기 때문에 땅에 깔린 채 모든 산소를 밀어냈다. 수감자들이 하나둘씩 의식을 잃기 시작했다.

내가 숨을 고르려 할 때 불길이 보였다.

제3사분면 구역에 있는 이슬라믹 지하드의 텐트가 불타고 있었다. 불길은 순식간에 6미터 상공으로 치솟았다. 텐트는 일종의 휘발성 물질로 방수 처리되어 휘발유에 흠뻑 젖은 것처럼 불에 탔다. 나무 기둥과 액자, 매트리스, 사물함 등 모든 것이 불길에 휩싸였다. 바람을 타고 불길이 DFLP(팔레스타인해방민주전선)/PFLP(팔레스타인해방인민전선)와 파타 텐트로 번졌고, 10초 후 그 텐트들 역시 불길에 삼켜지고 말았다.

맹렬한 불길은 매우 빠르게 우리 쪽으로 다가오고 있었다. 거대한 텐트 조각이 탁탁 하는 소리를 내며 공중으로 날아올라 철조망 위로 넘어갔다. 군인들이 우리를 에워쌌다. 불길을 뚫고 탈출하는 것 말고는 다른 방법이 없었다.

그래서 우리는 뛰었다.

나는 수건으로 얼굴을 가리고 주방으로 달려갔다. 불타는 텐트와 벽 사이의 거리는 겨우 3미터 정도밖에 되지 않았다. 우리 200명 이상이 한꺼번에 통과하려고 했는데, 군인들은 그 구역을 계속 황색 가스로 가득 채웠다.

몇 분 안에, 제5구역의 절반이 사라졌고, 우리가 소유했던 모든 것, 그나마 있던 것조차 사라졌다. 잿더미 외에는 아무것도 남지 않았다.

많은 수감자들이 부상을 입었다. 기적적으로 아무도 죽지 않았다. 구급차가 부상자를 실어 나르기 위해 왔고, 폭동이 끝난 뒤 텐트가 불타 없어진 사람들은 다른 곳으로 재배치됐다. 나는 제2사분면 중앙에 있는 하마스 텐트로 옮겨졌다.

므깃도 폭동에서 얻은 유일한 좋은 점은 하마스 지도자들에 의한 고문이 중단됐다는 것이다. 감시는 계속됐지만, 우리는 조금 더 마음이 편해졌고, 덩달아 조금 더 부주의해졌다. 나는 내가 믿을 수 있을 것 같은 친구들을 몇 명 사귀었다. 하지만 대부분은 매일 몇 시간씩 혼자 아무것도 하지 않고 걸어 다녔다.

* * *

"팔백이십삼!"

1997년 9월 1일, 한 교도관이 체포될 때 가지고 있던 얼마 안 되는 돈과 내 소지품을 돌려주고 수갑을 채운 후 승합차에 태웠다. 군인들은 팔레스타인 지역으로 들어서는 첫 번째 검문소, 곧 서안 지구의 제닌으로 차를 몰았다. 그들은 승합차의 문을 열고 수갑을 풀었다.

"자유롭게 가도 됩니다." 한 남자가 말했다. 그리고 그들은 우리가 왔던 방향으로 차를 몰고 가 버렸고, 나는 길가에 홀로 남게 되었다.

믿을 수가 없었다. 밖을 걷는 것만으로도 기분이 좋았다. 나는 어머니와 형제자매들을 몹시 보고 싶었다. 아직 집에서 차로 두 시간 거리였지만 빨리 걷고 싶지 않았다. 나는 자유를 만끽하고 싶었다.

나는 몇 킬로미터를 걸으며, 허파는 자유로운 공기로, 귀는 달콤한 침묵으로 채웠다. 다시 사람이 된 기분이 들기 시작한 나는 택시를 잡아 타고 마을 중심가로 향했다. 또 다른 택시를 타고 나블루스로 가서, 라말라로, 그리고 집으로 돌아왔다.

라말라 거리를 달리며 익숙한 상점과 사람들을 보면서 나는 택시에서 뛰어내려 그 모든 것에 빠져들고 싶었다. 집 앞에서 택시에서 내리기 전, 문간에 서 있는 어머니의 모습이 얼핏 보였다. 어머니는 나를 부르시며 눈물을 뺨에 흘리셨다. 그녀는 차로 달려와 나를 팔로 감싸안으셨다. 나를 꼭 껴안고는 등, 어깨, 얼굴, 그리고 머리를 쓰다듬으며, 거의 1년 반 동안 참아 왔던 모든 고통을 쏟아 내었다.

"우리는 네가 돌아올 날을 세고 있었어." 그녀가 말했다. "다시는 못 볼까 봐 너무 걱정했어. 우리는 네가 정말 자랑스럽다, 모사브. 너는 진짜 영웅이야."

아버지처럼 나도 어머니나 형제자매들에게 내가 겪은 일을 말할 수 없다는 것을 알았다. 그것은 그들에게는 너무나 고통스러울 것이었다. 그들에게 나는 다른 모든 영웅들과 함께 이스라엘 감옥에 갇혀 있던 영웅이었고, 이제 나는 집에 돌아왔다. 그들은 심지어 그것을 나에게 좋은 경험, 거의 통과 의례로 보았다. 어머니는 그 총들에 대해 알고 계셨을까? 그렇다. 어머니는 그것이 어리석다고 생각했을까? 아마도. 하지만 그 모든 것은 저항이라는 이름하에 정당화되며 잊혔다.

우리는 내가 돌아온 날 하루 종일 축하하며, 함께 있을 때 늘 그랬던 것처럼 맛있는 음식을 먹고, 농담을 하며, 즐거운 시간을 보냈다. 마치 한 번도 떠나 본 적이 없는 것 같았다. 그리고 그 후 며칠 동안 많은 친구들과 아버지의 친구들이 우리와 함께 기쁨을 나누기 위해 왔다.

나는 몇 주 동안 집 주변에 머물면서 어머니의 사랑을 듬뿍 받고 어머니의 요리로 배를 채웠다. 그런 다음 밖으로 나가 그토록 그리워했던 다른 모든 광경, 소리, 냄새를 즐겼다. 저녁에는 '메이스 알림'에서 팔라펠(falafel)을 먹고, '킷캣'에서 가게 주인인 바삼 후리(Basam Huri)와 함께 커피를 마시며 친구들과 시간을 보냈다. 번화한 거리를 걸으며 친구들과 이야기를 나누면서 나는 평화로움과 자유의 단순함을 만끽했다.

아버지가 PA 감옥에서 석방되고 이스라엘군에 의해 다시 구속되는 사이에, 어머니는 또 임신을 하셨다. 부모님은 7년 전에 여동생 안하르(Anhar)가 태어난 후 아이를 갖지 않기로 계획하셨기 때문에 부모님에게는 큰 놀라움이었다. 집에 돌아왔을 때 어머니는 임신 6개월쯤 되셨고 아기는 점점 커 가고 있었다. 그러다가 발목이 부러지셨고, 성장 중인 남동생이 어머니의 칼슘을 모두 섭취해 치유 과정이 아주 느렸다. 우리는 휠체어가 없었기 때문에, 어머니가 가야 할 곳이면 어디든 내가 모시고 다녀야 했다. 어머니는 몹시 고통스러워하셨고, 어머니의 그런 모습을 보니 나는 마음이 아팠다. 나는 운전면허를 따서 심부름을 하고 식료품을 사러 다닐 수 있었다. 그리고 나세르(Naser)가 태어났을 때, 나는 그에게 밥을 먹이고 목욕을 시키고 기저귀를 갈아 주는 일을 맡았다. 그는 내가 자신의 아버지라고 생각하며 자랐다.

두말할 필요도 없이, 나는 시험을 놓쳤고 고등학교를 졸업하지 못했다. 감옥에서 우리 모두에게 시험 볼 기회가 주어지긴 했지만, 그중 유일하게 나만 떨어졌다. 나는 그 이유를 도무지 이해할 수 없었다. 교육부 관계자들이 감옥에 와서 시험 전에 모든 사람에게 답안지를 나눠 주기까지 했기 때문이다. 미친 짓이었다. 60세의 문맹인 한 남자는 누군가 대신 답을 적어 주어야 했다. 그리고 그마저도 통과했다. 나도 답안지를 가지고 있었고, 게다가 나는 12년 동안 학교를 다녔기에 그 내용에 익숙했다. 하지만 결과가 나왔을 때 모두 합격하고 나만 떨어졌다. 내가 생각할 수 있었던 탈락의 이유는 하나였다. 아마 알라가 내가 부정 행위로 통과되는 일을 원치 않으셨던 모양이다.

그래서 집에 돌아와서 라말라에 있는 가톨릭 학교인 알아흘리아에서 야간 수업을 듣기 시작했다. 학생들 대부분은 전통적인 무슬림이었는데, 이 학교가 마을에서 가장 좋은 학교였기 때문이다. 그리고 밤에 학교에 다닌 덕에 낮에는 동네 '체커스' 햄버거 가게에서 일하며 가족을 돌볼 수 있었다.

나는 시험에서 64점밖에 받지 못했지만 합격하기에는 충분했다. 나는 크게 노력하지도 않았고, 과목 자체에도 별 흥미가 없었다. 신경 쓰지 않았다. 그저 합격할 수 있다는 사실이 감사할 따름이었다.

제15장
다마스쿠스로 가는 길
(1997-1999)

석방된 지 2달이 지났을 때, 휴대전화가 울렸다.

"축하해." 아랍어로 목소리가 들렸다.

나는 그 억양을 알고 있었다. 나의 '신실한' 신베트 지구 대장 로아이였다.

"우리는 너를 만나고 싶어." 로아이가 말했다. "하지만 전화로는 오래 이야기할 수 없어. 만날 수 있을까?"

"물론이죠."

그는 나에게 전화번호와 비밀번호, 그리고 몇 가지 지시사항을 알려 주었다. 진짜 스파이가 된 것 같았다. 그는 나에게 특정 장소로 가고, 그다음에는 다른 장소로 가고, 그다음에는 거기서 전화하라고 말했다.

나는 그의 지시들을 따랐고, 전화를 걸자, 더 많은 지시들을 받앉다. 20분쯤 걸었는데 차 한 대가 내 옆에 멈추었다. 차 안의 한 남자가 나에게 타라고 말했고, 나는 그렇게 했다. 나는 몸수색을 받고, 바닥에 누우라는 지시를 받은 뒤, 담요로 몸을 감쌌다.

우리는 한 시간 정도 운전했는데, 그동안 아무도 말을 하지 않았다. 우리가 마침내 멈춘 곳은 누군가의 집 안 차고였다. 다른 군사기지나 구금 시설이 아니라 다행이었다. 사실, 나중에 알게 된 것은 이스라엘 정착촌에 있는 정부 소유의 집이었다. 도착하자마자 다시 한번 수색을 받았는데, 이번에는 훨씬 더 철저하게 수색을 받았고, 잘 꾸며진 거실로 안내됐다. 한참을 앉아 있는데, 로아이가 들어왔다. 그는 나와 악수를 하고 나를 껴안았다.

"어떻게 지내고 있어? 감옥의 경험은 어땠어?"

나는 그에게 잘 지내고 있다고 말했고, 감옥에서의 경험은 그다지 좋지 않았다고 말했는데, 특히 그가 내가 짧은 기간만 감옥에 있을 거라고 말했기 때문이었다.

"미안해. 널 지키기 위해 그렇게 해야만 했어."

나는 내가 마지드에게 이중 첩자라는 말을 한 것을 생각하며, 로아이도 그들에 대해 알고 있는지 궁금했다. 나는 나 자신을 보호하려고 노력하는 것이 좋겠다고 생각했다.

"보세요." 나는 말했다. "거기서 그들은 사람들을 고문하고 있었어요. 그래서 나는 그들에게 당신들을 위해 일하기로 동의했다고 말할 수밖에 없었어요. 두려웠어요. 당신은 거기에서 무슨 일이 일어나고 있는지 나에게 경고해 주지 않았어요. 당신은 내가 내 동족을 조심해야 한다고 말한 적이 없어요. 당신은 나를 훈련시키지도 않았고, 혼란스러웠어요. 그래서 나는 그들에게 내가 이중 첩자가 되어 당신들을 죽일 수 있도록 협력자가 되겠다고 약속했다고 말했어요."

로아이는 놀란 표정이었지만 화를 내지는 않았다. 신베트는 감옥 내에서 고문을 용납할 수 없었지만, 그들은 분명히 그 사실을 알고 있었고, 내가 왜 두려움을 느꼈는지 이해했다.

그는 자신의 상관에게 전화를 걸어 내가 말한 모든 것을 말했다. 어쩌면 이스라엘이 하마스 대원들을 모집하는 것이 너무 어려웠기 때문인지, 아니면 셰이크 하산 유세프의 아들인 내가 특별히 값진 전리품이었기 때문인지, 그들은 그냥 넘어갔다.

이 이스라엘 사람들은 내가 예상했던 것과는 전혀 달랐다.

로아이는 나에게 몇 백 달러를 주면서 가서 옷도 사고, 몸도 관리하고 인생을 즐기라고 말했다.

"우리가 나중에 연락할 거야." 그가 말했다.

'뭐라고? 비밀 임무도 없어? 암호책도 없어? 총도 없어? 단지 현금 뭉치와 포옹?' 이것은 전혀 말이 되지 않았다.

우리는 몇 주 후에 다시 만났는데, 이번에는 예루살렘 중심부에 있는 신베트 가옥이었다. 집집마다 가구가 완벽하게 갖추어져 있었고, 경보기와 경비원이 배치되어 있었으며, 너무나 비밀스러워서 옆집 이웃들조차 그 안에서 무슨 일이 일어나고 있는지 전혀 알 수 없었다. 대부분의 방은 회의를 위해 마련됐다. 그리고 나는 에스코트

없이는 한 방에서 다른 방으로 이동하는 것이 허용되지 않았는데, 이는 나를 믿지 못해서가 아니라 다른 신베트 직원들에게 내가 노출되는 것을 막기 위해서였다. 그저 또 하나의 보안 장치였던 셈이다.

이 두 번째 만남에서 신베트 소속원들은 매우 친절했다. 그들은 아랍어를 잘했고, 나와 내 가족, 그리고 나의 문화를 이해한 것이 분명했다. 나는 아무 정보도 없었고, 그들은 아무것도 요구하지 않았다. 우리는 그저 생활 전반에 대해 이야기했다.

이것은 내가 예상했던 것과는 전혀 달랐다. 나는 정말로 그들이 내게 무엇을 하라고 요구할지 궁금했다. 하지만 감옥에서 읽었던 보고서들 때문에, 혹시 내 여동생이나 이웃 여자와 성관계를 맺고 그 영상을 가져오라고 할까 봐 두렵기도 했다. 그러나 그런 일은 전혀 없었다.

두 번째 만남 후, 로아이는 첫 번째 만남 때보다 두 배나 많은 돈을 주었다. 한 달 만에 나는 그에게서 약 800달러를 받았는데, 당시 20살 청년이 벌기에는 엄청나게 큰 돈이었다. 그런데도 나는 신베트를 위해 한 일이 아무것도 없었다. 사실, 신베트 정보원으로 처음 몇 달 동안 나는 내가 나눈 것보다 배운 것이 훨씬 더 많았다.

나의 훈련은 몇 가지 기본 규칙으로 시작됐다. 간음은 절대 피해야 했다. 정체가 발각될 수 있는 일이었기 때문이다. 사실, 나는 그들과 일하는 동안 팔레스타인 여성이든 이스라엘 여성이든 어떤 혼외 관계도 맺어서는 안 된다고 들었다. 만약 이를 어긴다면, 끝이라고 했다. 그리고 더 이상 누구에게도 이중 첩자 이야기를 하지 말라는 지시도 받았다.

매번 우리가 만날 때마다 나는 인생, 정의, 안보에 대해 많은 것을 배웠다. 신베트는 나를 무너뜨려 나쁜 짓을 하게 하려는 것이 아니었다. 그들은 오히려 나를 성장시켜 주고 더 강하고 현명하게 만들기 위해 노력하는 것 같았다.

시간이 지나면서, 나는 이스라엘 사람들을 죽이려는 나의 계획에 의문을 품기 시작했다. 그 사람들은 매우 친절했다. 이들은 분명히 나를 걱정하고 있었다. '내가 왜 이들을 죽이려 했을까?' 나는 내게 더 이상 그런 마음이 없다는 것을 깨닫고 놀랐다.

점령은 끝나지 않았다. 알비레의 공동묘지는 여전히 이스라엘 군인들에 의해 살해된 팔레스타인 남성, 여성, 어린이 들의 시체로 가득 차 있었다. 그리고 나는 마스코비예 취조소로 끌려가는 길에 당한 구타나 그 작은 의자에 묶여 있던 나날들을 잊지 못했다.

므깃도의 고문 텐트에서 들려오던 비명과 하마스 고문 담당들을 피하기 위해 철조망을 넘다가 몸이 상할 뻔했던 남자의 모습도 나는 기억했다. 이제 나는 더 많은 이해과 지혜를 얻고 있었다. 그런데 누가 나의 멘토들이었는가? 나의 적들이었다! 하지만 그들이 정말 적이었을까? 아니면 나를 이용하기 위해 잘해 준 것뿐일까? 나는 이전보다 훨씬 더 혼란스러워졌다.

어느 날 만남에서 로아이가 말했다. "네가 우리와 함께 일하고 있기 때문에, 우리는 너의 아버지를 석방하여 네가 너의 아버지와 가까이 지내면서 그 지역에서 무슨 일이 일어나고 있는지 볼 수 있도록 할 생각이야"라고 말했다. 나는 그럴 가능성이 있는지조차 몰랐지만, 아버지를 되찾게 되어 기뻤다.

훗날 아버지와 나는 우리의 경험에 대한 기록을 비교하곤 했다. 그는 자신이 겪은 고난에 대해 자세히 말하려 하지 않았지만, 므짓도에 있는 동안 몇 가지 일을 바로잡았다는 것을 내게 알려 주기를 원하셨다. 아버지는 미바르에서 텔레비전을 보고 있을 때 누군가 화면 위로 판자를 떨어뜨렸던 때를 이야기해 주었다.

"너희가 계속 그 판때기로 화면을 가린다면 나는 텔레비전을 보지 않을 거야"라고 아버지는 에미르(emir)에게 말씀하셨다. 판때기는 치워졌고 그 일은 그렇게 끝났다. 그리고 므짓도 감옥으로 이송됐을 때, 심지어 그는 고문을 중단하게도 했다. 그는 마지드에게 그들의 모든 서류를 가져오게 했고 그 서류들을 조사한 결과, 혐의를 받은 사람들 가운데 적어도 60%가 무죄라는 것을 알아냈다. 그래서 그는 그들의 가족과 지역 사회에 억울한 누명에 대해 알리도록 했다. 무고한 사람들 중 한 명이 바로 아켈 소루르였다. 아버지가 아켈의 마을에 보낸 결백 증명서는 그가 겪은 고통을 지울 수는 없었지만, 적어도 그가 평화롭고 명예롭게 살아갈 수는 있었.

아버지가 감옥에서 석방된 후 이브라힘 삼촌이 방문했다. 아버지는 므짓도에서 시행되던 고문을 중단시키셨으며, 마지드에 의해 삶과 가정이 파괴된 사람들 대부분이 결백하다는 것을 알게 됐다는 사실을 삼촌에게 알리고 싶어 하셨다. 이브라힘은 충격을 받은 척했다. 그리고 아버지가 아켈에 대해 언급했을 때, 삼촌은 자신이 아켈을 변호하려 노력했고 아켈이 협력자일 수 없다고 마지드에게 말했다고 했다.

"알라는 찬양받으소서." 이브라힘이 말했다. "당신이 그를 도우셨습니다."

나는 그의 위선을 참을 수 없어 방을 나왔다.

아버지는 또한 므깃도에 있을 때 내가 마지드에게 말해 준 이중첩자 이야기에 대해 들었다고 알려 주셨다. 하지만 그는 나에게 화를 내지 않으셨다. 그는 단지 내가 애초에 그들과 이야기한 것부터가 어리석었다고 말했을 뿐이다.

"알아요, 아버지." 나는 말했다. "걱정 마세요. 저는 제 자신을 지킬 수 있어요."

"다행이구나." 아버지가 말씀하셨다. "앞으로는 더 조심해. 내가 너보다 더 신뢰하는 사람은 없어."

그 달 말에 만났을 때, 로아이는 나에게 "이제 네가 시작할 때야. 우리가 원하는 것은 이거야."

'드디어 때가 왔구나.' 나는 생각했다.

"너의 임무는 대학교에 가서 학사 학위를 받는 거야."

그는 나에게 돈다발이 든 봉투를 건네주었다.

"이 정도면 학비와 경비를 충당할 수 있을 거야." 그는 말했다. "더 필요하면, 언제든지 알려 줘."

믿을 수가 없었다. 그러나 이스라엘 측에는 당연한 일이었다.

교실 안팎에서 내가 받은 교육은 그들에게 좋은 투자가 되었다. 교육도 받지 못하고 전망도 없는 사람과 함께 일하는 것은 국가 안보 차원에서 그리 현명한 일이 아니었기 때문이다. 또한 팔레스타인에서는 무능한 사람(loser)만이 이스라엘과 협력한다고 생각했기 때문에 내가 무능한 자로 보이는 것 자체도 위험한 일이었다. 그런 인식은 분명 앞뒤가 맞지 않는 것이었다. 왜냐하면 진짜 무능한 자들은 신베트에 제공할 것이 아무것도 없었기 때문이다.

그래서 비르제이트 대학교에 지원했지만, 고등학교 성적이 너무 낮다는 이유로 받아들여지지 않았다. 나는 예외적인 상황이 있었으며 내가 감옥에 수감된 적이 있다고 설명했다. 나는 똑똑한 청년이고 좋은 학생이 될 것이라고 주장했다. 그러나 그들은 예외를 두지 않았다. 내가 할 수 있는 유일한 선택은 알쿠드스 개방 대학교에 등록하고 집에서 공부하는 것이었다.

이번에는 학교에서 잘 해냈다. 나는 조금 더 현명해졌고 훨씬 더 의욕적이었다. 그리고 나는 누구에게 감사해야 했는가? 나의 적에게 ….

내가 신베트 담당자들을 만날 때마다 그들은 나에게 말하곤 했다. "필요한 것이 있으면 알려 주세요." "당신은 가서 정결 의식을 할 수 있어요." "기도할 수 있어요." "두려워할 필요 없어요." 그들이 나에게 제공한 음식과 음료는 이슬람 율법을 위반하지 않았다. 내 담당자들은 나에게 불쾌감을 줄 수 있는 행동을 하지 않기 위해 매우 조심스러웠다. 예컨대, 그들은 반바지를 입지 않았다. 그들은 다리를 책상 위에 올려놓고 발을 내 얼굴 앞에 놓지 않았다. 그들은 언제나 나를 존중했다. 그래서 나는 그들에게서 더 많은 것을 배우고 싶었다. 그들은 군용 기계처럼 행동하지 않았다. 그들은 인간이었고, 나를 인간으로 대했다. 우리가 만날 때마다 거의 매번, 내 세계관의 토대에 있는 또 다른 돌이 무너져 내렸다.

나의 문화는 IDF(이스라엘방위군)와 이스라엘 국민을 나의 적이라고 가르쳤다. 나의 아버지가 가르쳐 준 것이 아니었다. 나의 아버지는 군인을 그 자체로서 보지 않으셨다. 아버지는 군인으로서의 의무를 다하는 개개인을 보았다. 아버지가 문제 삼은 것은 사람들이 아니라, 사람들에게 동기를 부여하고 그들을 움직이게 하는 사상이었다.

로아이는 내가 만난 그 어떤 팔레스타인 사람보다 아버지를 더 닮았다. 그는 알라를 믿지 않았지만 어쨌든 나를 존중해 주었다.

그렇다면 이제 나의 적은 누구인가?

나는 므깃도에서 있었던 고문에 대해 신베트와 이야기를 나누었다. 그들은 모든 것을 알고 있다고 말했다. 죄수들의 일거수일투족, 모든 사람이 한 말이 전부 기록되어 있었다. 그들은 반죽 공 안의 비밀 메시지와 고문 텐트 그리고 울타리에 뚫려 있었던 그 구멍에 대해 알고 있었다.

"왜 멈추지 않았어요?"

"무엇보다도, 우리는 그런 사고방식을 바꿀 수 없어. 하마스에게 서로 사랑하라고 가르치는 것은 우리가 할 일이 아니야. 우리가 '어이, 서로 고문하지 말고, 서로 죽이지 말아요'라고 말한다고 해서 모든 상황이 나아지는 것은 아니야. 둘째, 하마스는 이스라엘이 밖에서 가하는 압박보다 스스로 내부에서 스스로를 파괴하는 일이 더 많아."

내가 알던 세계는 가차 없이 침식되고 있었고, 이제 막 이해하기 시작한 또 다른 세계가 열리고 있었다. 신베트를 만날 때마다 나는 새로운 것, 내 삶과 다른 사람들에 대해 무언가를 배웠다. 이것은 반복을 통해 생각을 통제하거나 굶기거나 재우지 않음으로써 세뇌하는 방식이 아니었다. 이스라엘 사람들이 내게 가르쳐 준 것은 내가 동족에게서 들었던 그 어떤 것보다 더 논리적이고 현실적이었다.

아버지는 늘 감옥에 계셨기 때문에 그런 것을 가르쳐 주신 적이 전혀 없었다. 솔직히 말하자면, 아버지가 그런 것에 대해 잘 몰랐기 때문에 내게 가르쳐 주실 수 없었을 것이라 생각했다.

* * *

예루살렘 구시가지의 성벽을 통해 접근할 수 있는 7개의 고대 문 중 하나는 다른 모든 문보다 더 화려하다. 거의 500년 전에 술레이만 대제에 의해 건설된 다마스쿠스 문은 북쪽 성벽의 중앙 부근에 위치하고 있다. 의미심장하게도, 이 문은 역사적인 무슬림 지구와 기독교 지구가 만나는 경계에 있는 구시가지로 사람들을 데려온다.

1세기에 타르수스(다소)의 사울이라는 사람이 훨씬 더 이른 시기의 다마스쿠스 문을 통과하여 다마스쿠스(다메섹)로 향했다. 그는 거기서 이단으로 간주되는 새로운 유대 종파를 잔인하게 탄압할 계획이었다. 이 박해의 표적은 훗날 그리스도인이라고 불리게 됐다. 놀랍게도, 하나의 뜻밖의 만남이 사울을 목적지에 도착하지 못하게 했을 뿐만 아니라 그의 인생을 영원히 바꾸어 놓았다.

이 고대 장소의 분위기에 스며든 온갖 역사를 생각하면, 어쩌면 내가 그곳에서 인생을 바꾸는 만남을 가졌다는 사실에 놀라지 말았어야 했을지도 모른다. 어느 날 가장 친한 친구인 자말(Jamal)과 나는 다마스쿠스 문을 지나가고 있었다. 갑자기 나를 향하는 목소리가 들려왔다.

"이름이 뭐예요?" 서른 살쯤 되어 보이는 남자가 아랍어로 물었지만, 아랍인은 아니었다.

"모사브예요."

"모사브, 어디로 가세요?"

"우린 집으로 가고 있어요. 우린 라말라에서 왔어요."

"저는 영국에서 왔어요." 그가 영어로 바꾸며 말했다. 그는 계속 말했지만, 억양이 너무 강해서 알아듣기가 어려웠다. 잠시 대화를 나눈 후에야, 나는 그가 서예루살렘의 킹 데이비드 호텔 옆 YMCA에서 모이는 스터디 그룹과 기독교에 대해 이야기하고 있다는 것을 알 수 있었다.

나는 그곳이 어딘지 알고 있었다. 그 당시에는 조금 심심했고 기독교에 대해 배우는 것이 실제로 흥미로울 수도 있겠다고 생각했다. 내가 이스라엘 사람들로부터 많은 것을 배울 수 있다면, 다른 '이교도들'도 나에게 가르쳐 줄 가치 있는 것을 가지고 있을지도 모른다. 게다가 명목상의 무슬림, 광신도, 무신론자, 교육받은 자와 무지한 자, 우익과 좌익, 유대인과 이방인과 어울리고 나니 더 이상 까다롭지 않았다. 그리고 이 사람은 다음 선거에서 예수라는 후보를 찍으라는 것이 아니라, 그냥 와서 이야기나 나누자고 초대하는 단순한 사람처럼 보였다.

"어떻게 생각해?" 나는 자말에게 물었다. "우리, 한번 가 볼까?"

자말과 나는 아주 어렸을 때부터 알고 지낸 사이였다. 우리는 함께 학교에 다녔고, 함께 돌을 던졌으며, 함께 모스크에 다녔다. 약 190센티미터의 키에 잘생긴 자말은 결코 말을 많이 하지 않았다. 그는 좀처럼 대화를 시작하지 않았지만 남의 말은 잘 듣는 사람이었다. 그리고 우리는 단 한 번도 말다툼을 한 적이 없었.

우리는 함께 성장했을 뿐 아니라 므깃도 감옥에서도 함께 지냈다. 폭동 중에 제5구역이 불타 버린 후, 자말은 내 사촌 유세프와 함께 제6구역으로 이송됐다가 풀려났다.

하지만 감옥은 그를 바꿔 놓았다. 그는 기도를 하고 모스크에 가는 것을 중단했으며, 담배를 피우기 시작했다. 그는 우울증에 시달리며 대부분의 시간을 집에 앉아서 텔레비전을 보며 보냈다. 나는 적어도 감옥에 있는 동안에는 굳게 붙잡아야 할 신념이 있었다. 하지만 자말은 이슬람을 믿지 않는 세속적인 가정에서 자랐기 때문에 그의 신앙은 그를 지탱해 주기에는 너무 약했다.

언젠가 자말이 나를 바라보았을 때 나는 그가 성경 공부에 참여하고 싶어 한다는 것을 알 수 있었다. 그도 나만큼이나 호기심이 많았고 심심했다. 하지만 그의 내면에 있는 무언가가 저항했다.

"너 혼자 가라." 그가 말했다. "집에 가면 전화해."

그날 밤 낡은 상점 안에서 만난 사람은 약 50명이었는데, 대부분이 다양한 인종적·종교적 배경을 가진 내 또래의 학생들이었다. 두 사람이 영어 프레젠테이션을 아랍어와 히브리어로 통역했다.

집에 도착하자마자 자말에게 전화를 걸었다.

"어땠어?" 그가 물었다.

"정말 좋았어." 나는 말했다. "그들은 아랍어와 영어로 쓰인 신약성경을 나에게 주었어. 새로운 사람, 새로운 문화, 모두 재미있었어."

"모사브, 나는 잘 모르겠다." 자말이 말했다. "네가 기독교인 무리와 어울리고 있다는 것을 사람들이 알게 되면 위험해질 수 있어."

자말의 진심은 알고 있었지만, 나는 크게 걱정하지 않았다. 아버지는 항상 우리에게 모든 사람, 심지어 우리와 다른 신앙을 가진 사람들에게조차도 열린 마음과 사랑을 가지라고 가르치셨다. 나는 무릎 위에 놓인 성경을 내려다보았다. 아버지는 성경을 포함하여 5,000권의 책이 있는 거대한 서재를 가지고 계셨다. 어렸을 때, 나는 성경의 아가서에 나오는 성적인 구절들을 읽어 본 적이 있었지만, 그 이상은 읽지 않았다. 그러나 이 신약성경은 선물이었다. 아랍 문화에서 선물은 영광스러운 것이고 소중히 다루어야 하기 때문에,

내가 할 수 있는 최소한의 일은 그 책을 읽는 것이라고 생각했다.

신약성경을 처음부터 읽기 시작했고, 산상 수훈에 이르렀을 때, 나는 생각했다. '와우, 이 사람 예수 정말 인상적이야! 그가 말하는 모든 것이 아름답구나.' 나는 그 책을 내려놓을 수가 없었다. 모든 구절이 내 인생의 깊은 상처를 건드리는 것 같았다. 아주 단순한 메시지였지만 어쨌든 내 영혼을 치유하고 희망을 주는 힘이 있었다.

"'네 이웃을 사랑하고 네 원수를 미워하라'는 말을 너희가 들었느니라. 그러나 내가 너희에게 이르노니 너희 원수를 사랑하고 너희를 핍박하는 자를 위하여 기도하여 하늘에 계신 너희 아버지의 아들이 되게 하라"(마태복음 5장 43-45절).

바로 이거였다! 나는 이 말씀에 전율했다. 이전에는 결코 그런 말을 들어 본 적이 없었지만, 이것이 내가 평생 찾던 메시지라는 것을 알았다.

여러 해 동안 나는 나의 적이 누구인지 알기 위해 애썼고, 이슬람과 팔레스타인 밖에서 적을 찾아다녔다. 그러나 나는 갑자기 이스라엘 사람들이 나의 적이 아니라는 것을 깨달았다. 하마스도, 삼촌 이브라힘도, M16 개머리판으로 나를 때린 애송이도, 마스코비예의 원숭이 같은 경비원도 아니었다. 나는 적들이 국적이나 종교나 피부색으로 규정되는 것이 아님을 알았다. 나는 우리 모두가 탐욕, 교만, 그리고 우리 안에 존재하는 모든 나쁘고 악한 생각 들이라는 공통의 적을 공유하고 있음을 깨달았다.

그 말은 즉 내가 누구든 사랑할 수 있다는 뜻이었다. 유일하고도 진정한 적은 내 안에 있었다.

5년 전이었다면, 나는 예수의 말을 읽고 생각하며 '뭐 이런 바보가 다 있나!' 하고 성경을 내다 버렸을 것이다. 하지만 미친 정육점 주인, 아버지가 감옥에 있을 때 나를 구타했던 친척들과 종교 지도자들, 그리고 므깃도에서 보낸 시간들, 이 모든 것이 합쳐져 이 진리의 힘과 아름다움을 받아들이도록 나를 준비시켜 주었다. 이에 대한 나의 대답은 '오! 이 사람은 참으로 지혜로운 사람이구나!'였다.

예수는, "너희가 비판을 받지 않으려거든, 남을 비판하지 말라"(마태복음 7장 1절)라고 말했다. 예수와 알라는 얼마나 다른가! 이슬람의 신은 심판의 신이었고, 아랍 사회는 알라를 본받아 그대로 따라 행했다.

예수는 서기관과 바리새인들의 위선을 꾸짖었는데, 나는 삼촌을 생각했다. 나는 그가 특별한 행사에 참석해 달라는 초대를 받았을 때, 가장 좋은 자리를 배정받지 못해 얼마나 화를 냈는지 기억했다. 마치 예수가 이브라힘과 이슬람의 모든 셰이크와 이맘에게 말하는 것 같았다.

그 책 안에 기록된 예수의 모든 말이 나에게 완벽하게 이해됐다. 압도된 나는 울기 시작했다.

하나님은 신베트를 사용해 이스라엘이 나의 적이 아님을 보여 주셨다. 그리고 이제는 작은 신약성경을 통해 나의 나머지 질문들에 대한 해답을 내 손에 쥐어 주셨다. 하지만 성경을 이해하는 데는 갈 길이 멀었다. 무슬림들은 토라와 성경 등 신의 모든 책을 믿으라고 배운다. 그러나 동시에 성경은 인간이 변질시킨 것이기에 신뢰할 수 없다고도 배운다. 무함마드가 말하길, 코란이야말로 인간에게 주어진 알라의 최종적이고 무오한 말씀이다. 그래서 나는 먼저 성경이 변질됐다는 믿음을 버려야 했다. 그런 다음 나는 어떻게 하면 이 두 책을 내 삶에서 작동시킬 수 있을지, 이슬람과 기독교를 어떻게 조화시킬 수 있을지 고민해야 했다. 화해할 수 없는 것을 화해시키는 것은 결코 쉬운 일이 아니다.

동시에, 나는 예수의 가르침을 믿었지만 아직은 그를 신과 연결 짓지는 않았다. 그럼에도 나의 기준은 코란이 아닌 성경의 영향을 받아 갑작스럽고 극적으로 바뀌었다.

나는 계속해서 신약성경을 읽었고 성경을 공부하러 갔다. 나는 교회 예배에 참석하면서 '이건 내가 라말라에서 보던 종교적인 기독교가 아니구나. 이건 진짜다'라고 생각했다. 내가 전에 알고 지냈던 기독교인들은 전통적인 무슬림들과 다르지 않았다. 그들은 종교를 가지고 있다고 주장했지만, 그 종교에 따라 살지는 않았다.

나는 성경 공부에 참여한 사람들과 더 많은 시간을 보내기 시작했고, 그들과 교제하는 것이 참으로 즐겁다는 것을 알게 됐다. 우리는 우리의 삶, 배경, 믿음에 대해 이야기하며 즐거운 시간을 보냈다. 그들은 항상 나의 문화와 무슬림 유산을 매우 존중해 주었다. 그리고 나는 그들과 함께 있을 때 진정한 나 자신이 될 수 있다는 것을 알게 됐다.

나는 우리가 겪는 고통에 대한 책임이 점령 때문이 아니라는 것을 깨달았기 때문에, 내가 배운 것을 내 문화에 적용하기를 갈망했다. 우리의 문제는 군대와 정치보다 훨씬 더 큰 문제였다.

만약 이스라엘이 사라진다면, 즉 모든 것이 1948년 이전으로 돌아간다면, 그리고 모든 유대인들이 성지를 버리고 다시 흩어진다면 팔레스타인 사람들은 어떻게 할 것인지 자문해 보았다. 그리고 처음으로, 나는 그 답을 알게 되었다.

우리는 여전히 싸울 것이다. 아무것도 아닌 일들로. 머리에 스카프를 두르지 않은 소녀 때문에. 누가 가장 강인하고 가장 중요한지를 놓고. 누가 규칙을 만들지를 놓고. 누가 가장 좋은 자리를 차지할 것인지를 놓고.

1999년 말이었다. 그때 나는 21살이었다 내 삶은 변화하기 시작했고, 더 많이 배울수록 나는 더 혼란스러워졌다.

"창조주 하나님, 저에게 진리를 보여 주십시오." 나는 날마다 기도했다. "혼란스러워요. 길을 잃어버렸습니다. 그리고 어느 길로 가야 할지 모르겠습니다."

제16장
제2차 인티파다
(2000년 여름-가을)

한때 팔레스타인 사람들 사이에서 떠오르는 세력이었던 하마스는 혼란에 빠졌다. 산산이 부서진 조직은 감성과 지성을 사로잡기 위한 경쟁에서 이제 완전히 패배했다.

이스라엘이 무력으로는 할 수 없었던 일을, PA(팔레스타인자치정부)는 음모와 거래를 통해 이루어냈다. 하마스의 군사 조직을 파괴하고 그 지도부와 전투원들을 감옥에 집어넣었다. 하마스 대원들은 석방된 뒤에도 집으로 돌아갔고, PA나 이스라엘의 점령에 맞서서 더 이상 아무것도 하지 않았다. 젊은 페다인들은 기진맥진해 있었다. 그들의 지도자들은 분열되어 있었고 서로를 깊이 의심했다.

아버지는 다시 홀로 남으셨다. 다시 모스크와 난민 수용소에서 일하셨다. 이제 아버지가 말씀하실 때는 하마스의 지도자가 아닌 알라의 이름으로 하셨다. 여러 해 동안 각자의 투옥 생활로 떨어져 지낸 후, 나는 다시 아버지와 함께 여행하며 시간을 보낼 수 있는 기회를 기대했다. 나는 삶과 이슬람에 대한 우리의 긴 대화를 그리워했다.

성경을 계속 읽고 기독교에 대해 배우는 시간을 보내면서 나는 예수가 말했던 은혜, 사랑, 겸손에 매우 끌렸다. 놀랍게도, 내가 아는 한 가장 헌신적인 무슬림 중 한 사람인 아버지에게 사람들이 끌린 것은 바로 이러한 성품 때문이었다.

신베트와의 관계에 대해 말하자면, 하마스가 사실상 시야에서 사라졌고 PA가 상황을 평온하게 유지하고 있었기 때문에 내가 할 수 있는 일은 아무것도 없어 보였다. 이제 우리는 그냥 친구였다. 그들은 원할 때 언제든지 나를 놓아줄 수 있었고, 나는 언제든지 그들에게 작별 인사를 할 수 있었다.

야세르 아라파트와 빌 클린턴 미국 대통령, 에후드 바라크(Ehud Barak) 이스라엘 총리 간의 캠프 데이비드 정상회담이 2000년 7월 25일에 끝났다. 바라크는 아라파트에게 서안 지구의 약 90%와 가자 지구 전체 그리고 동예루살렘을 새로운 팔레스타인 국가의 수도로 제안했다. 게다가 팔레스타인 사람들의 빼앗긴 재산을 보상하기 위해 새로운 국제 기금 설립도 설립될 예정이었다. 이 '평화를 위한 땅' 제안은 오랫동안 고통받던 팔레스타인 사람들에게는 감히 상상조차 할 수 없었던 역사적인 기회였다. 하지만, 이것이 아라파트에게는 충분하지 않았다.

야세르 아라파트는 국제적인 희생자의 상징으로 자리 잡으며 엄청난 부를 축적했다. 그는 그 지위를 포기하고 실질적으로 기능하는 사회 건설을 위한 책임을 맡으려 하지 않았다. 그래서 그는 이스라엘이 받아들이지 않을 것이라고 확신한 조건, 즉 모든 난민들이 1967년 이전에 소유했던 땅으로 돌아갈 수 있도록 허용해야 한다는 것을 주장했다.

아라파트가 바라크의 제안을 거부한 것은 팔레스타인 국민에게 역사적인 재앙이 됐지만, 강경파 지지자들에게 아라파트는 미국 대통령에게 콧대를 높인 영웅으로, 물러서지 않고 현실에 안주하지 않는 사람으로, 전 세계에 맞선 강인한 지도자로 돌아왔다.

아라파트가 TV에 출연하여 팔레스타인 국민에 대한 사랑과 난민 수용소의 열악한 환경에서 살아가는 수백만 명의 가족에 대한 슬픔을 토로하는 모습을 전 세계가 지켜보았다. 나는 아버지와 함께 돌아다니며 아라파트와의 회의에 참석하면서 아라파트가 언론의 관심을 얼마나 즐기는지 직접 목격하기 시작했다. 그는 팔레스타인의 체 게바라(Che Guevara)로서, 왕, 대통령, 수상들과 동등한 위치에 있다고 묘사되는 것을 즐기는 것 같았다.

야세르 아라파트는 역사책에 기록될 영웅이 되고 싶다는 뜻을 분명히 했다. 하지만 나는 그를 지켜보면서 종종 생각했다. '그래, 우리 역사책에 그가 영웅이 아니라 자기 민족을 팔아넘긴 반역자로 기억되게 하자. 로빈 후드와 반대로 가난한 사람들을 약탈하여 자신은 부자가 된 자처럼. 팔레스타인 사람들의 피로 자신의 명예를 산 저급한 위선자처럼.'

이스라엘 정보 기관에 있는 내 연락인들의 시선을 통해 아라파트를 보는 것도 흥미로웠다. "이 사람이 뭘 하고 있는 거예요?" 어느 날 신베트의 담당자가 나에게 물었다. "우리 지도자들이 아라파트에게 제안한 것을 포기할 거라고는 생각조차 못 했어요. 절대로! 그런데 그가 거절했다고요?"

실제로 아라파트는 팔레스타인 국민을 위한 진정한 국가로서의 지위와 함께 중동 평화의 열쇠를 건네받았지만, 그는 그 열쇠를 던져 버렸다. 그 결과 조용한 부패라는 현상이 계속 유지됐다. 그러나 사태는 오래 지속되지 않았다. 아라파트에게는 팔레스타인 사람들이 피를 흘리면 더 많은 것을 얻을 수 있다는 생각이 항상 있었다. 또 다른 인티파다가 일어난다면 분명 피를 흘리게 될 것이고 서방 언론의 카메라를 다시 한번 불러 모을 수 있음을 확신했다.

세계 각국 정부와 언론사들의 통념에 따르면, 제2차 인티파다로 알려진 유혈 봉기는 아리엘 샤론(Ariel Sharon) 장군이 이스라엘 '성전산 단지'를 방문하면서 촉발된 팔레스타인인들의 분노가 자연스럽게 터진 결과라고 한다. 하지만 일반적인 견해가 항상 옳다고는 할 수 없다.

* * *

9월 27일 저녁, 아버지는 나의 방 문을 두드리시더니 다음 날 아침 새벽 기도를 마치고 마르완 바르구티(Marwan Barghouti)의 집으로 데려다줄 수 있겠느냐고 물으셨다.

마르완 바르구티는 PLO(팔레스타인해방기구)의 가장 큰 정파인 파타의 사무총장이었다. 그는 카리스마가 넘치는 젊은 팔레스타인 지도자였고, 팔레스타인 국가의 강력한 옹호자였으며, PA 및 아라파트 보안군의 부패와 인권 유린에 반대하는 사람이었다. 키가 작고 캐주얼한 차림에 주로 청바지를 즐겨 입었던 마르완은 차기 팔레스타인 대통령으로 유력하게 거론됐다.

"무슨 일인데요?" 나는 아버지에게 물었다.

"샤론이 내일 알아크사 모스크를 방문할 예정인데, PA는 이것이 폭동을 일으킬 좋은 기회라고 생각하고 있다."

아리엘 샤론은 보수적인 리쿠드당(Likud Party)의 당수이자 에후드 바라크 총리가 이끄는 좌파 성향 노동당(Labor Party)의 정치적 숙적이었다. 샤론은 이스라엘 정부의 지도자 자리를 놓고 바라크에게 도전하는 치열한 정치 경쟁의 한복판에 있었다.

폭동이라고? 진심인가? 아버지를 감옥에 집어넣었던 PA 지도자들은 이제 아버지에게 또 다른 인티파다를 일으키는 일을 도와달라고 요청하고 있었다. 참으로 분통 터지는 일이었지만, 그들이 왜 아버지에게 접근했는지 추론하는 것은 어렵지 않았다. 그들은 사람들이 PA를 증오하고 불신하는 것만큼, 어쩌면 그 이상으로 아버지를 좋아하고 신뢰한다는 것을 알고 있었다. 사람들은 아버지를 어디든 따라다녔고, 지도부도 그 사실을 알고 있었다.

그들은 또한 하마스가 마치 녹초가 된 권투 선수처럼 카운트다

운되고 있다는 것을 알고 있었다. 그들은 아버지가 그 선수를 들어 올려 얼굴에 물을 끼얹고 한 라운드를 더 치르게 하기를 바랐다. PA가 환호하는 군중 앞에서 그를 다시 쓰러뜨릴 수 있도록 말이다. 수년간의 분쟁에 지친 하마스 지도자들조차도 아버지에게 조심하라고 경고했다.

"아라파트는 우리를 정치적 용광로의 땔감으로 이용하고 싶어 할 뿐이오"라고 그들은 말했다. "아라파트의 새로운 인티파다에 너무 깊이 휘말리지 마시오."

하지만 아버지는 그 제스처의 중요성을 잘 알고 계셨다. 만약 아버지가 적어도 PA와 협력하는 것처럼 보이지 않는다면, 그들은 곧장 하마스를 지목하며 평화 과정을 방해하는 주범으로 몰아붙일 것이 분명했다.

어떻게 대응하든 간에 우리가 손해 보는 상황일 수밖에 없었다. 나는 그 계획에 대해 진심으로 걱정했다. 하지만 나는 아버지가 이 일을 해야 한다는 것을 알았기에, 다음 날 아침 아버지를 모시고 마르완 바르구티의 집으로 갔다. 우리가 문을 두드렸지만 즉각적인 대답은 없었다. 머지않아, 마르완이 아직 침대에 누워 있다는 것을 알게 됐다.

'그럼 그렇지.' 나는 혼잣말을 했다. '파타는 아버지를 자신들의 쓸모없는 계획에 끌어들이려고 하면서, 정작 자신들은 침대에서 일어나 실행할 생각조차 안 하는군.'

"됐어요." 나는 아버지에게 말했다. "그만 두죠. 차에 타세요. 제가 예루살렘으로 모셔다드릴게요." 물론 샤론의 방문 장소까지 아버지를 모셔다드리는 일은 매우 위험했다. 대부분의 팔레스타인 차량은 예루살렘에 진입하는 것이 금지되어 있기 때문이다. 보통 팔레스타인 운전자가 이스라엘 경찰에 붙잡히면 벌금을 내야 했지만, 우리 같은 경우에는 현장에서 체포될 가능성이 있었다. 그래서 나는 샛길로 매우 조심스럽게 주행하기로 했고, 만약의 경우에는 신베트 인맥들이 나를 보호해 주리라 믿을 수밖에 없었다.

알아크사 모스크와 '바위의 돔'은 기원전 10세기의 솔로몬 성전과 그리스도 시대의 헤롯 대왕 성전이라는 2개의 고대 유대인 성전의 잔해와 유적 위에 세워졌다. 따라서 어떤 사람들이 이 바위 언덕을 '지구상에서 가장 불안정한 35에이커(약 14만 제곱미터)'라고 묘사한 데는 그만한 이유가 있다. 이곳은 세계 3대 유일신 종교 모두에 성지일 뿐 아니라, 과학적·역사적 관점에서도 가장 강경한 무신론자조차 인정할 수밖에 없는 거대한 고고학적 중요성을 가진 장소였다.

샤론이 현장을 방문하기 몇 주 전, 무슬림 와크프(Waqf: 그곳을 관할하는 이슬람 당국)는 이스라엘 유물 관리국의 고고학적 감독을 받지 못하도록 성전 산을 완전히 봉쇄했다. 그런 다음 그 현장에서 새로운 지하 모스크 건축 공사를 진행하면서 무거운 토목 장비를 들여왔다. 이스라엘의 저녁 뉴스에서는 불도저, 굴착기, 덤프트럭이 현장 안팎에서 작업하는 모습을 보도했다. 몇 주에 걸쳐 덤프트럭은 성전 산 단지에서 약 13,000톤의 잔해를 도시 쓰레기 처리장으로 옮겼다. 뉴스 보도에서 고고학자들은 쓰레기 더미에서 건져 올린 유물의 잔해를 들어 올리면서 믿기지 않는다며 고개를 절레절레 흔드는 모습을 보였다. 그중 일부는 제1성전과 제2성전 시대의 것들이었다.

많은 이스라엘 사람들에게는 35에이커에 달하는 전체 구역을 단순히 무슬림 전용 지역으로 만들려는 의도로 보였다. 유대인의 과거에 대한 모든 흔적, 잔재, 기억을 지워 버리기 위해 고고학적 증거를 포함한 모든 것을 파괴하는 시도였던 것이다.

샤론의 방문은 이스라엘 유권자들에게 "이 불필요한 파괴를 멈추게 하겠다"라는 조용하지만 분명한 메시지를 전달하기 위해 기획됐다. 이 방문을 계획하면서 샤론의 측근은 팔레스타인 보안국장 지브릴 라주브로부터 모스크에 발을 들여놓지 않는 한 그의 방문이 문제가 되지 않을 것이라는 확약을 받았다.

아버지와 나는 샤론이 도착하기 몇 분 전에 현장에 도착했다. 조용한 아침이었다. 100명 남짓한 팔레스타인 사람들이 기도하러 왔다. 샤론은 리쿠드당 대표단과 약 1,000명의 폭동 진압 경찰과 함께 평소 관광 시간에 도착했다. 그는 도착하자마자 주변을 둘러보고는 떠났다. 그는 아무 말도 하지 않았다. 그는 결코 모스크에 들어가지 않았다.

나에게는 이 모든 것이 그저 큰 사건이 아닌 것처럼 보였다. 라말라로 돌아가는 길에 나는 아버지에게 일이 어떻게 됐는지 물었다.

"무슨 일이 있었나요?" 나는 말했다. "인티파다를 시작하지 않았네요."

"아직은 아니다." 아버지가 대답하셨다. "하지만 나는 몇몇 이슬람 학생 운동가들에게 전화해서 나와 함께 시위를 하자고 했다."

"예루살렘에서는 아무 일도 일어나지 않았는데, 이제 와서 라말라에서 시위를 원한다고요? 그건 미친 짓이에요." 나는 아버지에게 말했다.

"우리는 우리가 해야 할 일을 해야 해. 알아크사는 우리의 모스크이고, 샤론은 그곳에 있을 자격이 없어. 우리는 이것을 용납할 수 없단다."

나는 아버지가 나를 설득하려는 것인지, 아니면 자기 자신을 설득하려는 것인지 궁금했다.

라말라에서의 시위는 자연 발화하는 극적인 광경과는 거리가 멀었다. 아직 이른 시간이었고, 사람들은 여느 때처럼 마을을 거닐며, 학생들과 하마스 사람들이 무엇을 위해 시위하고 있는 것인지 궁금해했다.

몇몇 남자들이 확성기를 들고 일어나 연설을 했고, 그들 주위에 모여 있던 소수의 팔레스타인 사람들은 이따금 구호를 외치며 고함을 질렀다. 그러나 대부분은 그다지 깊이 신경 쓰지 않는 것 같았다. 팔레스타인 영토 내에서는 상황이 꽤 진정됐다. 매일매일이 그저 평소처럼 이어지는 점령 상태일 뿐이었다. 이스라엘 군인들의 존재는 당연하게 여겨졌다. 팔레스타인 사람들은 이스라엘 내에서 일하고 학교에 다닐 수 있었다. 라말라는 활기찬 밤 문화를 즐기고 있었다.

그렇기 때문에 그 사람들이 무엇 때문에 그렇게 흥분해 있는지 이해하기 어려웠다.

내가 보기에, 이 시위는 그다지 별일이 아닌 것 같았다. 그래서 나는 성경 공부 모임 친구들에게 연락해서 함께 갈릴리로 캠핑을 떠났다.

어떤 뉴스도 접하지 못했던 나는 많은 수의 팔레스타인 시위대가 샤론의 방문 장소 근처에서 이스라엘의 폭동 진압 경찰과 충돌했다는 사실을 몰랐다. 돌을 던지는 일은 화염병을 던지는 것으로 확대됐고, 칼라시니코프 총격전으로 이어졌다. 경찰은 시위대를 해산시키기 위해 고무로 코팅된 금속 총알과 일부 보도에 따르면, 실탄까지 사용했다. 4명의 시위 참가자가 사망하고 약 200명이 부상을 입었다. 14명의 경찰도 마찬가지로 부상을 입었다. 그리고 이 모든 일은 PA가 기대했던 바였다.

다음 날, 신베트로부터 전화가 왔다.

"어디야?"

"갈릴리에서 친구들과 캠핑 중이에요."

"갈릴리! 뭐라고? 미쳤어!" 로아이는 웃음을 터뜨렸다. "넌 당최 모를 사람이야." 그가 말했다. "서안 지구 전체가 뒤집혀 있는데 기독교인 친구들과 재미있게 놀고 있다니."

그가 일어나고 있는 상황을 설명해 주자마자, 나는 차에 뛰어올라 즉시 집으로 향했다.

야세르 아라파트와 다른 PA 지도자들은 또 다른 인티파다를 일으키기로 결심했다. 아라파트와 바라크가 캠프 데이비드에서 클린턴 대통령을 만나고 있을 때에도 그들은 이를 몇 달 동안 계획하고 있었다. 그들은 단지 적절한 기회를 기다리고 있었을 뿐이다. 샤론의 방문은 바로 그런 구실을 제공했다. 몇 번의 빗나간 시도 끝에, 알아크사 인티파다가 본격적으로 시작됐고, 서안 지구와 가자 지구의 격정의 화약고가 다시 한번 폭발했다. 특히 가자 지구에서 그렇게 됐다.

가자 지구에서 파타는 시위를 시작했는데, 이때 무함마드 알두라(Mohammed al-Dura)라는 12살 소년의 죽음이 전 세계적으로 방송됐다. 소년과 그의 아버지 자말은 총격전에 휘말려 콘크리트 원통 뒤에 숨었다. 소년은 빗나간 총알에 맞아 아버지의 품에 안겨 숨을 거두었다. 이 가슴 아픈 장면 전체는 프랑스 공영 방송의 팔레스타인 카메라맨에 의해 촬영됐다. 이 비디오 클립은 삽시간에 전 세계로 퍼져 나가 이스라엘의 점령에 반대하는 수백만 명을 분노하게 만들었다.

그러나 그 후 몇 달 동안 이 사건에 대해 국제적으로 뜨거운 논란이 일었다. 어떤 이들은 팔레스타인의 총격이 실제로 소년의 죽음을 초래했다는 증거를 제시했다. 다른 이들은 계속해서 이스라엘을 비난했다. 심지어 이 영상이 신중하게 연출된 가짜라고 주장하는 사람들도 있었다. 영상에서는 소년이 총에 맞는 모습이나 심지어 그의 시체조차 실제로 보이지 않았기 때문에, 많은 사람은 PLO의 선전 수단이라고 의심했다. 만약 후자가 사실이라면, 그것은 뛰어나고 효과적이었다.

진실이 무엇이든 간에, 나는 갑자기 나의 아버지가 핵심 지도자로 있는—비록 아버지는 자신이 무엇을 이끌고 있는지, 그것이 어디로 이끌릴 것인지 전혀 모르셨다—이 전쟁의 한복판에 어색하게 서 있는 나 자신을 발견했다. 그는 문제를 일으키도록 아라파트와 파타에 의해 이용되고 조종됐을 뿐이고, 이로 인해 PA에 새로운 협상 수단과 기금 모금의 소재를 제공했을 뿐이었다.

그러는 동안, 사람들은 또다시 검문소에서 죽어 가고 있었다. 사방에서 무차별 총격이 가해졌다. 어린이들이 살해당하고 있었다. 피로 물든 하루가 지나고 또 지나면서, 눈물을 흘리는 야세르 아라파트는 서방 뉴스 카메라 앞에 서서 손을 꽉 쥔 채 자신은 폭력과 관련이 없다고 부인했다. 오히려 그는 내 아버지와 마르완 바르구티 그리고 난민 수용소에 있는 사람들을 가리켰다. 그는 세계에 자신이 폭동을 진압하기 위해 할 수 있는 모든 일을 하고 있다고 확신시켰다. 그러나 그의 다른 손가락은 늘 꼿꼿이 방아쇠에 올려져 있었다.

하지만 아라파트는 곧 자신이 끔찍한 결과를 초래했다는 사실을 알게 됐다. 그는 자신의 목적에 부합하는 방식으로 팔레스타인 사람들을 흔들어 깨우고 선동했다. 그러나 얼마 지나지 않아 그들은 완전히 통제 불능 상태가 됐다. IDF(이스라엘방위군) 병사들이 팔레스타인 사람들의 아버지와 어머니와 아이들을 총으로 쏘아 죽이는 것을 보았을 때, 사람들은 너무나 격분하여 PA나 어느 누구의 말도 듣지 않았다.

아라파트는 또한 자신이 다시 일으켜 세운 얻어터진 권투 선수가 자신이 상상했던 것보다 더 강인하다는 것을 알게 됐다. 길거리는 하마스에게 천혜의 환경이었다. 그 권투 선수는 그곳에서 시작했고, 그곳에서 가장 강해졌다.

'이스라엘과의 평화? 캠프 데이비드? 오슬로? 예루살렘의 절반? 다 잊어버리세요!' 타협을 위한 분위기는 하얗게 달궈진 분쟁의 용광로 속에서 사라져 버렸다. 팔레스타인 사람들은 과거의 '전부 아니면 전무'라는 사고방식으로 돌아갔다. 그리고 이제 불길에 부채질을 하고 있는 것은 아라파트가 아니라 하마스였다.

서로에게 앙갚음을 하며 폭력은 점점 확대됐다. 날이 갈수록 양측의 불만 사항 목록은 계속 늘어만 갔고, 각자의 슬픔은 가득 차서 넘쳐흘렀다.

- 2000년 10월 8일, 유대인 폭도들이 나사렛에서 팔레스타인 사람들을 공격했다. 아랍인 2명이 사망하고 수십 명이 부상을 입었다. 티베리아스에서 유대인들은 200년 된 이슬람 사원을 파괴했다.
- 10월 12일, 팔레스타인 폭도들이 라말라에서 IDF 병사 2명을 살해했다. 이스라엘은 가자, 라말라, 여리고, 나블루스를 폭격함으로써 보복했다.
- 11월 2일, 예루살렘의 마하네 예후다 시장 근처에서 차량 폭탄 테러로 이스라엘인 2명이 사망했다. 다른 10명은 부

상을 입었다.
- 11월 5일, 알아크사 인티파다 38일째 되는 날까지 150명 이상의 팔레스타인인이 사망했다.
- 11월 11일, 이스라엘 헬리콥터가 하마스 활동가의 차에 설치된 폭발물을 폭발시켰다.
- 11월 20일, 아이들을 학교에 데려다주던 버스 옆에서 길가에 설치된 폭탄이 폭발했다. 이스라엘인 2명이 살해됐다. 어린이 5명을 포함해 9명이 부상을 입었다.*

나는 내가 보고 있는 것을 믿을 수 없었다. 이 계속되는 광기를 멈추기 위해 무언가를 해야 했다. 나는 신베트와 함께 일할 때가 왔음을 직감했다. 그리고 나는 온 마음을 다해 그 일을 했다.

---

* 이스라엘 외무부, "원칙 선언 이후 이스라엘의 자살 및 기타 폭격 공격," 1993년 9월; 팔레스타인 국제문제연구학회, 예루살렘, "팔레스타인 사실―팔레스타인 연대기," 2000, http://www.passia.org/palestine_facts/chronology/2000.html. 또한 다음을 보라. http://www.mfa.gov.il/MFA/MFAArchive/2000_2009/2000/11/Palestinian%20Terrorism-%20Photos%20-%20November%202000.

제17장
잠복
(2000-2001)

내가 밝히려고 하는 것은 지금까지 이스라엘 정보 기관의 소수를 제외하고는 누구에게도 알려지지 않았다. 나는 이 정보가 오랫동안 수수께끼에 싸여 있던 여러 가지 중요한 사건들을 밝혀 줄 수 있기를 바라는 마음에서 이 정보를 공개한다.

결심한 날, 이 광기를 멈추기 위해 내가 할 수 있는 모든 것을 하기로 결정한 날, 나는 마르완 바르구티와 하마스 지도자들의 활동과 계획에 대해 내가 알 수 있는 모든 것을 알아보는 것에서부터 시작했다. 나는 내가 알아낸 모든 정보를 그들을 찾기 위해 온 심혈을 기울이고 있었던 신베트에 전달했다.

신베트에서 나는 초록 왕자라는 암호명을 부여받았다. '초록'색은 하마스 깃발의 색깔을 반영했고, '왕자'는 하마스에서 왕이었던 나의 아버지의 지위를 가리키는 것이었다. 그렇게 나는 22살의 나이에 하마스의 무장 정파와 다른 팔레스타인 정파에 침투할 수 있는 신베트의 유일한 하마스 내부자가 됐다.

그러나 이 책임이 전적으로 내 어깨에만 놓여 있었던 것은 아니었다. 당시에 나는 하나님이 나를 하마스와 팔레스타인 지도부의 핵심에, 야세르 아라파트의 모임에, 그리고 이스라엘 보안국에 특별히 두셨다는 것을 깨닫고 있었다. 나는 그 일을 할 수 있는 독특한 위치에 있었다. 그리고 하나님이 나와 함께하신다는 것을 느낄 수 있었다.

나는 깊이 들어가서 무슨 일이 일어나고 있는지 모든 것을 알고 싶었다. 나는 폭력에 둘러싸인 제1차 인티파다의 중심에 있었다. 내가 어렸을 때 축구를 했던 공동묘지는 죽은 자들로 가득 차 있었다. 나는 돌을 던졌다. 통행 금지 시간을 어겼다. 하지만 나는 왜 우리 민족이 폭력을 추구하는지 이해할 수 없었다. 이제 나는 우리가 왜 그런 일을 반복하고 있는지 알고 싶었다. 나는 이해가 필요했다.

야세르 아라파트의 관점에서 볼 때, 이 봉기는 돈, 정치, 권력 장악에 관한 것이었다. 그는 교묘한 조작자, 곧 팔레스타인의 꼭두각시 조정자였다. 카메라 앞에서 그는 하마스의 이스라엘 민간인 공격을 규탄했다. 그는 하마스가 PA(팔레스타인자치정부)나 팔레스타인 국민을 대표하지 않는다고 주장했다. 그러나 그는 하마스가 더러운 일을 하도록 내버려두고 국제 사회의 비난을 받는 것에 만족하며 거의 개입하지 않았다. 그는 이스라엘이 PA와 협력하지 않고는 공격을 멈출 수 없다는 것을 알고 있는 교활한 늙은 정치인이 되어 있었다. 그리고 더 많은 공격이 있을수록 이스라엘은 더 빨리 협상 테이블로 나올 수밖에 없었다.

그 기간 동안 새로운 집단이 등장했다. 이 단체는 스스로를 알아크사 순교자 여단(Al-Aqsa Martyrs Brigades)이라고 불렀다. IDF(이스라엘 방위군) 군인들과 정착민들이 그들의 표적이 됐다. 하지만 이 사람들이 누구인지, 어디서 왔는지는 아무도 몰랐다. 그들은 종교적인 것처럼 보였지만, 하마스나 이슬라믹 지하드의 어느 누구도 그들을 알지 못했다. 그들은 PA나 파타의 민족주의 분파로 보이지 않았다.

신베트도 다른 모든 사람처럼 어리둥절했다. 일주일에 한두 번씩, 다른 정착민의 차량이나 버스가 치명적일 정도로 정확하게 공격을 받았다. 중무장한 이스라엘 군인들도 이 집단의 상대가 되지 못했다.

그러던 어느 날, 로아이가 내게 전화를 걸었다.

"정체불명의 남자들이 마헤르 오데(Maher Odeh)를 방문했다는 보고가 들어왔는데, 그들이 누구인지, 그리고 그와 어떤 연관이 있는지 알아봐야겠어. 우리가 그 일을 망치지 않을 거라고 신뢰할 수 있는 사람은 너뿐이야."

마헤르 오데는 하마스의 최고 지도자였으며 신베트가 강력하게 체포하려던 인물이었다. 그는 감옥 내 하마스 보안단의 책임자였고, 나는 그가 감옥에서 자행된 고문의 상당 부문에 책임이 있다는 것을 알고 있었다. 나는 그가 자살 공격의 배후에 있는 사람이라고 의심했다. 오데는 또한 매우 비밀스러운 사람이었기 때문에 신베트가 그의 체포를 승인하는 데 필요한 증거를 수집하는 것은 거의 불가능했다.

그날 저녁, 나는 차를 몰고 라말라 중심부를 지나갔다. 라마단 기간이었고 거리는 텅 비어 있었다. 해가 저물어 모두가 집에 돌아와 하루의 금식을 그쳤고, 나는 마헤르 오데의 아파트 건물 길 아래쪽에 있는 주차장에 차를 세웠다. 나는 이런 종류의 작전에 대한 훈련을 받지는 않았지만 기본은 알고 있었다. 영화에서는 용의자의 집 건너편에 있는 차에 앉아 멋진 카메라와 기타 스파이 장비로 감시를 유지한다. 신베트는 매우 정교한 장비를 마음대로 사용할 수 있었지만, 이 임무를 위해 내가 가진 것은 자동차와 눈동자뿐이었다. 나는 그저 건물을 지켜보면서 누가 왔고 누가 갔는지 추적하기만 하면 됐다.

30분쯤 지났을 때, 무장한 남성 몇 명이 2층 건물에서 나와 이스라엘 번호판이 달린 초록색 새 쉐보레 차량에 올라탔다. 모든 장면이 잘못됐다. 첫째, 하마스 대원들, 특히 군부 조직원들은 공공장소에서 절대로 무기를 휴대하지 않는다. 둘째, 마헤르 오데와 같은 사람들은 무장한 남자들과 어울리지 않았다.

나는 차에 시동을 걸고, 우리 사이로 차 두어 대가 지나가기를 기다렸다가 그 후에 출발했다. 나는 초록색 쉐보레를 따라 나의 부모님이 사는 베투니아로 향하는 큰 길로 조금 가다가, 그들을 놓쳤다.

나는 나 자신과 신베트에 화가 났다. 이것은 영화처럼 되지 않았다. 이것은 현실이었고 현실에서는 첩보 활동을 하다가 죽임을 당할 수도 있었다. 그들이 내가 그런 식으로 무장한 사람들을 따라가기를 원한다면, 특히 밤에 그것을 하라고 한다면, 나에게 지원 인력을 보내야 했다. 이것은 한 사람이 해결할 수 있는 일이 아니라 여러 명이 필요한 일이었다. 나는 항상 이런 작전에는 항공 및 위성 감시기 등과 같은 멋진 첨단 장비들이 동원될 것이라 생각했었다. 하지만 거기에는 나밖에 없었다. 나는 운이 좋아 정보를 얻을 수도 있었지만, 총에 맞아 죽을 수도 있었다. 이번에는 아무것도 얻지 못했다. 나는 마치 백만 달러짜리 사업 거래를 놓친 사람처럼 허탈히 집으로 차를 몰고 왔다.

다음 날 아침, 나는 그 차를 찾아내기로 결심했다. 하지만 몇 시간 동안 차를 몰고 다니면서도 아무것도 찾지 못했다. 다시 한번 좌절한 나는 포기하고 세차를 하기로 했다. 그리고 거기에, 그 세차장 안에, 그 차가 있었다. 동일한 초록색 쉐보레. 같은 사람들. 같은 총들.

이것은 행운이었을까, 아니면 하나님의 개입이었을까? 아니면 다른 무엇이었을까?

날이 밝았기 때문에 나는 그들을 훨씬 더 잘 볼 수 있었고, 어젯밤보다 그들에게 훨씬 더 가까이 다가갈 수 있었다. 고급 정장에 AK-47과 M16 소총들을 소지한 그들을 보자마자 나는 그들이 1970년대 초반부터 존재해 온 엘리트 특공대인 포스 17이라는 것을 알아보았다. 그 당시 아라파트의 권력을 빼앗으려는 사람들이 점점 증가

하고 있었는데, 이들은 아라파트의 뒤를 지키며 그를 보호했다.

뭔가 이상해 보였다. 내가 마헤르 오데의 집에서 보았던 그 남자들은 아닌 것 같은데, 맞나? 마헤르 오데는 총잡이들과 무엇을 하고 있는 걸까? 그는 아라파트와는 아무 상관이 없을 텐데, 그렇지 않은가? 그것은 전혀 이치에 맞지 않았다.

그들이 떠난 후, 나는 세차장 주인에게 그들이 누구인지 물었다. 그는 내가 하산 유세프의 아들이라는 것을 알고 있었기 때문에 내 질문에 전혀 놀라지 않았다. 그는 그들이 포스 17이라는 것을 확인해 주었고, 그들이 베투니아에 산다고 말했다. 이제 나는 더욱 혼란스러워졌다. 왜 이 사람들이 아라파트의 숙소가 아닌 우리 부모님 집에서 몇 분 거리에 살고 있을까?

세차장 주인에게서 받은 주소로 차를 몰고 가 보니 쉐보레가 밖에 주차되어 있었다. 나는 서둘러 신베트 본부로 돌아가 로아이에게 내가 발견한 모든 것을 이야기했다. 그는 주의 깊게 귀를 기울였지만, 그의 상관은 계속 나와 언쟁을 벌였다.

"그건 말이 안 돼." 그가 말했다. "아라파트의 경호원들이 왜 숙소 밖에서 살고 있겠어? 너는 뭔가 잘못 본 거야."

"잘못 보지 않았어요." 나는 화를 냈다. 상황이 도무지 맞아떨어지지 않는다는 것을 알고 있었지만, 내가 본 것을 설명할 길이 없다는 사실에 답답했다. 그런데 이 사람은 아예 내가 보지 못한 것처럼 말하고 있었다.

"전체 상황이 잘못된 거예요." 나는 그에게 말했다. "당신에게 이것이 이치에 맞든 안 맞든 나는 상관없어요. 나는 내 눈이 본 것 그대로를 말했을 뿐이에요."

그는 내가 그에게 그런 식으로 말을 한 것에 대해 분개하며 회의장에서 뛰쳐나갔다. 로아이는 나에게 마음을 가라앉히고 모든 세부 사항을 한 번 더 되짚어 보라고 격려했다. 분명히 그 쉐보레는 여단에 대한 정보와 일치하지 않았다. 그것은 도난당한 이스라엘 측 차량으로, PA 사람들이 운전하고 다녔지만, 우리는 그것이 어떻게 그들의 새로운 분파와 연결되는지 알 수 없었다.

"초록색 쉐보레가 확실해?" 그가 물었다. "BMW는 못 봤어?"

나는 그것이 초록색 쉐보레라고 확신했지만, 어쨌든 나는 아파트로 돌아갔다. 같은 장소에 그 쉐보레가 주차되어 있었다. 그런데 아파트 옆에, 하얀 시트로 덮인 또 다른 차가 보였다. 나는 조심스레 건물 옆으로 다가가 시트의 뒤쪽 모서리를 들어 올렸다. 그 아래에는 1982년식 은색 BMW가 있었다.

"좋아, 이제 잡았다." 내가 발견한 것을 말해 주려고 전화를 걸었을 때, 로아이는 내 휴대폰에 대고 소리를 질렀다.

"무슨 말이에요?"

"아라파트 경호원들이야!"

"무슨 뜻이에요? 나는 내 정보가 다 틀렸다고 생각했어요." 나는 약간 빈정대며 말했다.

"아니, 네가 맞았어. BMW는 지난 몇 달 동안 서안 지구에서 벌어진 모든 총격 사건에 사용됐어"라고 말했다.

그는 이어서 이 정보가 중요한 실마리가 될 것이라고 설명했다. 왜냐하면 이것은 알아크사 순교자 여단이, 미국과 국제 사회 후원자들의 공적 자금을 지원받고 있었던, 바로 그 야세르 아라파트의 직속 경호원들이었음을 입증한 최초의 증거였기 때문이다. 이 연결 고리를 발견한 것은 무고한 민간인을 죽이는 끔찍한 연쇄 폭탄 테러를 막을 수 있는 큰 발걸음이었다. 내가 신베트에 제시한 이 증거는 나중에 유엔 안전보장이사회에서 아라파트에게 불리하게 사용됐다.* 이제 우리가 해야 할 일은 이스라엘 사람들이 즐겨 쓰는 말처럼 뱀의 머리를 잘라 내는 것, 즉 이 새로운 조직의 조직원들을 잡는 일뿐이었다.

우리는, 가장 위험한 조직원이 여단의 지휘관인 아흐마드 간두르(Ahmad Ghandour)와 그의 부관 중 한 명인 무하네드 아부 할라와(Muhaned Abu Halawa)라는 것을 알게 됐다. 그들은 이미 12명을 죽였다. 이 사람들을 처단하는 일은 그리 어려운 일이 아닌 것 같았다. 우리는 그들이 누구이며 어디에 사는지 알고 있었다. 그리고 결정적으로, 그들은 우리가 알고 있다는 사실을 몰랐다.

---

* 이러한 연관성에 대한 추가 확인은 이듬해에 이스라엘이 라말라를 침공하고 아라파트의 본부를 급습했을 때 확인됐다. 다른 문서들 중에서, 2001년 9월 16일 자 송장도 발견했는데, 그것은 알아크사 순교자 여단이 PA 군사 작전을 담당하는 수석 재무담당관(CFO)인 푸아드 슈바키(Fouad Shoubaki) 준장에게 발송한 것이었다. 이것은 이스라엘 도시 폭탄 테러에 사용된 폭발물에 대한 비용 및 더 많은 폭탄을 제조하고 자살 폭탄 테러리스트를 홍보하기 위한 선전 포스터 비용을 청구한 것이었다. 야엘 샤하르(Yael Shahar), "알아크사 순교자 여단—우위를 점한 정치적 도구," 2002년 4월 3일, 국제대테러연구소, IDC 헤르츨리야.

IDF는 무인 드론을 띄워 아파트 단지를 선회하고 정보를 수집했다. 이틀 후, 여단은 이스라엘 내부를 다시 공격했고, 이스라엘군은 반격하려 했다. 65톤급 이스라엘 메르카바 전차의 120밀리미터 대포가 여단 건물에 20발의 포탄을 발사했다. 유감스럽게도, 감시 드론으로 그들이 거기에 있었는지 여부를 확인하지 않았다. 그들은 거기에 없었다.

더욱 심각한 것은, 이제 그들은 우리가 그들을 쫓고 있다는 사실을 알게 되었다는 점이다. 놀랍지 않게도, 그들은 야세르 아라파트의 관저로 피신했다. 우리는 그들이 그곳에 있다는 것을 알고 있었지만, 그 당시에는 그들을 잡으러 들어가는 것이 정치적으로 불가능했다. 이제 그들의 공격은 더욱 빈번하고 사나워졌다.

아흐마드 간두르는 지도자였기 때문에 수배자 목록 최상 순위에 있었다. 그가 관저 안으로 들어간 후, 우리는 그를 결코 잡을 수 없을 것이라고 생각했다. 그리고 결과적으로 우리는 그렇게 하지 못했다. 그는 스스로 목숨을 끊었다.

어느 날 알비레의 오래된 묘지 근처에서 길을 걷다가 군대 장례식을 보게 됐다.

"누가 죽었어요?" 나는 호기심에 물었다.

"북쪽에서 온 사람이요." 한 남자가 말했다. "당신은 그를 모를 것 같군요."

"그 사람 이름이 뭔데요?"

"아흐마드 간두르예요."

나는 흥분을 억누르려고 애쓰며 아무렇지도 않은 듯이 물었다.
"그 사람한테 무슨 일이 일어났나요? 이름은 들어 본 적이 있는 것 같은데요."

"그는 총에 총알이 장전된 줄도 모르고 자신의 머리에 쐈어요. 사람들은 그의 뇌가 천장에 붙었다고 하더군요."

나는 로아이에게 전화를 걸었다.

"아흐마드 간두르에게 작별 인사를 하세요. 아흐마드 간두르는 죽었어요."

"네가 그를 죽였어?"

"나한테 총을 줬나요? 아니요, 나는 그를 죽이지 않았어요. 그는 스스로 총을 쐈어요. 그 사람은 죽었어요."

로아이는 믿을 수가 없었다.

"그 남자는 죽었어요. 나는 그의 장례식에 있어요."

* * *

알아크사 인티파다의 초기 몇 년 동안, 나는 아버지가 어디를 가든 따라다녔다. 그의 장남으로서 나는 그의 후계자(protégé), 경호원, 신뢰받는 동반자, 학생, 그리고 친구였다. 그리고 아버지는 나의 모든 것이었고, 어른이 된다는 것이 무엇인지를 보여 주는 본보기였다. 우리의 이념은 분명히 더 이상 같지 않았지만, 나는 그의 마음이 바르고 그의 동기가 순수하다는 것을 알았다. 무슬림에 대한 아버지의 사랑과 알라에 대한 헌신은 결코 시들지 않았다. 그는 동족 간의 평화를 갈망했으며, 그 목표를 이루기 위해 평생을 바쳤다.

이 두 번째 봉기는 대부분 서안 지구에서 일어난 사건이었다. 가자 지구에서도 몇 차례 시위가 있었고, 어린 무함마드 알두라의 죽음은 불씨에 불을 지폈다. 하지만 그 불길을 부채질하여 서안 지구를 지옥으로 만든 것은 하마스였다.

모든 마을과 도시에서 성난 군중이 이스라엘 군인들과 충돌했다. 모든 검문소가 피비린내 나는 전쟁터가 됐다. 최근 며칠 동안 사랑하는 친구나 가족을 땅에 묻지 않은 사람을 거의 찾아보기 힘들 정도였다.

한편, 모든 팔레스타인 정파의 지도자들, 즉 고위급 인사들은 야세르 아라파트와 매일 만나 전략을 조율했다. 아버지는 하마스를 대표하셨는데, 하마스는 다시 한번 가장 크고 중요한 조직으로 부상한 상태였다. 아버지와 마르완 바르구티, 아라파트는 또한 다른 사람들과 별도로 매주 만났다. 나는 여러 차례 아버지를 따라 그러한 사적인 모임에 동행할 수 있었다.

나는 아라파트를 경멸했고, 내가 사랑하는 사람들에게 하는 짓을 혐오했다. 하지만 신베트의 스파이로서의 역할을 감안할 때, 내 감정을 드러내는 것은 분명 현명하지 않았다. 그럼에도 불구하고 한번은 아라파트가 인사차 내 뺨에 그의 입술을 대었을 때 본능적으로 나는 내 뺨을 닦아 냈다. 그는 눈치를 채고는 분명히 굴욕감을 느꼈을 것이다. 아버지는 부끄러워하셨다. 그리고 그것이 아버지가 나를 데리고 간 마지막 회의였다.

인티파다 지도자들은 항상 7만 달러짜리 외제차를 타고 경호원들을 가득 태운 다른 차들을 동반하여 날마다 회의에 참석했다. 하지만 아버지는 항상 짙은 파란색 1987년식 아우디를 몰고 다녔다. 경호원 없이, 나와 단둘이었다.

이 회의들은 인티파다를 움직이는 원동력이었다. 이제 나는 회의실 밖에 앉아 있어야 했지만, 아버지가 필기를 하셨기 때문에 회의실 안에서 일어나는 모든 일을 세세하게 알 수 있었다. 나는 그 노트에 접근할 수 있었고 사본을 만들었다. 메모에는 누가, 어디서, 언제 군사 작전을 수행했는지와 같은 매우 민감한 정보는 전혀 없었다. 대신, 이스라엘 내부를 공격하자는 식의 방향성, 정착민이나 검문소를 표적으로 삼자는 식의 일반적인 패턴과 흐름이 기록되어 있었다.

하지만 회의록에는 시위 날짜가 포함되어 있었다. 만약 아버지가 하마스가 내일 오후 1시에 라말라 중심부에서 시위를 벌인다고 말씀하시면, 모든 하마스 대원들에게 1시에 그곳에 모이라고 알리는 연락이 모스크, 난민 수용소, 학교로 빠르게 전달됐다. 이스라엘 군인들도 나타났다. 그 결과, 무슬림, 난민, 그리고 너무나 자주 학생들이 죽임을 당했다.

사실 하마스는 제2차 인티파다 이전에는 이미 거의 죽은 상태였다. 아버지는 그 상태로 내버려두셨어야 했다. 아랍 국가 국민들은 매일 알자지라 TV를 통해 내 아버지의 얼굴을 보고 그의 목소리를 들었다. 그는 이제 인티파다의 눈에 띄는 지도자가 됐다. 이로 인해 그는 이슬람 세계 전역에서는 놀랄 만큼 유명하고 중요한 인물이 됐지만, 이스라엘에는 완벽한 악당이 됐다.

하지만 하산 유세프는 우쭐해지지 않았다. 그는 그저 자신이 알라의 뜻을 이행했다는 사실에 겸손하게 만족할 뿐이었다.

어느 날 아침 아버지의 회의 노트를 읽다가 시위가 예정되어 있다는 것을 알게 됐다. 다음 날, 나는 귀가 먹먹해질 정도로 시끄러운 무리의 선두에 서서 아버지의 뒤를 따라 이스라엘 검문소로 향했다. 검문소에 도착하기 약 180미터 전, 선두에 있던 지도자들은 때를 지어 안전한 언덕 꼭대기로 이동했다. 나머지 사람들, 즉 학교를 다니는 젊은이들과 어린아이들은 앞으로 돌진하며 중무장한 군인들에게 돌을 던지기 시작했고, 군인들은 군중을 향해 총을 쏘며 대응했다.

이러한 상황에서는 고무로 코팅된 총알조차도 치명적일 수 있었다. 어린이들은 특히 취약했다. 이 탄약은 IDF 규정에 명시된 최소 거리인 40미터보다 가까운 거리에서 발사되면 당연히 치명적일 수 있었다.

언덕 위에서 우리는 사방에 사망자와 부상자 들이 쓰러져 있는 것을 목격했다. 군인들은 도착하는 구급차를 향해 사격하고, 운전사들을 향해 총을 쏘고, 부상자를 치료하려던 응급 구조대원들을 죽였다. 잔인했다.

얼마 지나지 않아 모두가 총을 쏘기 시작했다. 돌멩이가 검문소에 쏟아져 내렸다. 수천 명이 장벽을 향해 돌진하며 군인들을 뚫고 지나가려 했고, 베이트 엘 정착지에 도착하여 사람들을 비롯한 모든 것을 파괴하겠다는 한 가지 집착과 생각으로 몸부림쳤다. 그들은 사랑하는 사람들이 쓰러진 모습과 피 냄새로 인해 분노에 휩싸여 미쳐 있었다.

상황이 이보다 더 혼란스러워질 수 없을 것 같았을 때, 1,200마력 디젤 엔진의 메르카바 전차가 천둥 같은 소리를 내며 전투에 뛰어들었다. 갑자기, 전차의 포탄이 소닉붐처럼 허공을 산산조각 냈다.

전차는 IDF 군인들을 향해 총을 쏘기 시작한 PA 군대에 대응하고 있었다. 전차가 전진하자 경호원들은 자신들이 보호해야 할 상관들을 끌어당겨 안전한 곳으로 옮겼다. 내가 아버지를 차에 태우려고 애를 쓸때, 언덕 아래에는 시체가 산더미처럼 쌓여 있었다. 마침내 차에 도착했을 때, 우리는 재빨리 라말라에 있는 부상자들과 죽어 가는 사람들로 가득 찬 병원으로 향했다. 그곳은 부상자, 죽어 가는 자, 사망자로 넘쳐 났다. 병실이 충분하지 않았다. 적신월사(Red Crescent: 이슬람권 구호 단체)는 사람들이 안에서 치료받기 전에 피를 흘리며 죽어 가는 일을 막기 위해 밖에 임시로 자리를 마련했다. 그러나 그것으로는 역부족이었다.

병원 벽과 바닥은 피로 물들었다. 사람들은 피 위를 미끄러져 가며 복도를 지났다. 남편과 아버지, 아내와 어머니, 그리고 자녀들이 슬픔에 빠져 울부짖었다.

놀랍게도, 그들은 슬픔과 분노 속에서도 나의 아버지와 같은 팔레스타인 지도자들이 슬픔을 나누려고 찾아온 것에 극도로 감사했다. 그러나 그들과 그들의 자녀들을 염소처럼 도살장으로 몰아넣은 후 그 잔인한 일을 편안한 거리에서 바라보고 있었던 자들이 바로 그 팔레스타인 지도자들이었다. 그것은 유혈보다도 더 나를 구역질 나게 만들었다.

그리고 이것은 단지 하나의 시위였을 뿐이었다. 밤마다, 우리는 텔레비전 앞에 앉아 끝없이 되풀이되는 사망자 명단을 듣곤 했다. 이 도시에서는 10명, 저기에서는 5명, 여기서는 또 다른 20명 ….

나는 샤다(Shada)라는 남자에 관한 보도를 보았다. 그는 시위 현장 맞은편 건물에서 벽에 구멍을 뚫는 일을 하고 있었다. 그런데 한 이스라엘 전차 포수가 그를 보고 그 드릴을 총이라고 착각했다. 그는 포탄을 쏘았고, 그 포탄은 샤다의 머리를 명중시켰다.

아버지와 나는 살해된 남자의 집으로 갔다. 그에게는 아름다운 새 신부가 있었다. 그러나 더 최악인 것이 있었다. 미망인을 위로하러 온 팔레스타인 지도자들은 샤다의 장례식에서 누가 설교할 것인지를 놓고 서로 싸우기 시작했다. 사흘 동안 누가 조문객을 맞이하는 일을 담당할 것인가? 가족의 음식은 누가 책임질 것인가? 그들은 모두 샤다를 "우리 아들"이라고 불렀고, 샤다가 자기 파벌의 일원이었다고 주장하며, 자기 파벌이 다른 파벌보다 인티파다에 더 많이 참여하고 있음을 증명하려고 애썼다.

경쟁 관계에 있던 파벌들은 죽은 자를 두고 우스꽝스럽게 말다

툼을 하는 것에 빠져 있었다. 그리고 대부분의 경우, 죽은 이들은 이 저항 운동과 아무런 관련이 없었다. 그들은 그저 감정의 파도에 휩쓸린 사람들일 뿐이었다. 샤다와 같은 다른 많은 사람은 단지 잘못된 시간에 잘못된 장소에 있었을 뿐이었다.

그러는 동안, 전 세계의 아랍인들은 미국과 이스라엘 국기를 불태우고, 시위를 벌였으며, 점령 세력을 분쇄하기 위해 팔레스타인 영토에 수십억 달러를 쏟아부었다. 제2차 인티파다의 처음 2년 반 동안, 사담 후세인은 팔레스타인 순교자들 가족들에게 3,500만 달러(이스라엘과 싸우다 사망한 사람들의 가족에게는 10,000달러, 모든 자살 폭탄 테러리스트의 가족들에게는 25,000달러)를 지불했다. 영토를 둘러싼 이 무의미한 싸움에 대해 많은 이야기를 할 수 있겠지만, 목숨이 하찮다고는 결코 말할 수 없다.

제18장
최고 수배자
(2001)

팔레스타인 사람들은 더 이상 그들의 문제들을 가지고 야세르 아라파트나 하마스를 탓하지 않았다. 이제 그들은 이스라엘이 그들의 자녀들을 죽였다고 비난했다. 하지만 나는 여전히 근본적인 질문에서 벗어날 수 없었다. '애초에 왜 그 아이들이 밖에 있었을까? 부모들은 어디 있었는가? 왜 그들의 어머니들과 아버지들은 그들을 집 안에 있도록 하지 않았을까?' 그 아이들은 거리를 뛰어다니거나 무장한 군인들에게 돌을 던지지 말고, 학교 책상에 앉아 있어야 했다.

"어째서 아이들을 죽게 내버려 두시나요?" 유난히 끔찍했던 어느 날 아버지에게 물어보았다.

"우리가 아이들을 밖으로 내보내는 게 아니다." 아버지가 말씀하셨다. "그들이 가고 싶어 한다. 네 동생들을 보거라."

등골이 오싹해졌다.

"내 동생들 중 한 명이 나가서 돌을 던진다는 말을 들으면 나는 그의 팔을 부러뜨릴 거예요." 나는 말했다. "나는 그가 죽임을 당하느니 차라리 팔이 부러지는 편을 택하겠어요."

"정말? 어제 동생들이 돌을 던졌다는 것을 알았으면 좋겠다." 그는 그것을 너무나 아무렇지도 않게 말했다. 나는 이것이 이제 우리에게 그저 단순한 삶의 방식이 됐다는 것을 믿을 수가 없었다.

내 동생들 중 4명은 더 이상 어린아이가 아니었다. 소하이브는 21살, 세이프는 18살이었는데, 둘 다 감옥에 갈 수 있는 나이였다. 우와이스와 무함마드는 16살과 14살, 총에 맞아도 이상하지 않을 나이가 됐다. 그리고 그들 모두는 그러면 안 된다는 것을 알았어야 했다. 그러나 내가 따져 묻자, 그들은 돌을 던진 적이 없다며 사실을 부인했다.

"잘 들어. 나는 정말 진지해"라고 말했다. "너희가 이제 다 컸다고 생각해서, 한동안은 매를 들지 않았어. 하지만 너희가 그런 데 가서 그런 일을 했다는 이야기가 들리면, 나도 예전 같지 않을 거야."

"형과 아버지도 시위 현장에 있었잖아." 무함마드가 반박했다.

"맞아, 우리도 거기 있었어. 하지만 우리는 돌을 던지지 않았어."

이 모든 상황 속에서, 특히 이라크의 무자비한 독재자 사담 후세인으로부터 풍부한 자금이 유입되는 가운데, 하마스는 자살 폭탄 공격에서의 독점적 지위를 잃게 됐다. 이제 폭탄 테러리스트들은 이슬라믹 지하드와 알아크사 순교자 여단, 세속주의자, 공산주의자, 무신론자 가운데서도 나왔다. 그들은 이스라엘 민간인을 누가 가장 많이 죽일 수 있는지 서로 경쟁했다.

너무 많은 피를 흘렸다. 나는 잠을 이룰 수가 없었다. 나는 먹을 수가 없었다. 나는 더 이상 무슬림, 팔레스타인인, 심지어 하산 유세프의 아들의 눈으로만 보지 않았다. 이제 나는 이스라엘의 시각으로 그것을 바라보게 되었고, 더 중요한 것은 고통받는 이들을 향해 고뇌하는 예수의 시선으로도 이 무분별한 살인을 보게 되었다. 성경을 읽을수록, 원수를 사랑하고 용서하는 것만이 유혈 사태를 막을 수 있는 유일한 방법이라는 단 하나의 진리를 더욱 분명히 알게 되었다.

하지만 나는 기독교인 친구들이 예수를 가리켜 신이라고 할 때 믿지 않았다. 나의 신은 알라였다. 하지만 나는 그것을 완전히 깨닫든 깨닫지 못했든, 점차 예수의 기준을 받아들이고 알라의 기준을 거부하고 있었다. 이슬람으로부터의 이탈을 가속화한 것은 내 주변에서 목격되는 위선이었다. 이슬람교에서는 순교자가 된, 알라의 헌신된 종이 곧장 천국으로 간다고 가르쳤다. 기이한 천사의 심문이나 무덤에서의 고문은 없다. 그러나 갑자기, 이스라엘 측에 의해 죽임을 당한 사람은 '누구든지', 명목상의 무슬림이든, 공산주의자이든, 심지어 무신론자이든 간에, 거룩한 순교자로 취급되는 것처럼 보였다. 이맘과 셰이크들은 죽은 자의 가족들에게 "당신의 사랑하는 사람은 천국에 있다"라고 말했다.

물론 코란은 저들의 말을 지지해 주지 않았다. 코란은 누가 천국에 가고 누가 지옥에 가는지에 대해 분명히 밝히고 있다. 그러나 이 지도자들은 전혀 개의치 않는 것 같았다. 그것은 진리나 신학에 관한 문제가 아니었다. 단지 전략적 이득과 정치적 편의를 위해 사람들에게 거짓을 퍼뜨리는 것에 불과했다. 그들은 자신들이 초래한 고통을 잊게 하려고 거짓으로 약을 먹여 사람들을 취하게 만들고 있었다.

신베트가 점점 더 많은 정보를 전달해 주면서 나는 그들이 내 주변의 사람들에 대해 얼마나 많은 것을 알고 있는지 계속해서 놀랐고, 그중에는 매우 위험한 인물들이 된 나의 오랜 친구들도 있었다. 심지어 일부는 하마스 군부의 핵심 세력이 되기까지 했다. 그들 중 하나는 다야 무함마드 후세인 알타윌(Daya Muhammad Hussein al-Tawil)이었다. 그는 잘생긴 청년이었는데, 그의 삼촌은 하마스 지도자였다.

내가 그를 알고 지낸 모든 세월 동안, 다야는 한 번도 종교적인 동기를 가진 적이 없었다. 사실 그의 아버지는 공산주의자였기 때문에 이슬람과는 아무런 관련이 없었다. 그의 어머니는 문화적인 의미에서 무슬림이었고 급진주의자는 아니었다. 그리고 그의 여동생은 미국에서 교육을 받은 저널리스트이자 미국 시민권자였으며 히잡을 쓰지 않는 현대 여성이었다. 그들은 좋은 집에서 살았고 모두 좋은 교육을 받았다. 다야는 비르제이트 대학교에서 공학을 전공했으며 과 수석을 했다. 내가 알기로, 그는 하마스 시위에 참여한 적이 없었다.

이 모든 것을 감안할 때, 2001년 3월 27일, 예루살렘 프렌치 힐 교차로에서 다야가 자폭했다는 소식을 들었을 때 나는 큰 충격을 받았다. 다야 외에 다른 사망자는 없었지만, 29명의 이스라엘 시민이 부상을 입었다.

다야는 이런 짓을 하도록 쉽게 설득될 수 있는 어리석은 아이가 아니었다. 그는 잃을 것이 없는 가난한 난민도 아니었다. 그는 돈도 필요하지 않았다. 그렇다면 무엇이 그를 그렇게 만들었을까? 아무도 이해하지 못했다. 그의 부모는 갑작스러운 충격에 휩싸였고, 나도 마찬가지였다. 이스라엘 정보 기관 역시 자폭의 이유를 알아내지 못했다.

신베트는 긴급 회의를 소집하여 나를 불렀다. 그들은 참혹하게 떨어져 나간 머리 사진을 건네며 신원 확인을 요청했다. 나는 다야라고 확신했으며, 집으로 돌아가 계속해서 스스로 되뇌었다. '왜 그랬을까?' 아무도 결코 알지 못할 것이다. 아무도 예상하지 못했다. 심지어 하마스 소속인 그의 삼촌까지도.

다야는 알아크사 인티파다의 첫 번째 자살 폭탄 테러리스트였다. 그의 공격은 어딘가에서 독립적으로 활동하고 있는 것처럼 보이는 군사 조직의 존재를 암시했다. 그리고 신베트는 그 조직이 또 다른 공격을 감행하기 전에 찾아내기로 결심했다.

로아이는 용의자 명단을 보여 주었다. 맨 위에는 낯익은 이름 5명이 적혀 있었다. 그들은 PA(팔레스타인자치정부)가 인티파다가 시작되기 전에 감옥에서 석방한 하마스 대원들이었다. 아라파트는 그들이 위험하다는 것을 알았지만, 하마스가 거의 무너진 상황에서 그들을 더 이상 붙잡아 둘 이유를 찾을 수 없었다.

그는 틀렸다.

유력한 용의자는 무함마드 자말 알나트셰였는데, 그는 아버지와 함께 하마스 설립을 도왔고 결국 서안 지구의 하마스 군부 수장이 됐다. 알나트셰는 그 지역에서 가장 큰 가문 출신이었기 때문에 아무것도 두려워하지 않았다. 키가 180센티미터쯤 되는 그는 억세고 강하고 총명한 전투원이었다. 그는 유대인에 대한 증오로 가득 차 있었지만, 역설적으로 나는 그가 매우 배려심 많은 사람이라는 것을 알고 있었다.

명단에 있는 또 다른 이름인 살레 탈라흐메(Saleh Talahme)는 매우 똑똑하고 교육을 잘 받은 전기 엔지니어였다. 당시에는 예상하지 못했지만, 우리 둘은 훗날 아주 친한 친구가 됐다.

또 다른 인물인 이브라힘 하메드(Ibrahim Hamed)는 서안 지구의 보안단을 이끌었다. 이 세 사람은 사예드 알셰이크 카셈(Sayyed al-Sheikh Qassem)과 하사넨 룸마나(Hasaneen Rummanah)의 도움을 받았다.

사예드는 충실한 실행자로, 운동을 잘하고, 교육을 받지는 못했으나 충직했다. 반면 하사넨은 잘생긴 젊은 예술가로, 이슬람 학생 운동에 매우 적극적이었는데, 특히 하마스가 거리에서 무시할 수 없는 세력임을 증명하려고 했던 제1차 인티파다 기간 동안 더욱 그랬다. 하마스 지도자였던 나의 아버지는 그들을 석방시켜 가족의 품으로 돌려보내기 위해 열심히 노력하셨다. 아라파트가 그들을 풀어 주던 날, 아버지와 나는 감옥에서 그들을 데리러 가서 모두를 차에 태우고 라말라에 있는 알 하잘 아파트에 정착시켰다.

로아이가 명단을 보여 주었을 때 나는 이렇게 말했다. "놀라지 말아요. 나는 그 사람들을 다 알고 있어요. 그리고 그들이 어디에 사는지도 알아요. 그들을 은신처로 데려다준 건 나였어요."

"진짜?" 그가 활짝 웃으며 말했다. "일하러 가자."

아버지와 내가 그들을 감옥에서 데리고 왔을 때, 나는 그들이 얼마나 위험한 존재가 됐는지, 얼마나 많은 이스라엘인들을 죽였는지 전혀 몰랐다. 그리고 이제 나는 하마스에서 그들이 어디에 있는지 아는 몇 안 되는 사람들 중 한 명이었다.

나는 신베트의 가장 정교한 도청 장치를 가지고 그들을 방문했고, 우리는 그들의 일거수일투족과 말 한마디 한마디를 감시할 수 있었다. 하지만 일단 그들과 대화를 시작하자 그들은 우리에게 확실한 정보를 제공하지 않을 것이 분명해 보였다.

어쩌면 우리가 찾던 사람이 아닐지도 모른다는 생각이 들었다.

"뭔가 잘못됐어요." 나는 로아이에게 말했다. "이 사람들은 나한테 아무것도 알려 주지 않았어요. 혹시 다른 조직이 아닐까요?"

"그럴 수도 있지." 그가 인정했다. "하지만 그들에겐 과거 이력이 있어. 필요한 정보를 얻을 때까지 계속 지켜봐야 해"라고 말했다.

그들에게는 실제로 과거 이력이 있었지만, 과거 이력만으로는 그들을 체포하기에 충분하지 않았다. 확실한 증거가 필요했다. 그래서 우리는 인내심을 갖고 계속 정보를 수집했다. 치명적인 실수를 저지르고 엉뚱한 사람들을 잡아, 진짜 테러리스트들이 다음 폭탄을 터뜨리도록 내버려두고 싶지 않았다.

* * *

내 삶이 충분히 복잡하지 않아서였는지, 아니면 그 당시에 그저 좋아 보이는 생각이어서였는지 모르겠지만, 같은 달 나는 알비레에 위치한 USAID(미국국제개발처)의 마을 물·위생 프로그램 역량 강화 사무소에서 일하기 시작했다. 이름이 다소 길긴 하지만, 정말 중요한 프로젝트였다. 나는 대학 학위가 없었기 때문에 접수원으로 시작했다.

나와 함께 성경 공부를 했던 몇몇 기독교인들은 미국인 매니저들 중 한 명에게 나를 소개해 주었는데, 그는 즉시 나에게 호감을 갖고 일자리를 제안했다. 로아이는 이것이 훌륭한 신분 위장 수단이 될 것이라고 생각했다. 나의 새로운 신분증에는 미국 대사관 도장이 찍혀 있었고, 덕분에 나는 이스라엘과 팔레스타인 영토를 자유롭게 오갈 수 있었기 때문이다. 또한 내가 항상 넉넉한 돈을 가지고 있는 것이 의심받지 않도록 만드는 데에도 도움이 되었다.

아버지는 이를 좋은 기회로 여기셨고, 자국민에게 안전한 식수와 위생 시설을 제공해 주는 미국에 감사하셨다. 그러나 동시에 그는 미국이 팔레스타인인들을 죽이는 데 사용되는 무기들을 이스라엘에 제공했다는 사실도 잊지 않으셨다. 이는 대부분의 아랍인들이 미국에 대해 느끼는 전형적인 양가감정을 보여 준다.

나는 이 지역에서 미국이 자금을 지원하는 가장 큰 프로젝트에 참여할 수 있는 기회에 뛰어들었다. 언론은 항상 땅, 독립, 배상금과 같은 매력적인 협상 카드에 집중하는 것 같았다. 그러나 중동에서는 물이 땅보다 훨씬 더 중요한 문제였다. 아브람의 목동들이 그의 조카 롯의 목동들과 싸운 이래로 사람들은 끊임없이 물 때문에 싸웠다. 이스라엘과 점령지의 주요 수원은 키네레트(게네사렛) 또는 티베리아스(디베랴)라고도 알려진 갈릴리 호수이다. 이곳은 지구상에서 가장 낮은 담수호이다.

물은 성경의 땅에서 항상 복잡한 문제였다. 현대 이스라엘의 경우, 국가의 경계에 따라 역학 관계도 달라졌다. 예를 들어, 1967년의 6일 전쟁 결과 중 하나는 이스라엘이 시리아로부터 골란 고원을 장악한 것이었다. 이로 인해 이스라엘은 갈릴리 호수 전체를 장악하게 됐고, 그와 함께 요르단강과 그 강으로 드나드는 다른 모든 샘과 개울을 장악하게 됐다. 이스라엘은 국제법을 위반하면서 국영 급수선(National Water Carrier)을 이용해 요르단강의 물을 서안 지구와 가자 지구에서 다른 곳으로 돌렸고, 이스라엘 시민과 정착민들은 서안 지구 대수층에서 나오는 물의 4분의 3 이상을 공급받았다. 미국은 수억 달러를 들여 수원을 파고 우리 국민들을 위한 독립적인 수자원 공급원을 건설했다.

USAID는 사실 나에게 단순한 위장 그 이상이었다. 그곳에서 일하던 남녀 직원들은 나의 친구들이 됐다. 나는 하나님이 내게 이 직업을 주셨음을 알았다. USAID의 채용 정책은 정치 활동을 하는 사람은 고용하지 않는 것이었고, 그 사람의 아버지가 주요 테러 조직을 이끈다면 더더욱 고용하지 않는 것이었다. 하지만 어떤 이유에서인지 나의 상사는 나를 계속 고용하기로 결정했다. 그의 친절은 결코 그 자신도 알지 못할 방식으로 보상을 받게 될 것이었다.

인티파다 때문에 미국 정부는 직원들이 단 하루만 그리고 업무 목적으로만 서안 지구에 들어가 일할 수 있도록 허용했다. 하지만 그렇게 하려면 위험한 검문소를 통과해야 했다. 그들은 매일 줄줄이 이어진 검문소를 힘겹게 통과하고, 노란색 이스라엘 번호판이 달린 4륜구동 미국산 지프차를 타고 거리를 돌아다니는 것보다, 차라리 서안 지구에 사는 편이 더 안전했을 것이다. 보통의 팔레스타인 사람들은 도우러 온 사람들과 죽이러 온 사람들을 구분하지 못했다.

IDF(이스라엘방위군)는 작전이 USAID 요원들을 위험에 빠뜨릴 가능성이 있을 때면 언제나 대피하라고 경고했지만, 신베트는 그런 경고를 해 주지 않았다. 우리는 비밀 유지가 최우선이었기 때문이다. 예를 들어, 수배자가 제닌에서 라말라로 향하고 있다는 소식을 듣게 되면 사전 경고 없이 작전을 개시했다.

라말라는 작은 도시였다. 이 작전들이 진행되는 동안 보안군이 사방에서 달려들었다. 사람들은 자동차와 트럭으로 거리에 바리케이드를 치고 타이어에 불을 질렀다. 검은 연기가 공기를 잠식했다. 웅크리고 앉은 무장 괴한들은 엄폐물 사이를 뛰어다니며 앞을 가로

막는 것은 무엇이든 쏘았다. 젊은이들은 돌을 던졌다. 아이들은 거리에서 울었다. 구급차 사이렌 소리와 여자들의 비명 소리, 총기 발사 소리가 뒤섞였다.

내가 USAID에서 일하기 시작한 지 얼마 지나지 않아, 로아이는 보안군이 다음 날 라말라로 들어갈 것이라고 말했다. 나는 미국인 매니저에게 전화를 걸어 마을에 오지 말고 다른 사람들에게도 모두 집에 있으라고 하라고 경고했다. 나는 어떻게 이런 정보를 얻었는지는 말할 수 없다고 이야기했지만, 나를 믿어 달라고 당부했다. 그는 그렇게 했다. 그는 아마도 내가 하산 유세프의 아들이기 때문에 내부 정보를 가지고 있다고 생각했을 것이다.

이튿날, 라말라는 불타올랐다. 사람들은 거리를 뛰어다니며 시야에 있는 모든 것을 향해 쏘아 댔다. 길가의 차들은 불에 탔고, 상점 유리창은 깨져 상점들은 도둑과 약탈자에게 무방비로 노출되어 있었다. 내 상사는 그 뉴스를 보고는 나에게 "모사브, 그런 일이 또 생기면 언제든 알려 줘요"라고 말했다.

"좋아요, 한 가지 조건이 있어요." 나는 말했다. "아무 질문도 하지 마세요. 제가 오지 말라고 하면 그냥 오지 마세요."

제19장
신발
(2001)

제2차 인티파다는 잠시도 숨 돌릴 틈 없이 계속되는 듯했다. 2001년 3월 28일, 한 자살 폭탄 테러리스트가 주유소에서 십대 청소년 2명을 살해했다. 4월 22일, 버스 정류장에서 또 다른 폭탄 테러리스트가 자신을 포함한 2명의 사망자와 50여 명의 부상자를 냈다. 5월 18일, 네타냐의 한 쇼핑몰 밖에서 발생한 자살 폭탄 테러로 민간인 5명이 사망하고 100명 이상이 부상을 입었다.

그리고 6월 1일 오후 11시 26분, 한 무리의 십대 청소년들이 '돌피'(Dolphi)라는 텔아비브의 인기 있는 디스코텍에 들어가기 위해 줄을 서서 이야기하고 웃고 떠들고 있었다. 아이들 대부분은 구소련 출신이었고, 그들의 부모는 최근에 이민을 왔다. 사이드 호타리(Saeed Hotari)도 줄을 서 있었는데, 그는 팔레스타인 사람이었고 나이가 조금 더 많았다. 그의 몸은 폭발물과 금속 파편으로 싸여 있었다.

언론들은 돌피나리움 공격을 자살 폭탄 테러라고 부르지 않고 학살이라고 불렀다. 수십 명의 아이들이 볼 베어링과 폭발의 엄청난 힘에 의해 갈기갈기 찢겨 나갔다. 희생자가 많았다. 21명이 사망했고, 132명이 부상을 입었다.

어떤 자살 폭탄 테러리스트도 한 번의 공격으로 그렇게 많은 사람을 죽인 적이 없었다. 서안 지구에 사는 호타리의 이웃들은 그의 아버지를 축하했다. "내 다른 세 아들도 그렇게 했으면 좋겠어요." 인터뷰에서 호타리는 이렇게 말했다. "나는 내 가족, 모든 친척 들이 내 조국과 내 나라를 위해 죽기를 바랍니다."*

이스라엘은 그 어느 때보다도 뱀의 머리를 자르겠다는 결의에 가득 차 있었다. 그러나 그때쯤이면 파벌 지도자들을 투옥하는 것이 유혈 사태를 막는 데 아무런 도움이 되지 않으며 그들을 암살하는 것도 효과가 없을 것이라는 사실을 깨달았어야 했다.

자말 만수르는 언론인이었고, 아버지와 마찬가지로 하마스의 창립자 7명 중 하나였다. 그는 아버지의 가장 친한 친구 중 한 명이었다. 그들은 레바논 남부에서 함께 망명 생활을 했다. 두 사람은 거의 매일 전화로 대화하고 웃었다. 그는 또한 자살 폭탄 테러의 주요 옹호자였다. 1월 〈뉴스위크〉와의 인터뷰에서 그는 비무장 민간인 학살을 옹호하고 폭탄 테러리스트들을 칭찬했다.

7월 31일 화요일, 한 협력자의 제보를 받고 2대의 아파치 무장

---

* Leonard Cole, *Terror: How Israel Has Coped and What America Can Learn* (Bloomington: Indiana University Press, 2007), 8.

헬리콥터가 나블루스에 있는 만수르의 미디어 사무실에 접근했다. 그들은 그의 2층 사무실 창문을 통해 세 발의 레이저 유도 미사일을 발사했다. 만수르와 하마스 지도자 자말 살림(Jamal Salim), 그리고 다른 팔레스타인인 6명이 폭발에 의해 사망했다. 희생자 중 2명은 아래층에서 의사의 진료를 기다리던 8세와 10세의 어린이였다. 둘 다 잔해에 깔려 으스러졌다.

미친 짓처럼 보였다. 나는 로아이에게 전화를 걸었다.

"도대체 무슨 일이 일어나고 있는 거예요? 그 사람들이 자살 폭탄 테러에 연루된 것이 확실해요? 나는 그들이 공격을 지지했다는 것을 알고 있지만, 나의 아버지와 함께 하마스의 정치 세력에 속해 있었지 군부는 아니었어요."

"그렇지. 우리는 만수르와 살림이 돌피나리움 학살에 직접 연루됐다는 첩보를 입수했어. 그들의 손에는 피가 묻어 있어. 우리는 이 일을 해야만 했어."

내가 무엇을 할 수 있을까? 그와 논쟁할까? 그가 올바른 정보를 가지고 있지 않다고 말할까? 갑자기 이스라엘 정부도 나의 아버지를 암살하기로 결심한 것이 틀림없다는 생각이 들었다. 설령 그가 자살 폭탄 테러를 조직하지 않았다 하더라도, 그는 여전히 연루된 것만으로 유죄였다. 게다가, 그는 생명들을 구할 수 있는 정보를 가지고 있었는데도 그것을 숨기고 있었다. 그는 영향력이 있었지만 그것을 사용하지 않았다. 살인을 막으려 시도할 수도 있었지만 그러지 않았다. 그는 그 운동을 지지하고, 이스라엘 측이 강제로 철수할 때까지 그들에 대한 반대 운동을 계속하도록 독려했다. 이스라엘 정부의 눈에는 그 역시 테러리스트였다.

나는 성경을 읽으면서, 이제 아버지의 행동을 코란의 가르침이 아닌 예수의 가르침과 비교하게 되었다. 내게 아버지는 점점 더 영웅처럼 보이지 않았고, 그것은 내 마음을 아프게 했다. 나는 내가 배우고 있는 것을 그에게 알려 주고 싶었지만, 그가 들으려 하지 않을 것을 알았다. 그리고 예루살렘 사람들이 바라는 대로 된다면, 아버지는 결코 이슬람이 어떻게 자신을 잘못된 길로 이끌었는지 알 기회를 얻지 못하실 것이다.

나는 적어도 나와 신베트의 관계 때문에 아버지가 당분간은 안전할 것이라는 사실에 스스로 위안을 삼았다. 그들은 나만큼이나 그가 살아 있기를 바랐다. 물론 아주 다른 이유 때문이었지만. 그는 우리가 하마스 활동에 관한 내부 정보를 얻는 주요한 정보원이었다. 물론 나는 그 사실을 그에게 설명할 수 없었고, 신베트의 보호조치도 그에게는 위험 요소가 될 수 있었다. 다른 하마스 지도자들은 모두 숨어 지내는 데 반해, 아버지가 거리를 자유롭게 활보할 수 있다면 꽤 의심스러워 보일 것이기 때문이다. 그래서 나는 적어도 그를 보호하는 시늉이라도 할 필요가 있었다. 나는 즉시 그의 사무실로 가서 방금 만수르에게 일어난 일이 아버지에게도 쉽게 일어날 수 있다고 지적했다.

"모두 없애세요. 경호원을 없애세요. 사무실을 닫으세요. 다시는 여기 오지 마세요."

그의 반응은 내가 예상했던 대로였다.

"나는 괜찮을 거야, 모사브. 창문에는 강철을 덮을 거야."

"제 정신이신가요? 당장 여기서 나가세요! 그들의 미사일은 전차와 건물을 관통할 정도로 강력해요. 아버지는 그 쇠 철판 하나로 보호받을 수 있다고 생각하세요? 창문을 막으면 그들은 천장을 뚫고 들어올 거예요. 어서요, 떠나세요!"

저항하는 그를 원망할 수는 없었다. 그는 종교 지도자이자 정치인이지, 군인은 아니었다. 그는 군대나 암살에 대해선 아무것도 몰랐다. 내가 알고 있는 것을 그는 아무것도 알지 못했다. 그는 마침내 나와 함께 떠나기로 했지만 내 말을 달가워하지 않는다는 것을 나는 알고 있었다.

하지만 만수르의 오랜 친구인 하산 유세프가 논리적으로 다음 표적이 될 것이라고 결론을 내린 사람은 나뿐만이 아니었다. 우리가 길을 걸을 때 주위의 모든 사람들이 걱정스러워하는 것 같았다. 그들은 걸음을 재촉하며 불안한 표정으로 하늘을 흘끗 보며 최대한 빨리 우리에게서 멀어지려고 애썼다. 그들도 나처럼 헬리콥터가 날아오는 소리에 귀를 기울이고 있었다. 아무도 부수적인 피해자가 되고 싶어 하지 않았다.

나는 아버지를 시티 인 호텔로 데리고 갔고, 거기에 머무시도록 했다.

"좋아요, 여기 데스크에 있는 이 사람이 다섯 시간마다 방을 바꿔 드릴 거예요. 그냥 그의 말을 잘 들으세요. 방에 아무도 데려오지 마세요. 저 말고는 아무에게도 전화하지 마세요. 그리고 이곳을 떠나지 마세요. 여기 안전한 전화가 있어요."

나는 나가자마자 신베트에 그의 위치를 알려 주었다.

"좋아요, 좋아요. 그가 계속 거기에 머물도록 해 주세요. 곤경에 빠지지 않도록."

그러기 위해서는 매 순간 아버지가 어디에 있는지 알아야 했다. 나는 아버지가 내뱉는 모든 호흡까지도 알아야 했다. 나는 그의 경호원들을 모두 해산시켰다. 그들을 믿을 수 없었다. 나는 아버지가 나에게 전적으로 의지하기를 바랐다. 그렇게 하지 않으면 목숨을 잃을 수도 있는 실수를 저지르게 될 것이 뻔했다. 나는 그의 보좌관, 경호원, 문지기가 됐다. 나는 아버지가 필요로 하는 모든 것들을 공급했다. 나는 호텔 근처에서 일어나는 모든 일을 주시했다. 나는 그에게 외부 세계와의 연결점이자 동시에 외부 세계가 그와 연결될 수 있는 유일한 통로이기도 했다. 이 새로운 역할은 내가 스파이라는 의심에서 완전히 벗어날 수 있는 부가적인 유익을 가져다주었다.

나는 하마스의 한 지도자처럼 행동하기 시작했다. 나는 M16을 가지고 다녔는데, 그것은 내가 능력과 인맥과 권위를 가진 사람으로 보이게끔 만들었다. 그 당시에는 그러한 무기에 대한 수요가 많았지만 공급이 부족했다. (내 자동 소총은 1만 달러에 팔렸다). 그리고 나는 셰이크 하산 유세프의 아들이라는 관계를 이용해 많은 거래를 했다.

하마스 전투 요원들은 단지 과시하기 위해 내 주위를 맴돌기 시작했다. 그리고 그들은 내가 조직의 모든 비밀을 알고 있다고 생각했기 때문에 나에게 자신들의 문제와 불만을 편안하게 털어놓으며 내가 도와줄 수 있을 것이라고 믿었다.

나는 주의 깊게 들었다. 그들은 자신들이 내게 작은 정보들을 흘리고 있다는 것을 전혀 몰랐다. 나는 이 조각들을 모아 훨씬 더 큰 그림을 그리고 있었다. 그 단편적인 정보들 덕분에 신베트의 작전이 얼마나 많이 이루어졌는지 이 한 권의 책으로는 이루 다 설명할 수 없다. 다만 분명히 말할 수 있는 것은 그러한 대화의 결과로 무고한 생명들이 많이 구해졌다는 것이다. 우리가 막을 수 있었던 자살 폭탄 테러 덕분에 무덤가에서 슬픔에 잠긴 미망인들과 상처받은 고아들의 수가 훨씬 줄어들 수 있었다.

동시에 나는 하마스 무장 조직 내에서 신뢰와 존경을 얻게 되었고, 다른 팔레스타인 정파들 사이에서도 하마스 측 연락책 역할을 하게 되었다. 폭발물을 제공하거나 하마스와의 작전을 조율해 줄 인물로 기대를 받았다.

어느 날, 마르완 바르구티의 보좌관인 아흐마드 알파란시(Ahmad al-Faransi)가 제닌에서 자살 폭탄 테러리스트 몇 명이 사용할 폭발물을 구해 달라고 부탁했다. 나는 그렇게 하겠다고 했고, 서안 지구에 있는 폭탄 테러리스트들의 은신처를 찾아낼 수 있을 때까지 시간을 끌기 시작했다. 그런 게임은 매우 위험했다. 그러나 나는 여러 방면에서 보호받고 있음을 알고 있었다. 셰이크 하산 유세프의 장남이라는 사실이 감옥에서 하마스와 하마스의 고문으로부터 나를 안전하게 지켜 준 것처럼, 테러리스트들 사이에서 일할 때도 나를 보호해 주었다. USAID(미국국제개발처)에서 일할 때도 어느 정도의 보호와 자유를 얻을 수 있었다. 그리고 신베트는 항상 내 뒤를 지켜 주었다.

하지만 자칫 실수하면 목숨을 잃을 수 있었다. PA(팔레스타인자치정부)는 늘 위협적이었다. PA는 CIA(미국 중앙정보국)가 제공한 상당히 정교한 전자 도청 장비를 가지고 있었다. 그들은 그것을 테러리스트들을 색출하는 데 사용하기도 했지만, 때로는 이스라엘 협력자들을 잡아내는 데에도 사용했다. 그렇기에 나는 PA의 손에 넘어가지 않도록 극도로 조심해야 했다. 나는 다른 어떤 요원보다도 신베트의 작전 방식에 대해 더 잘 알고 있었기 때문이다.

나는 아버지와 연결될 수 있는 유일한 통로였기 때문에, 서안 지구, 가자 지구, 시리아에 있는 모든 하마스 지도자들과 직접 접촉할 수 있었다. 그 정도의 접근을 할 수 있는 또 다른 사람은 다마스쿠스에 있는 칼리드 미샤알(Khalid Meshaal)이었다. 미샤알은 서안 지구에서 태어났지만 대부분의 삶을 다른 아랍 국가에서 살았다. 그는 쿠웨이트의 무슬림 형제단에 가입했고 쿠웨이트 대학교에서 물리학을 공부했다. 하마스가 창설된 후 미샤알은 쿠웨이트 지부를 이끌었다. 그리고 이라크 침공 이후 그는 요르단으로, 그다음에는 카타르로, 마지막으로는 시리아로 옮겼다.

그는 다마스쿠스에 거주했기 때문에 하마스 지도자들처럼 여행 제한 조치를 받지 않았다. 그래서 그는 카이로, 모스크바, 아랍 연맹의 하마스를 대표하는 일종의 외교관이 됐다. 그는 업무를 수행하면서 모금을 했다. 2006년 4월에만 이란과 카타르로부터 1억 달러를 모금했다.

미샤알은 대중 앞에 모습을 많이 드러내지 않고, 비밀스러운 곳에서 생활했으며, 암살에 대한 두려움 때문에 점령지로 돌아가지도 못했다. 그에게는 조심해야 할 충분한 이유가 있었다.

1997년, 미샤알이 아직 요르단에 있었을 때, 이스라엘 정보 기관인 모사드(Mossad)의 요원 2명이 그의 방에 침입해 그가 자고 있는 동안 귀에 희귀 독극물을 주입했다. 그의 경호원들이 건물을 빠져나가는 요원들을 발견했고, 그들 중 한 명이 미샤알을 확인하러 갔다. 피는 보이지 않았지만 그들의 지도자는 바닥에 쓰러진 채 말을 할 수 없었다. 경호원들은 이스라엘 요원들을 뒤쫓았고, 그중 한 명이 열려 있던 하수구에 빠졌다. 요원들은 곧 요르단 경찰에 체포됐다.

이스라엘은 당시 요르단과 평화 협정을 맺고 대사를 교환한 상태였는데, 이번 실패한 암살 시도는 그 새 외교 협정을 위태롭게 만들었다. 하마스도 이스라엘 정보요원이 그들의 핵심 지도자 중 한 사람에게 그렇게 쉽게 접근할 수 있다는 사실에 당황했다. 이 사건은 관련된 모든 당사자에게 수치스러운 일이었기에, 모두가 사건을 은폐하려고 했다. 하지만 결국 국제 언론에 알려지고 말았다.

요르단 거리에서 시위가 벌어졌고, 후세인 국왕은 이스라엘에 하마스의 정신적 지도자인 셰이크 아흐마드 야신과 다른 팔레스타인 수감자들을, 체면을 구긴 모사드 요원들과 맞교환할 것을 요구했다. 또한 즉시 의료팀을 파견하여 미샤알에게 독극물 해독제를 주사할 것을 모사드에게 요구했다. 이스라엘은 마지못해 동의했다.

칼리드 미샤알은 적어도 일주일에 한 번은 나에게 전화를 했다. 어떤 때는 매우 중요한 회의 중에도 내 전화를 받았다. 어느 날 모사드는 신베트에 연락을 했다.

"라말라 출신의 아주 위험한 인물이 매주 칼리드 미샤알과 통화를 나누고 있는데 그가 누군지 알아낼 수가 없습니다!"

물론 그들은 나를 지칭하는 것이었다. 우리는 모두 웃음을 터뜨렸고, 신베트는 모사드가 나에 대해 추측하게끔 두기로 했다. FBI(미국 연방수사국), CIA(미국 중앙정보국), NSA(미국 국가안보국)처럼 모든 나라의 안보기관들 사이에는 치열한 경쟁이 있는 것 같았다.

그러던 어느 날, 나는 미샤알과의 관계를 이용하기로 결심했다. 나는 그에게 전화로 알려 줄 수 없는 매우 중요한 정보가 있다고 말했다.

"안전하게 전달할 수 있는 방법이 있을까?" 그가 물었다.

"그럼요. 일주일 후에 전화해서 자세한 내용을 알려 드릴게요."

이 지역들과 다마스쿠스 사이의 일반적인 통신 수단은 경찰 기록이 없고 하마스와의 연관이 없는 사람을 통해 편지를 보내는 것이었다. 이러한 편지는 매우 얇은 종이에 적고 아주 작은 크기로 말아서 빈 약 캡슐에 넣거나 나일론 실로 간단히 감싸 보냈다. 국경을 넘기 직전, 운반책은 캡슐을 삼킨 다음 반대편 화장실에서 다시 토해 냈다. 때로는 운반책이 한 번에 50통이나 되는 편지를 운반해야 할 때도 있었다. 당연히, 이 운반책들은 편지에 어떤 내용이 들어 있는지 전혀 몰랐다.

나는 무언가 다른 방식으로 외부 지도자와의 새로운 비밀 채널을 열기로 했다. 이렇게 해서 개인적인 수준의 접근을 넘어 작전 및 보안의 영역까지 접근 권한이 확장됐다.

신베트는 이 아이디어를 마음에 들어 했다.

나는 현지 하마스 대원을 골라 한밤중에 내가 어릴 적 놀던 공동묘지에서 만나자고 했다. 그에게 깊은 인상을 주기 위해, 나는 M16을 들고 나타났다.

나는 그에게 "매우 중요한 임무를 수행해 주세요"라고 말했다.

겁에 질린 기색이 역력하면서도 흥분한 그는 하산 유세프의 아들이 하는 말 한마디 한마디를 주의 깊게 들었다.

"가족은 물론이고, 지역 하마스 지도자에게도 비밀을 누설하지 마세요. 그건 그렇고, 당신의 지도자는 누구예요?"

나는 그에게 그의 임무에 대해 더 자세히 말하기 전에 하마스에서의 그의 모든 이력, 그가 알고 있는 모든 것을 적어 달라고 요청했다. 그는 그것을 종이에 옮기는 데 한순간도 지체하지 않았다. 그리고 자기 구역에서 벌어진 모든 동향 보고를 포함해 엄청난 양의 정보를 내게 주었는데, 그 양이 믿기지 않을 정도였다.

우리는 두 번째로 만났고, 나는 그에게 팔레스타인을 떠나게 될 것이라고 말했다.

"내가 시키는 대로 하고 질문하지 마세요"라고 경고했다.

나는 로아이에게 그 남자가 하마스에 깊이 관여하고 있다고 말했다. 그래서 조직에서 그를 조사하더라도, 매우 적극적이고 충성스러운 하마스 대원으로 보일 것이라고 설명했다. 신베트는 자체 심사를 거쳐 그를 승인하고 국경을 열어 주었다.

나는 칼리드 미샤알에게 편지를 써서 내가 서안 지구의 모든 열쇠를 쥐고 있으며, 일반적인 하마스 조직망에는 맡길 수 없는 특별하고 복잡한 임무들을 내게 전적으로 맡겨도 된다고 전했다. 나는 그의 명령을 받을 준비가 됐다고 말했고, 성공을 장담했다.

그 당시 이스라엘이 하마스 지도자들과 활동가들 대부분을 암살하거나 체포한 상태였기 때문에 내 타이밍은 완벽했다. 알카삼 여단은 기진맥진했고, 미샤알은 인적 자원이 턱없이 부족했다.

그러나 나는 운반책에게 편지를 삼키라는 지시는 하지 않았다. 나는 더 복잡한 임무를 설계했다. 보통 그런 것이 더 재미있기 때문이다. 나는 이 첩보 활동에 점점 더 매력을 느끼고 있었다. 특히 이스라엘 정보 기관이 길을 닦아 주고 있을 때는 더더욱 그러했다.

우리는 그 운반책에게 아주 멋진 옷, 완벽한 의상 한 벌을 사 주었는데, 우리가 편지를 숨겨 놓은 신발에 그가 주의를 기울이지 않도록 하기 위해서였다.

그는 옷을 입었고 나는 그에게 여행을 위한 충분한 돈과 시리아에서 즐거운 시간을 보낼 수 있도록 약간의 여윳돈을 주었다. 나는 접선할 사람들이 신발로만 그를 알아볼 수 있기 때문에 신발을 계속 신고 있어야 한다고 말했다. 그렇지 않으면 그가 다른 사람으로 오인되어 심각한 위험에 처할 수도 있다고 경고했다.

운반책이 시리아에 도착한 후, 나는 미샤알에게 전화를 걸어 곧 연락이 올 것이라고 알려 주었다. 만약 다른 누군가가 그렇게 말했다면, 그는 즉시 의심하고 만남을 거절했을 것이다. 하지만 이 남자는, 그의 젊은 친구이자 하산 유세프의 아들이 보낸 사람이었다. 그래서 그는 아무 걱정 없이 믿었다.

그들이 만났을 때, 칼리드는 편지를 요청했다.

"무슨 편지요?" 운반책이 물었다. 그는 자기가 편지를 가지고 있어야 한다는 것을 몰랐다.

나는 칼리드에게 어디를 찾아야 하는지 힌트를 주었고, 그들은 한쪽 신발에서 비밀의 공간을 발견했다. 이렇게 다마스쿠스와 새로운 통신 채널이 열렸지만, 미샤알은 신베트가 도청하고 있는 공유 회선에 자신이 연결되어 있다는 사실을 전혀 알지 못했다.

제20장
갈등
(2001년 여름)

2001년 8월 9일 오후 2시가 조금 안 됐을 때, 22세의 이즈 알딘 슈헤일 알마스리(Izz al-Din Shuheil al-Masri)가 킹 조지 스트리트와 자파 로드에 있는, 사람들로 붐비는 스바로 피자 가게에서 자폭했다. 알마스리는 서안 지구의 부유한 가정 출신이었다.

폭발물의 무게는 5-10킬로그램 정도였는데 폭발 과정에서 못, 너트, 볼트 등과 같은 파편이 여름철 손님들 몸에 박히면서 15명이 죽고 130명이 부상당했다. 이 끔찍한 사건과 몇 달 전 돌피나리움 폭탄 테러로 이스라엘 국민들은 슬픔과 분노에 거의 눈이 멀 지경이었다. 이러한 공격의 배후에 어떤 단체가 있든지 간에, 더 많은 무고한 사람들이 죽임을 당하기 전에 또 다른 공격을 예측하고 저지해야 했다. 그렇지 않으면 사태가 통제 불능 상태로 악화되어 전례 없는 죽음과 비통함이 이스라엘 전역으로 확산될 가능성이 매우 높았다.

신베트는 폭탄 테러의 모든 세부 사항을 반복해서 면밀히 조사하며, 은신처에 있던 무함마드 자말 알나트셰, 살레 탈라흐메, 이브라힘 하메드, 사예드 알셰이크 카셈, 하사녠 룸마나 등 5명과의 연결 고리를 찾으려 했지만, 돌피나리움이나 스바로 공격과 관련이 있다는 증거를 아주 조금도 발견하지 못했다.

누가 그런 폭탄을 만들 수 있었을까? 물론 화학이나 공학을 전공한 학생은 아니었을 것이다. 우리는 그들 한 명 한 명, 그들이 받은 학점, 성적 그리고 그들이 아침 식사로 무엇을 먹었는지 모두 알고 있었다.

이 폭탄을 만든 사람이 누구든 간에, 그는 전문가였고, 팔레스타인 분파 중 어느 쪽에도 관련이 없어 보였으며, 우리의 감시망을 완전히 벗어나 있었다. 어떻게든 우리는 그가 더 많은 폭탄을 만들기 전에 그를 찾아야만 했다. 이자는 매우 위험했다.

당시 우리가 알지 못했던 것은 아라파트의 측근들이 스바로 공격 직후 CIA로부터 전화를 받았다는 사실이다. 미국인들이 그들에게 말했다. "우리는 누가 폭탄을 만들었는지 알고 있다. 그의 이름은 압둘라 바르구티(Abdullah Barghouti)이다. 그는 빌랄 바르구티(Bilal Barghouti)라는 친척과 함께 살고 있다. 여기가 그들의 주소이다. 가서 그들을 체포하라."

몇 시간 만에 압둘라 바르구티와 빌랄 바르구티는 PA(팔레스타인 자치정부)에 구금됐다. PA가 그들을 체포하고 싶어 한 것은 아니었지만, 워싱턴으로부터 자금과 병참 지원이 계속 흘러들어 오도록 하기 위해 아라파트는 적어도 PA가 평화를 유지하기 위해 공헌하고 있는 것처럼 '보여야 한다'는 사실을 알고 있었다. 나는 아라파트가 압둘라 바르구티에게 징역형보다는 훈장을 수여하고 싶었을 것이라고 생각했다.

압둘라가 예방 보안 본부에서 안전하게 보호받자마자, 또 다른 바르구티인 마르완이 그를 꺼내 주기 위해 나타났다. PA는 압둘라를 석방할 수 없었다. CIA는 그를 PA에 맡겼고, 미국은 그들이 압둘라를 처리하기를 기대했다. 이스라엘도 같은 기대를 하고 있었고, PA가 의무를 소홀히 할 경우 더 단호한 조치를 취할 것이 분명했다. 그래서 마르완은 압둘라에게 음식, 옷, 돈을 주며 일종의 가택연금 상태—압둘라는 좋은 사무실에서 일하고, 담배를 피우며, 커피를 마시고, 최고 보안 요원들과 담소를 나눌 수 있었다—로 만들었다.

비록 혈연관계는 아니었지만 마르완 바르구티와 압둘라 바르구티는 흥미로운 역사를 공유했다. 두 사람 모두 아흐마드 간두르의 부관이었던 무하네드 아부 할라와라는 23세의 정신이상자와 관련이 있었다.

할라와는 파타의 야전 사령관이자 포스 17의 일원이었다. 포스 17과 사담 후세인의 공화국 수비대와 같은 정예 부대를 생각하면 규율, 기술, 철저한 훈련이 떠오른다. 하지만 할라와는 그 모델에 맞지 않았다. 그는 교육받지 못한, 예측 불가능한 인물로, 지프차에 흔히 장착되곤 하는 거대한 기관총을 들고 다녔다. 할라와는 다른 극단주의자들과 불미스러운 인물들에게 정기적으로 총을 나눠 주었는데, 그들은 검문소를 지날 때 그 총을 사용해 군인과 민간인을 무차별적으로 공격했다.

예를 들어, 지난 5월에도 그는 누군가에게 장전된 AK-47 소총 두 정과 실탄 한 자루를 건넸다. 그리고 잠시 후, 이 남자와 그의 친구는 예루살렘에서 나오는 길을 따라 매복해 있다가 그중 13발을 그리스 정교회 수사인 치부크차키스 예르마노스(Tsibouktsakis Germanus)에게 발사했다. 할라와는 이 살인자들에게 더 많은 총을 보상으로 주면서, 히브리 대학교의 스코푸스산 캠퍼스에서 별일 공격을 준비하게 했다.

당연하게도 얼마 지나지 않아 이스라엘은 신베트에 할라와를 영구히 제거하도록 압력을 가했다. 내가 하마스와 관련되어 있었기 때문에, 신베트에서 그의 정체를 확인할 수 있는 사람은 나뿐이었다. 하지만 내 인생에서 처음으로, 나는 실질적인 도덕적 딜레마에 직면했다. 이 남자가 아무리 악한 사람이라 하더라도 그를 죽이는 일에 대해 내 안의 무언가가 본능적으로 거부감을 느낀 것이다.

나는 집에 돌아가서 이제는 닳아진 성경을 꺼냈다. 그리고 낱낱이 뒤져 보았지만 살인을 정당화하는 어떤 내용도 찾을 수 없었다. 하지만 그가 계속해서 사람들을 쏘도록 살게 한다면 내 손에 묻을 피를 감당할 수가 없었다. 나는 곤혹스러웠다.

나는 계속 생각하며 전능하신 하나님에게 기도했다. 마침내 이렇게 기도했다. '주님, 제가 하려는 일을 용서해 주세요. 이 사람을

살게 두어서는 안 됩니다.'

"잘했어." 로아이가 내가 내린 결정을 듣자마자 말했다. "우리가 그를 잡을 거야. 다만 마르완 바르구티가 반드시 그와 같이 차에 타고 있지 않도록 해야 해."

마르완은 단지 거물급 팔레스타인인이었을 뿐만 아니라 그의 손에 이스라엘 사람들의 피를 잔뜩 묻힌 테러리스트이기도 했다. 그리고 신베트는 그를 미워했지만, 그가 암살당하는 것을 원치 않았는데 이는 그가 어마어마한 순교자가 될 가능성 때문이었다.

2001년 8월 4일, 나는 바르구티의 사무실 근처에서 차 안에 대기 중이었는데 할라와가 걸어 들어가는 것을 보았다. 몇 시간 후, 그는 나와서 금색 폭스바겐 골프를 몰고 떠났다. 나는 보안군에 전화를 걸어 할라와가 혼자 있음을 확인해 주었다.

근처 언덕 꼭대기에 있는 전차 안에서, IDF(이스라엘방위군) 병사들은 할라와의 차를 지켜보면서, 근처에 민간인이 없는 상황을 기다리며 확실한 사격 기회를 엿봤다. 첫 번째 장갑 관통 미사일은 앞 유리를 향해 날아갔지만, 할라와는 마치 미사일이 날아오는 것을 눈치챈 듯 문을 열고 뛰어내리려고 했다. 그의 움직임은 느렸다. 미사일이 폭발하면서 그는 차 밖으로 튕겨져 나갔다. 수백 미터 떨어진 곳에 앉아 있던 내 차도 폭발의 충격으로 흔들렸다. 두 번째 미사일은 빗나가 거리를 강타했다. 금색 골프는 불길에 휩싸였고 할라와도 마찬가지였다. 하지만 그는 죽지 않았다. 그가 불길에 휩싸인 채로 고통 속에서 거리를 뛰어다니며 비명을 지르는 것을 보면서 내 심장은 거의 터질 듯이 쿵쾅거렸다.

우리는 무엇을 한 것일까?

"뭐 하는 거야!" 신베트는 내 차가 사건 현장에 너무 가까이 있음을 발견하자마자 휴대전화로 나에게 소리쳤다. "죽고 싶어? 거기서 나가!"

사실 나는 공격 현장 근처에 있어서는 안 되는 상황이었지만, 무슨 일이 일어날지 보려고 차를 몰고 내려갔었다. 내가 관여한 일에 대한 책임감과 의무감을 느꼈다. 이는 정말 어리석은 짓이었다. 만약에 발각됐다면, 나는 암살 시도에 관련되지 않았다고 하기에는 너무나 우연의 일치였을 것이며, 내 신상은 확실히 노출됐을 것이다.

그날 저녁, 나는 아버지와 마르완 바르구티를 동반하여 병원에 있는 할라와를 방문했다. 그의 얼굴은 너무나도 심하게 화상을 입어서 쳐다볼 수도 없었다. 죽음조차 그의 광신을 꺾지 못하는 듯했다.

그는 몇 달 동안 숨어 지냈고, 듣자 하니 자신의 총을 실수로 쏘아 거의 피로 물들어 죽을 뻔한 적도 있었다고 한다. 하지만 그런 사건조차 그를 멈출 수 없었다. 그는 계속해서 사람들을 죽이고 다녔다. 그러던 어느 날, 로아이가 나에게 전화를 했다.

"어디 있어?"

"집에요."

"알겠어. 거기 있어."

나는 무슨 일이 일어나고 있는지 묻지 않았다. 나는 로아이의 지시를 신뢰하는 법을 배웠다. 몇 시간 후, 로아이가 다시 전화를 걸어

왔다. 로아이의 전화에 의하면, 할라와가 우리 집 근처에 있는 프라이드 치킨 식당에서 친구들과 식사를 하고 있다고 했다. 한 이스라엘 정보원이 그를 발견하고 신원을 확인했다. 할라와와 그의 친구들이 식당을 나서자 헬리콥터 2대가 하늘에서 급격히 날아와 미사일을 발사했다. 상황은 종결됐다.

할라와가 암살된 후 알아크사 순교자 여단의 일부 대원들이 그 식당을 방문했고, 할라와가 차에 오르기 전 마지막으로 그를 본 사람들 중 하나인 17세 소년을 발견했다. 그 소년은 자신을 보호해 줄 가족이 없는 고아였다. 그래서 그들은 그를 고문했고, 그는 이스라엘에 협력했다고 자백했다. 그들은 그를 총으로 쏘고, 그 시신을 차 뒤에 묶어, 라말라 거리로 끌고 가, 광장의 탑에 매달았다.

이와 동시에 언론은 이스라엘이 마르완 바르구티를 죽이려 했다고 크게 보도했지만, 그것은 사실이 아니었다. 나는 조직이 그를 죽이지 않기 위해 주의를 기울였다는 것을 알고 있었다. 하지만 사람들은 언론과 알자지라를 믿었기 때문에, 마르완 바르구티는 이 소문을 정치적 자본으로 만들기로 결심했다. 그는 "그래, 그들은 나를 암살하려고 했지만, 난 그들보다 더욱 똑똑했다"라고 자랑하기 시작했다.

감옥에서 이 소식을 들은 압둘라 바르구티도 그 말을 믿었고, 이스라엘에 대한 끔찍한 복수를 가하기 위해 마르완의 수행원에게 몇 개의 특수 폭탄을 보냈다. 마르완은 그 행동에 매우 감사했고 압둘라에게 큰 빚을 졌다고 느꼈다.

* * *

압둘라 바르구티의 등장은 이스라엘과 팔레스타인 사이의 분쟁에 현저한 변화를 가져왔다. 첫째, 그의 폭탄은 이전에 본 어떤 것보다 훨씬 더 정교하고 파괴적이어서, 이스라엘은 훨씬 더 취약해졌고, 폭탄 테러를 저지하라는 압력이 행정부에 한층 더 강하게 가해졌다.

둘째, 알아크사 인티파다가 더 이상 팔레스타인에만 국한되지 않았다. 바르구티는 쿠웨이트에서 태어난 외부인이었다. 이스라엘 국경 너머에 어떤 위협이 도사리고 있을지 아무도 알 수 없었다.

셋째, 바르구티는 추적하기 쉬운 사람이 아니었다. 그는 하마스도 아니었고, PA도 아니었다. 그는 단순히 바르구티, 익명의 독립적인 살인 무기였다.

압둘라가 체포된 직후, PA는 마르완에게 그가 계획한 향후 공격에 관해 이야기해 달라고 요청했다.

"알겠소." 마르완이 말했다. "하산 유세프가 그와 이야기하도록 하겠소."

마르완은 아버지가 정치적 부패에 대해 강경한 입장을 가지고 있다는 것을 알고 있었고, 하마스와 PA 사이에 평화를 이루기 위한 아버지의 노력에 대해 들은 바 있었다. 그는 아버지에게 전화를 걸었고, 아버지는 압둘라와 만나기로 했다.

아버지는 하마스의 일원이 아니었던 압둘라 바르구티에 대해 결코 들어 본 적이 없으셨다. 하지만 아버지는 압둘라에게 이렇게 경고하셨다. "만약 당신이 계획하고 있는 것이 있다면, 지금 당장 PA에 알려야 합니다. 우리가 그것을 당장 중단시킨다면 이스라엘로부터 받고 있는 압박을 적어도 앞으로 몇 주 동안은 어느 정도 덜어 낼 수 있습니다. 만일 돌피나리움이나 스바로에서 일어난 것과 같은 폭발이 또 일어난다면 이스라엘은 서안 지구에 무력으로 들어올 겁니다. 그들은 PA 지도자들을 강경하게 응대할 것이고, 당신을 잡아갈 거예요."

압둘라는 자신이 나블루스에 폭탄 여러 개를 보냈으며, 몇몇 전투원이 폭발물을 4대의 차량에 싣고 가서 이동 중인 이스라엘 외무장관 시몬 페레스를 포위하고 암살할 계획이었다고 자백했다. 그는 또한 북부의 하마스 요원들이 다수의 이스라엘 국회의원을 폭탄으로 제거하려 한다고 시인했다. 안타깝게도 그는 폭탄 테러리스트가 누구인지, 누구를 표적으로 삼았는지, 누가 페레스를 암살할 계획을 세우고 있는지 알지 못했다. 그가 가지고 있는 것은 단지 전화번호 하나뿐이었다.

집에 돌아온 아버지는 알게 된 정보를 나에게 나누어 주셨다. 우리는 이제 이스라엘의 최고위직 관리 중 한 명인 외무장관을 암살하려는 음모에 대한 정보를 입수하게 됐다. 그 여파는 끔찍했다.

명백히, 압둘라의 연락책에게 전화를 거는 것 외에는 할 수 있는 일이 없었다. 마르완 바르구티는 압둘라가 자신의 전화를 사용하지 않기를 원했고, 아버지 역시 압둘라가 자신의 전화를 사용하는 것을 원하지 않으셨다. 우리 모두는 이스라엘 측이 도청하고 있을 것을 알고 있었고, 두 사람 모두 테러 작전에 연루되기를 원하지 않았다.

그래서 아버지는 나에게 일회용 휴대전화를 사오라고 하셨다. 전화를 사용한 후에 버릴 수 있도록 말이다. 나는 휴대전화를 구입한 후 그 번호를 적어서 신베트에 알려 주었다. 신베트는 그들의 통화를 추적할 수 있었다.

압둘라는 나블루스에 있는 그의 연락책에게 전화를 걸어 새로운 지시가 있을 때까지 모든 활동을 멈추라고 말했다. 이스라엘 정보 기관은 계획된 내용을 알아내자마자 크네세트(Knesset: 이스라엘 정부의 의회)와 내각의 모든 구성원들에 대한 보안을 강화했다. 마침내 두어 달이 지나자 상황이 조금 진정되기 시작했다.

그러는 동안 마르완은 압둘라의 석방을 위해 계속 노력했는데, 압둘라가 그에게 폭탄을 제공했기 때문만이 아니라, 그가 더 많은 이스라엘인들을 죽일 수 있도록 자유롭게 해 주고 싶었기 때문이었다. 마르완 바르구티는 제2차 인티파다의 지도자들 중 한 명이었을 뿐 아니라 군인들과 정착민들을 직접 사살한 테러리스트이기도 했다.

결국 PA는 압둘라 바르구티를 석방했다. 신베트는 매우 분노했다. 그러고 나서 모든 것이 정말 혼란스러워졌다.

제21장
게임
(2001년 여름-2002년 봄)

2001년 8월 27일, 이스라엘 헬리콥터가 PFLP(팔레스타인해방인민전선) 사무총장 아부 알리 무스타파(Abu Ali Mustafa)의 사무실에 로켓 두 발을 발사했다. 그중 한 발이 책상에 앉아 있던 그를 강타했다.

이튿날, 분노한 5만 명 이상의 팔레스타인인들이 무스타파의 가족과 함께 그의 장례식에 참석했다. 무스타파는 평화 협상과 오슬로 협정에 반대했었다. 그럼에도 불구하고 그는 아버지와 같은 온건파였고, 우리는 그의 강연을 들으러 여러 번 함께 갔었다.

이스라엘은 그가 아홉 건의 차량 폭탄 공격을 저질렀다고 주장했지만 그것은 사실이 아니었다. 아버지처럼 그도 군사 지도자가 아닌 정치 지도자였다. 이스라엘은 그를 몰아붙일 만한 증거가 전혀 없었다. 나는 그 사실을 확실히 알고 있었다. 하지만 그것은 중요하지 않았다. 어쨌든 그들은 무스타파를 암살했다. 아마도 스바로 레스토랑에서 벌어진 무차별한 폭력에 대한 보복이었을 수도 있고, 돌피나리움 학살 때문이었을 수도 있다. 더 가능성 있는 것은 그들이 단순히 야세르 아라파트에게 메시지를 보내고 싶었을 것이다. PFLP에서의 역할 외에도 무스타파는 PLO(팔레스타인해방기구) 집행위원회 위원이기도 했다.

2주 후인 9월 11일, 19명의 알카에다 테러리스트들이 미국에서 제트 여객기 4대를 납치했다. 2대는 뉴욕시의 세계 무역 센터에 충돌했다. 또 다른 1대는 워싱턴의 펜타곤에 충돌했다. 그리고 네 번째 제트 여객기는 펜실베이니아주 서머셋 카운티의 한 들판에 추락했다. 테러리스트 자신들 이외에도 총 2,973명이 사망했다.

뉴스 매체가 계속해서 펼쳐지는 믿을 수 없는 사건들을 따라잡기 위해 고군분투하는 동안, 나는 전 세계의 사람들과 함께 앉아서 쌍둥이 빌딩이 무너지고 하얀 재가 2월의 눈보라처럼 처치 스트리트를 뒤덮었다는 보도를 반복해서 지켜보았다. 가자 지구의 거리에서 이를 축하하며 뛰어다니는 팔레스타인 어린이들에 관한 영상을 보았을 때 부끄러움이 밀려왔다.

이 공격은 팔레스타인 문제도 잿더미로 만들었다. 전 세계는 테러리즘에 반대하는 목소리를 높였다. 어떤 테러리즘이든, 어떤 목적이든 말이다. 그 후 몇 주 동안, 신베트는 단순히 9/11로 알려지게 될 사건의 잔해에서 발견할 수 있는 교훈을 찾기 시작했다.

왜 미국 정보 기관은 이 재앙을 막지 못했을까? 우선, 그들은 독립적이고 경쟁적으로 운영됐다. 또 다른 이유는 그들 대부분이 기술에 의존하고 테러리스트들과 협력하는 경우는 거의 없었기 때문이다. 냉전 시대에는 이러한 전술이 괜찮았을지 모르지만, 기술만으로 광신적인 이념에 맞서 싸우는 것은 매우 어려운 일이다.

반면 이스라엘 정보 기관은 대부분 인적 자원에 의존했다. 모스크, 이슬람 조직, 지도자 층에 수많은 스파이가 있었고, 가장 위험한 테러리스트도 영입하는 데 아무런 문제가 없었다. 그들은 내부에 눈과 귀를 두어야 하고, 동기와 감정을 이해하며, 단편적 사실에서 어떤 결론을 도출할 수 있는 지성이 있어야 한다는 것을 알고 있었다.

미국은 이슬람 문화나 그 이념을 이해하지 못했다. 이러한 점과 더불어 개방된 국경과 느슨한 보안이 더해지면서 미국은 이스라엘보다 훨씬 더 취약한 표적이 됐다. 그렇다 하더라도 이스라엘과 같은 작은 나라에서조차 테러리즘을 종식시킬 수는 없었다. 나의 첩보 활동으로 이스라엘에서 수백 명의 테러리스트들을 거리에서 몰아낼 수 있었더라도 말이다.

약 한 달 후인 10월 17일, PFLP 무장 괴한 4명이 예루살렘 하얏트 호텔에 난입해 이스라엘 관광부 장관 레하밤 제에비(Rehavam Ze'evi)를 암살했다. 그들은 그것이 무스타파 암살에 대한 복수라고 말했다. 겉보기에는 정치에 무관심해 보였지만 제에비는 명백한 표적이었다. 그는 서안 지구와 가자 지구에 사는 300만 명의 삶을 비참하게 만들어 그들이 자발적으로 다른 아랍 국가들로 이주하도록 하는 정책을 공개적으로 옹호했다. 제에비는 비유를 뒤섞으며 AP 통신 기자에게, 일부 팔레스타인 사람들은 "이"(lice)와 같아서, "우리 안에 퍼지는 암"을 막듯이 잡아야 한다고 말하기도 했다.*

보복에 보복이 이어졌고, 상호 간의 살해는 계속됐다. 눈에는 눈으로 갚았는데, 그 눈들은 부족하지 않았다.

몇 년 동안, 나는 신베트가 유혈 사태를 막는 데 도움이 될 수 있는 모든 정보를 모으기 위해 열심히 일했다. 우리는 무함마드 자말 알나트셰, 살레 탈라흐메, 그리고 팔레스타인 감옥에서 석방된 후 내가 은신시켜 두었던 다른 세 사람을 계속 감시했다. 그들은 여러 차례 거주지를 바꿨고, 살레만이 나와 연락을 유지했다. 그러나 우리는 그들의 가족을 통해서 그리고 공중전화를 감청하면서 다른 사람들을 추적했다.

살레는 나를 신뢰했고, 항상 자신이 사는 곳을 말해 주었으며, 자주 방문하도록 나를 초대했다. 그를 알아 가면서 나는 살레를 정말 좋아하게 됐다. 그는 전기공학과를 수석으로 졸업하고, 비르제이트 대학교 역사상 가장 뛰어난 학생 중 한 명으로 꼽혔으며 뛰어난 학자였다. 그에게 나는 하산 유세프의 아들이었고, 좋은 친구이자 좋은 경청자였다.

나는 살레와 많은 시간을 보냈다. 그의 아내 마제다(Majeda)와 두 아들, 세 딸을 포함한 다섯 자녀도 함께했다. 그들의 큰아들의 이름은 나와 같은 모사브였다. 마제다와 아이들은 살레와 함께 시간을 보내기 위해 헤브론에서 라말라로 와서 그의 은신처인 아파트에 머

---

* "부고: 레하밤 제에비," BBC 뉴스, 2001년 10월 17일, http://news.bbc.co.uk/2/hi/middle_east/1603857.stm (2009년 11월 24일 접속).

물고 있었다. 당시 나는 아직 학위 과정을 밟고 있었는데, 어느 날 저녁, 살레가 나의 학업이 어떻게 진행되고 있는지 물었다.

"학업에 어려움은 없나요?"

"있어요. 경제 통계학이 어렵네요."

"좋아요, 내일 그 책을 가지고 오면 함께 앉아서 공부해요. 우리만의 작은 수업이 될 거예요."

내가 로아이와 신베트의 다른 사람들에게 그 사실을 말했을 때, 그들은 기뻐했다. 그들은 이러한 개인 교습이 정보 수집을 위한 좋은 위장 수단이 될 것이라고 생각했다.

그러나 그것은 순전히 위장만은 아니었다. 살레와 나는 친구가 되어 가고 있었다. 그는 나를 가르쳐 주었고, 나는 실제로 몇 주 후 시험에서 아주 좋은 성적을 거두었다. 나는 그를 좋아했고, 그의 자녀들을 좋아했다. 나는 종종 그의 가족과 함께 식사를 했고, 시간이 지나면서 우리 사이에 강한 유대감이 형성되기 시작했다. 이것은 이상한 관계였다. 왜냐하면 나는 살레가 이미 매우 위험한 사람이 되었다는 것을 알고 있었기 때문이었다. 하지만 다시 생각해 보면, 나도 이미 그렇게 되어 있었다.

* * *

2002년 3월의 어느 날 밤, 집에 앉아 있는데 두 남자가 찾아왔다.

의심스러운 마음으로 "어떻게 도와드릴까요?" 하고 물었다.

"우리는 셰이크 하산 유세프를 찾고 있습니다. 중요한 일입니다."

"왜 중요한지 말씀해 주세요."

그들은 요르단에서 막 도착한 자살 폭탄 테러리스트 5명 중 2명이라고 설명했다. 그들의 연락책이 체포됐기 때문에, 안전하게 머물 곳이 필요하다고 했다.

"그렇군요." 나는 말했다. "잘 오셨어요."

나는 그들에게 무엇이 필요한지 물었다.

"우리는 폭발물과 폭탄으로 가득 찬 차를 가지고 있는데, 그것을 안전하게 둘 수 있는 장소가 필요합니다."

'큰일 났구나!' 나는 생각했다. '폭발물로 가득 찬 차를 어떻게 할 것인가?' 나는 빨리 생각해야 했다. 나는 그들의 차를 우리 집 옆 차고에 두기로 결정했다. 분명 최선의 생각은 아니었지만, 즉각적으로 대응할 수밖에 없었다.

"좋아요, 여기 돈이 좀 있어요." 나는 지갑을 비우며 말했다. "가서 숙소를 찾고, 오늘 밤 여기로 다시 오세요. 그리고 우리가 어떻게 할지 고민해 봅시다."

그들이 떠난 후 나는 로아이에게 전화를 걸었고, 다행히도 신베트가 와서 차를 가져갔다.

자살 폭탄 테러리스트 5명 모두가 얼마 후에 돌아왔다. "좋아요, 이제부터 나는 당신들의 하마스 연락책입니다. 나는 당신들에게 목표, 장소, 이동 수단, 필요한 모든 것을 제공합니다. 다른 사람과는 이야기하지 마세요. 그렇지 않으면 이스라엘인들을 죽일 기회도 잡지 못하고 당신들이 먼저 죽게 될지도 몰라요."

이 상황은 정보 수집 면에서 엄청난 기회를 만들어 냈다. 지금까지 자살 폭탄 테러리스트가 폭발물을 터뜨리기 전에는 아무도 그들에 대해 알지 못했다. 갑자기, 그들 중 5명이 폭탄을 가득 실은 차를 몰고 우리 집 앞에 나타났다. 내가 신베트에 그들의 위치를 알린 지 30분 후, 샤론 총리가 그들의 암살을 승인했다.

"그럴 수 없어요." 나는 로아이에게 말했다.

"뭐라고?"

"나는 그들이 테러리스트들이고 자폭하려고 한다는 것을 알아요. 하지만 그 다섯 사람은 무지해요. 그들은 자신들이 무엇을 하고 있는지 모르고 있어요. 그들을 죽일 수 없어요. 그들을 죽인다면 이것이 나의 마지막 작전이 될 거예요."

"우릴 위협하는 거야?"

"아니요, 하지만 제가 어떻게 일하는지 아시잖아요. 할라와 사건에서 한 번 예외를 허용했을 때, 그것이 어떻게 끝났는지 기억하실 거예요. 나는 사람을 죽이는 일에 가담하지 않을 거예요."

"그럼 다른 선택지는 뭐가 있을까?"

"체포하세요"라고 하면서도, 나는 그 말을 하자마자 이건 정말 말도 안 되는 아이디어라는 것을 알고 있었다. 우리는 차와 폭탄을 가지고 있었지만, 이 사람들은 여전히 자폭 벨트를 착용하고 있었다. 군인들이 그들의 원룸 아파트에서 약 90미터 이내에 들어가기만 하면, 그들은 벨트를 폭파시켜 모든 사람을 함께 끌고 갈 터였다.

우리가 다른 누구도 죽이지 않고 그들을 살려서 데리고 나갈 수 있게 된다 하더라도, 그들은 심문관들에게 내 이름을 언급할 것이 분명했고, 나는 확실히 노출될 터였다. 자기 보존 본능이 내게 속삭였다. 관련된 모든 사람에게 가장 안전한 방법은 헬리콥터가 그 아파트에 미사일을 몇 발 발사하고 끝내는 것이라고.

하지만 내 양심은 재조정되고 있었다. 아직 기독교인은 아니었지만, 나는 예수의 윤리적 가르침을 따르고자 정말 노력하고 있었다. 알라에게 살인은 문제가 되지 않았다. 사실, 그분은 그것을 강력히 요구했다. 그러나 예수는 나에게 훨씬 높은 기준을 제시했다. 이제 나는 테러리스트조차 죽일 수 없게 됐다.

동시에, 나는 신베트에 너무 귀중한 존재가 되어 그들이 나를 잃을 위험을 감수할 수는 없었다. 그들은 내 제안에 만족하지 않았지만, 결국 암살을 취소하는 데 동의했다.

"우리는 그 방 안에서 무슨 일이 일어나고 있는지 알아야 해." 그들이 내게 말했다. 나는 폭탄 테러리스트들에게 간단한 가구 몇 점을 가져다주겠다는 구실로 아파트로 향했다. 그들이 알지 못했던 것은 우리가 가구 안에 도청 장치를 설치하여 그들이 하는 모든 말을 들을 수 있게 했다는 것이었다. 우리는 그들이 누가 첫 번째, 두 번째, 세 번째로 갈 것인지 등을 논의하는 것을 함께 들었다. 모두가 첫 번째가 되고 싶어 했다. 친구들의 죽음을 보지 않아도 되기 때문이었다. 그들의 대화를 듣는 것은 섬뜩했다. 우리는 죽은 자들이 하는 말을 듣고 있었다.

3월 16일, 보안군이 위치로 이동했다. 폭탄 테러리스트들이 라말라의 중심지에 있어서 IDF(이스라엘방위군)는 전차를 가져올 수 없었다. 병력이 걸어서 진입해야 했기 때문에 작전은 매우 위험했다. 로아이가 전화로 나에게 일어나고 있는 일을 계속 알려 주는 동안, 나는 집에서 사건을 지켜보았다.

"그들이 곧 잠들 것 같아."

우리는 모두, 코골이 소리가 모니터로 들릴 때까지 기다렸다.

가장 큰 위험은 그들을 너무 빨리 깨우는 것이었다. 폭탄 테러리스트가 손가락을 까딱하기 전에 병력은 문을 통과해 침대에 다가가야 했다.

우리가 모니터로 아주 작은 소리나 코골이 중단 등을 주의 깊게 살피는 동안, 한 병사가 문에 폭약을 설치했다. 그러자 그들이 신호를 보냈다.

문이 폭발했다. 특수부대 대원들이 작은 아파트로 들어가 한 명을 제외한 모든 남자를 붙잡았다. 하나는 총을 들고 창문을 통해 뛰어내렸는데, 땅에 닿기도 전에 이미 죽었다.

모두가 안도의 한숨을 내쉬었다. 나를 제외한 모두. 그들을 지프차에 태우자마자, 한 명이 내 이름을 언급하며 내가 이스라엘의 협력자라고 말했다.

최악의 두려움이 현실이 됐다. 노출됐다. 이제 어떻게 해야 하지?

　로아이가 해결책을 제시했다. 신베트는 그 남자를 요르단으로 추방하고 그의 친구들을 감옥에 보냈다. 그래서 그가 가족과 즐거운 시간을 보내는 동안, 다른 3명은 내가 아니라 그를 배신자로 생각하게 되었다. 훌륭한 계획이었다.

　나는 다시 한번 간신히 벗어났다. 하지만 내 운이 언제까지 계속 될지는 불분명했다.

* * *

　어느 날, 신베트 수장 아비 디히터(Avi Dichter)로부터 내가 그들을 위해 하고 있는 일에 대해 감사하다는 메시지를 받았다. 그는 이스라엘 대테러 전쟁의 모든 파일을 열어 보았으며, 그 모든 곳에서 초록 왕자를 발견했다고 말했다. 이는 칭찬이기도 했지만 동시에 경고이기도 했다. 나도, 로아이도 그것을 알아차렸다. 내가 계속 이대로 가다가는 결국 죽게 될 것이다. 내가 남긴 흔적은 너무 많았다. 언젠가 누군가 그것을 발견하게 될 것이 분명했다. 어쨌든 나의 흔적을 지워야 했다.

　5명의 자살 폭탄 테러리스트를 죽이는 일을 완강히 거부한 것은 내 상황을 위험하게 만들었다. 사람들은 요르단으로 송환된 폭탄 테러리스트가 주범이라고 믿었지만, 이스라엘이 자살 폭탄 테러리스트에게 도움을 준 혐의가 있는 사람을 주저하지 않고 체포한다는 사실도 알고 있었다. 그리고 나는 그들에게 많은 도움을 주었다. 그런데도 왜 나는 체포되지 않았을까?

폭탄 테러리스트들이 체포된 지 일주일 후, 이스라엘 보안팀은 내가 노출되지 않게 할 수 있는 두 가지 방안을 생각해 냈다. 첫째, 그들이 나를 체포하여 다시 감옥에 넣는 것이다. 하지만 그렇게 하면 나의 아버지를 이스라엘의 암살 시도에서 보호할 수 없게 될 텐데, 이것은 그에게 사형 선고와 다를 바 없었기 때문에 나는 두려웠다.

"다른 선택지는 우리가 게임을 하는 거야."

"게임? 어떤 게임?"

로아이는 우리가 고도의 관심을 끄는 사건, 즉 이스라엘이 나를 체포하거나 죽이기를 원한다는 것을 팔레스타인 전체에 확신시킬 만한 충분히 큰 사건을 유발할 필요가 있다고 설명했다. 설득력 있게 하기 위해서는 조작되지 않고 실제로 일어나야 했다. IDF가 실제로 나를 체포하려고 시도해야 했다. 이를 위해 신베트는 IDF, 즉 그들의 사람들을 조작하고 속여야 한다는 뜻이었다.

신베트는 IDF가 이 중요한 작전을 준비할 수 있는 시간을 단 몇 시간밖에 주지 않았다. 하산 유세프의 아들인 내가 매우 위험한 젊은이라고 그들은 경고했다. 자살 폭탄 테러리스트와 긴밀한 관계를 맺고 있으며, 폭발물로 무장하고 있을 수도 있다는 것이었다. 그들은 내가 그날 밤 어머니를 방문하기 위해 아버지의 집에 올 것이라는 신뢰할 만한 정보를 입수했다고 말했다. 나는 잠깐 머물 예정이고, M16 소총으로 무장하고 있을 것이라고 했다.

나를 얼마나 과장했는지 보라. 참으로 정교한 '게임'이었다.

IDF는 내가 매우 거물급 테러리스트이며, 그들이 실수하게 되면 영원히 사라질지도 모른다고 믿게 됐다. 그래서 그들은 그런 일이 일어나지 않도록 온갖 노력을 기울였다. 아랍인으로 위장한 잠복 특수부대와 고도로 훈련된 저격수들이 팔레스타인 차량을 타고 지역에 진입하여, 집에서 2분 거리에 멈춰 신호를 기다렸다. 중무장 전차들은 15분 거리에 있는 영토 경계에 배치됐다. 팔레스타인 거리 무장 세력들과 문제가 생길 경우를 대비해 헬리콥터 공격기들이 공중 지원을 제공할 준비를 하고 있었다.

아버지의 집 밖에서 나는 차에 앉아 신베트로부터의 전화를 기다렸다. 전화가 오면, 나는 특수부대가 집을 포위하기 전 정확히 60초 안에 도망쳐야 했다. 나 역시 실수가 허용되지 않았다.

잠시 후에 어머니와 어린 동생들이 얼마나 겁에 질렸을지를 상상하니 후회가 밀려왔다. 늘 그렇듯, 아버지와 내가 하는 모든 일의 대가는 결국 그들이 치러야 했다.

나는 어머니의 아름다운 정원을 바라보았다. 그녀는 가능할 때마다 친구와 가족에게서 꺾꽂이모를 받아 와 모으셨다. 어머니는 꽃을 자식처럼 보살피셨다.

"꽃이 대체 몇 송이나 더 필요해요?" 나는 때때로 어머니를 놀렸다.

항상 "조금 더"라는 대답이 돌아왔다.

나는 어머니가 한 식물을 가리키며 "이건 너보다 더 나이가 많아. 네가 어렸을 때 그 화분을 깨뜨렸어. 하지만 내가 보살폈더니 아직도 이렇게 살아 있단다"라고 말하셨던 때가 떠올랐다.

잠시 후 병사들이 들이닥친 후에도 이 꽃들이 여전히 살아 남을 수 있을까?

휴대전화가 울렸다.

피가 머리로 솟구쳤다. 심장이 쿵쾅거렸다. 나는 시동을 걸고 새로운 비밀 장소가 마련된 마을 중심부를 향해 달렸다. 나는 더 이상 도망자 행세를 하는 것이 아니었다. 나를 체포하기보다 죽이기를 바라는 병사들이 실제로 나를 찾고 있었다. 내가 출발한 지 정확히 1분 후, 팔레스타인 번호판을 단 민간 차량 10대가 급브레이크를 밟았다. 이스라엘 특수부대가 집을 에워쌌고, 자동화기로 모든 문과 창문을 겨누었다. 동네는 아이들로 가득했는데, 그중에는 내 동생 나세르도 포함되어 있었다. 그들은 축구를 멈추고 겁에 질려 뿔뿔이 흩어졌다.

군대가 배치되자 20대가 넘는 전차가 굉음을 내며 쏟아져 들어왔다. 이제 온 도시가 무슨 일이 일어나고 있음을 알 수밖에 없었다. 나는 은신처에서 거대한 디젤 엔진 소리를 들을 수 있었다. 수백 명의 팔레스타인 무장 대원들이 내 아버지 집으로 몰려와 IDF를 에워쌌다. 하지만 아이들이 여전히 몸을 숨기려고 도망치고 있었고 우리 가족은 안에 있었기 때문에 발포할 수가 없었다.

페다인이 도착하자 이번에는 헬리콥터까지 출동했다.

갑자기 자살 폭탄 테러리스트들을 살려 준 것이 잘못이었나 하는 생각이 들었다. IDF가 그들에게 폭탄을 투하하도록 내버려두었더라면, 지금 우리 가족과 이웃은 위험에 처하지 않았을 것이다. 만약 이 혼란 속에서 내 동생들 중 하나라도 죽는다면, 나는 평생 결코 나 자신을 용서할 수 없을 것이다.

우리의 정교한 연출극이 세계적인 뉴스 이벤트가 되게 하기 위해 나는 알자지라에 셰이크 하산 유세프의 집을 공격할 것이라고 미리 제보했다. 그들은 이스라엘이 마침내 내 아버지를 잡으려 한다고 생각했고, 그의 체포 장면을 실시간으로 중계하고 싶어 했다. 확성기가 삐지직 소리를 내기 시작하고 군인들이 그의 장남 모사브에게 손을 들고 나오라고 요구할 때 그들의 반응을 상상했다. 아파트에 도착하자마자 텔레비전을 켜고 아랍 세계의 다른 사람들과 함께 그 연극을 시청했다.

군대는 우리 가족을 대피시키고 심문했다. 어머니는 그들에게 내가 그들이 도착하기 1분 전에 떠났다고 말씀하셨다. 물론 그들은 그녀의 말을 믿지 않았다. 그들은 이 모든 상황을 꾸민 신베트를 믿었다. 나를 제외하고는 게임이 시작됐다는 것을 아는 사람들은 신베트뿐이었다. 내가 나오지 않자 그들은 총을 쏘겠다고 위협했다.

긴장감 넘치는 10분 동안, 모두들 내가 나올지, 나온다면 총을 쏘며 나올지 아니면 손을 허공에 들고 나올지 보려고 기다렸다. 그리고 시간이 다 되자 사격이 시작됐다. 내 방이 있는 2층의 침실에는 200발이 넘는 총알이 난사됐다. (지금도 그 총알들은 여전히 벽에 박혀 있다). 대화는 더 이상 없었다. 그들은 나를 죽이기로 결정한 것이 분명했다.

갑자기 총격이 멈췄다. 잠시 후, 미사일이 공중에서 휘파람 소리를 내며 날아와 우리 집의 절반을 폭파시켰다. 군인들이 안으로 돌진했다. 그들이 모든 방을 수색하고 있었다. 시체도, 숨은 도망자도 없었다.

IDF는 내가 그들의 손아귀에서 벗어난 것에 당황하고 격분했다. 로아이가 전화로 경고했듯이, 내가 발견된다면 현장에서 사살될 터였다. 그러나 우리의 작전은 성공했다. 아무도 다치지 않았고, 나는 최우선 수배 목록에 올랐다. 온 도시가 나에 대한 이야기를 했다. 하룻밤 사이에 나는 위험한 테러리스트가 됐다.

그 후 몇 달 동안 나는 세 가지 우선순위를 가졌다. 군대를 피해 다닐 것, 아버지를 보호할 것, 계속해서 정보를 수집할 것. 이 우선순위를 지키려 했다.

제22장
수호 방패
(2002년 봄)

폭력이 계속되면서 상황은 어지러워졌다.

이스라엘 사람들은 총탄에 맞고 칼에 찔리고 폭탄 공격을 받았다. 팔레스타인 사람들은 암살당했다. 상황은 점점 더 빠르게 돌아갔다. 국제 사회는 이스라엘에 압력을 가하려고 했지만 헛수고였다.

2002년 3월, 유엔 사무총장 코피 아난(Kofi Annan)은 "불법 점령을 끝낼 것. 민간인 지역에 대한 폭격, 암살, 불필요한 치명적인 무력 사용, 철거, 평범한 팔레스타인 사람들을 모욕하는 일을 중단할 것"을 요구했다.*

내가 암살로부터 보호했던 4명의 자폭 테러리스트를 체포한 바로 그날, 유럽연합 지도자들은 이스라엘과 팔레스타인 양측에 폭력

---

* "아난, 민간인을 표적으로 삼은 이스라엘과 팔레스타인을 비판하다" U.N. Wire, 2002년 3월 12일, http://www.unwire.org/unwire/20020312/24582_story.asp (2009년 10월 23일 접속).

을 억제할 것을 촉구했다. 그들은 "이 분쟁에 군사적 해결책은 없다"라고 말했다.**

2002년에는 유월절이 3월 27일에 시작됐다. 네타냐의 파크 호텔 1층에 있는 식당에서 250명의 손님들이 전통적인 유월절 세데르 식사(Seder meal: 유월절 첫날 시행하는 식사)를 위해 모여 있었다.

25세인 하마스 요원 압델바싯 오데(Abdel-Basset Odeh)는 정문 경비원을 지난 뒤 로비의 등록 데스크를 지나 사람들로 꽉 찬 홀(hall)로 걸어 들어갔다. 그다음 그는 자신의 재킷 속에 손을 넣었다.

그때의 폭발로 30명이 사망하고 약 140명이 부상당했다. 그중 일부는 홀로코스트 생존자들이었다. 하마스는 베이루트에서 열리고 있는 아랍 정상회담을 방해하기 위해 자신들이 공격했다고 주장했다. 그러나 다음 날, 사우디가 주도하는 아랍 연맹은 이스라엘이 1967년의 국경으로 철수하고, 난민 문제를 해결하며, 동예루살렘을 수도로 하는 팔레스타인 독립 국가를 세우는 데 동의하는 조건으로 이스라엘 국가를 인정하고 관계를 정상화하기로 만장일치로 의결했다고 발표했다. 이스라엘로부터 그런 양보를 받는다면 우리 민족에게 큰 승리였을 것이다. 하마스가 '전부 아니면 전무'라는 이상주의를 고수하지 않았다면 말이다.

이를 인지한 이스라엘은 나름대로 극단적인 해결책을 계획하고 있었다.

** 유럽연합, "중동에 관한 바르셀로나 선언", 2002년 3월 16일, http://europa.eu/rapid/pressReleasesAction.do?reference=PRES/02/930&format=HTML&aged=0&language=EN&guiLanguage=en.

2주 전, 이스라엘 당국은 팔레스타인 지역에 대한 대규모 침공의 반응을 살피기 위해 쌍둥이 도시인 라말라와 알비레를 먼저 공격하기로 했다. 군사 분석가들은 이스라엘 측의 희생자가 많이 나올 것이라고 경고했다. 하지만 그들은 걱정할 필요가 없었다.

IDF(이스라엘방위군)는 5명의 팔레스타인인을 사살하고, 통행 금지령을 발령했으며, 몇몇 건물을 점거했다. 거대한 D9 장갑 불도저도 투입되어 알아마리 난민 수용소에서 여러 채의 주택을 철거했는데, 그중에는 1월 27일 예루살렘의 한 신발 가게 밖에서 81세의 이스라엘 남성을 살해하고 100여 명에게 부상을 입힌 최초의 여성 자살 폭탄 테러리스트, 와파 이드리스(Wafa Idris)의 집도 포함되어 있었다.

그러나 파크 호텔 공격 이후, 시험적인 침공은 무의미해졌다. 이스라엘 내각은 '수호 방패'(Defensive Shield)라는 코드명을 가진 전례 없는 작전을 개시하는 데 승인을 내렸다.

나의 전화가 울렸다. 로아이였다.

"무슨 일이에요?" 내가 물었다.

"IDF 전체가 모이고 있어. 오늘 밤, 우리는 살레와 모든 수배자들을 체포할 거야." 로아이가 말했다.

"무슨 뜻이죠?"

"우리는 전체 서안 지구를 재점령하고 시간이 얼마나 걸리든 모든 집과 사무실 건물을 수색할 거야. 제자리에 있어. 내가 계속 연락할 거야."

나는 생각했다. '와, 이거 정말 대단한데! 이 무의미한 전쟁을 마

침내 끝낼 수 있을지도 몰라.'

서안 지구 전역에는 소문이 퍼졌다. 팔레스타인 지도부는 무슨 일이 일어나고 있다는 것을 알았지만 정확한 내용은 파악하지 못했다. 사람들은 직장, 병원, 교실을 떠나 집으로 돌아가 텔레비전 앞에 앉아 소식을 기다렸다. 나는 아버지를 미국 시민 부부가 소유한 집으로 옮겼다. 신베트는 그가 거기에서 안전할 것이라고 확신 있게 말해 주었다.

3월 29일, 나는 알비레의 나블루스 로드에 있는 시티 인 호텔에 체크인했다. 거기에 BBC, CNN 및 기타 국제 언론이 머물고 있었다. 아버지와 나는 무전기로 연락을 유지했다.

신베트는 내가 호텔에서 감자칩을 먹으며 텔레비전을 보고 있을 것으로 예상했다. 하지만 나는 그렇게 중요한 것을 놓치고 싶지는 않았다. 모든 것을 완벽히 파악하고 싶어서 M16을 어깨에 메고 밖으로 나섰다. 수배자처럼 보였을 나는 라말라 도서관 옆 언덕 꼭대기로 갔다. 거기서 아버지가 있는 동남쪽 도시를 볼 수 있었다. 나는 그곳이 안전할 거라고 생각했고, 전차 소리를 들으면 즉시 호텔로 달려갈 수 있을 거라 생각했다.

자정쯤에 수백 대의 메르카바 전차가 도시로 굉음을 내며 진입했다. 나는 그들이 모든 방향에서 한번에 침입할 줄, 그렇게 빠르게 이동할 줄 예상하지 못했다. 어떤 길들은 너무 좁아서 전차 운전사들이 차 위를 넘어가는 것 외에는 다른 선택의 여지가 없었다. 다른 거리들은 충분히 넓었지만, 병사들은 굳이 차들을 짓밟으며 전차의 무한궤도 아래에서 울려 퍼지는 쇳덩어리의 요란한 소음을 즐겼다. 난민 수용소의 거리는 시멘트 블록으로 지어진 집들 사이의 좁은 길에 불과했는데, 전차는 그것마저도 으스러뜨려 자갈처럼 만들어 버렸다.

"무전기 끄세요!" 나는 아버지에게 말했다. "바닥에 엎드리세요! 머리를 숙이세요!"

나는 아버지의 아우디 차량을 도로 가장자리에 주차했었다. 그리고 전차의 무한궤도에 짓눌려 차가 완전히 짓이겨지는 것을 공포 속에서 바라보았다. 그 차가 거기에 있어서는 안 됐다. 나는 무엇을 해야 할지 몰랐다. 내가 람보 놀이를 하고 있다는 이유로 로아이에게 전화를 걸어 작전을 멈추게 할 수 없었다.

나는 도심을 향해 뛰었고, 접근하는 전차로부터 불과 몇 미터 떨어진 지하 주차장으로 몸을 숙였다. 아직 지상에는 병사들이 없었다. 그들은 메르카바 전차가 그 지역을 확보하기를 기다리고 있었다. 갑자기 나는 끔찍한 사실을 깨달았다. 여러 팔레스타인 저항 단체들이 내 머리 바로 위 건물에 사무실을 두고 있었다. 나는 핵심 목표물에 몸을 숨겼던 것이었다.

전차는 분별력이 없었다. 신베트에 협력하는 자와 테러리스트, 기독교인과 무슬림, 무장한 전투원과 비무장 민간인 사이의 차이를 구분하지 못했다. 그리고 그 철 덩어리 안에 있는 젊은이들도 나만큼이나 두려워하고 있었다. 내 주변에는 나와 똑같이 생긴 사람들이 AK-47을 들고 전차에 발포했다. '팅. 팅. 팅.' 총알이 장난감처럼 팅

겨져 나갔다. '쾅!' 전차가 고막을 터뜨릴 듯한 소리로 응답했다.

우리 주변 건물들의 거대한 파편들이 무너져 내리면서 연기가 자욱하게 피어올랐다. 대포가 쿵쿵 울릴 때마다 배를 세게 얻어맞는 느낌이었다. 자동화기의 연발 사격음이 사방에 있는 벽에 부딪혀 메아리쳤다. 또 다른 폭발. 눈부신 먼지 구름. 날아다니는 돌과 금속 조각들.

나는 거기서 나와야 했다. 그런데 어떻게 말인가?

갑자기 한 무리의 파타 전투원들이 차고로 뛰어들어 와 내 주위에 쭈그리고 앉았다. 이것은 좋지 않은 상황이었다. '지금 군인들이 오면 어떡하지? 페다인은 군인들을 공격할 것이다. 나도 총을 쏴야 할까? 만약 그렇다면, 누구를 향해 총을 쏴야 하나? 내가 총을 쏘지 않으면 그들은 나를 죽일지도 몰라.' 하지만 나는 아무도 죽일 수 없었다. 한때는 가능했을지도 모르지만 이제는 더 이상 그렇지 않았다.

더 많은 전투원들이 뛰어들며 다른 이들에게 소리쳤다. 갑자기 모든 것이 멈춘 듯했다. 아무도 숨을 쉬지 않았다.

IDF 병사들이 조심스럽게 차고로 들어왔다. 점점 가까워졌다. 무슨 일이 일어나든 몇 초 안에 벌어질 것 같았다. 그들은 손전등을 휘저으며 눈동자의 흰자위나 무기에 반사된 빛을 찾아다녔다. 그들은 소리에 집중했다. 그리고 우리는 지켜봤다. 양측의 땀에 젖은 검지가 방아쇠에 걸려 있었다.

그러자 홍해가 갈라졌다.

어쩌면 그들은 어둡고 습한 주차장 안으로 더 깊이 들어가는 것을 두려워했을 수도 있고, 아니면 전차를 타기를 바랐을 수도 있다. 이유가 무엇이든, 군인들은 멈춰 서서 뒤돌아 그냥 걸어 나갔다.

그들이 사라진 후 나는 위층으로 올라가 로아이에게 전화할 수 있는 방을 찾았다.

"내가 호텔로 돌아갈 수 있도록 IDF에 몇 블록 뒤로 물러나라고 요청해 줄 수 있나요?"

"뭐! 어디야? 왜 호텔에 없지?"

"내 일을 하고 있어요."

"너 미쳤구나!"

불편한 침묵이 흘렀다.

"좋아, 우리가 뭘 할 수 있는지 알아보자."

전차와 병력이 이동하는 데 몇 시간이 걸렸는데, 그들은 왜 후퇴했는지 의아해했을 것이다. 그들이 이동하자 나는 내 방으로 돌아가기 위해 옥상에서 옥상으로 뛰다가 다리가 거의 부러질 뻔했다. 나는 문을 닫고, 옷을 벗은 다음, 테러리스트 복장과 무기를 에어컨 덕트(duct)에 집어넣었다.

한편, 아버지가 숨어 있던 집은 폭풍 한가운데에 있었다. IDF는 아버지가 숨어 있던 그 집 주위에 있는 모든 집 안팎, 모든 건물 뒤, 그리고 모든 구석을 수색했다. 그러나 그들은 그 특정 집에 들어가지 말라는 명령을 받았다.

그 안에서 아버지는 코란을 읽고 기도하셨다. 집주인도, 그의 아내도 코란을 읽고 기도했다. 그런데 군대는 뚜렷한 이유도 없이 자리를 떠나 다른 지역을 수색하기 시작했다.

"모사브야, 너는 그 기적을 믿지 않을 거야!" 나중에 아버지가 내 수화기에 말했다. "정말 믿을 수가 없어! 그들이 왔어. 그들이 우리 주변의 모든 집, 동네 전체를 수색했어. 단, 우리가 있던 곳만 제외하고. 알라에게 찬양을!"

'잘됐어요.' 나는 생각했다.

6일 전쟁 이후로는 수호 방패 작전과 같은 것이 없었다. 그리고 이것은 단지 시작에 불과했다. 라말라가 작전의 선두 지역이었다. 베들레헴, 제닌, 나블루스가 그 뒤를 이었다. 내가 이스라엘 군대를 피해 돌아다니는 동안, IDF는 야세르 아라파트의 본부를 포위했다. 모든 것이 봉쇄됐다. 엄격한 통행 금지 명령이 내려졌다.

4월 2일, 전차와 장갑 차량들이 우리 집 근처의 베투니아에 있는 예방 보안 기구 본부를 포위했다. 무장 헬리콥터가 머리 위로 소리를 내며 지나갔다. 우리는 PA(팔레스타인자치정부)가 이 본부에 적어도 50명의 수배자를 숨겨 놓았다는 것을 알고 있었고, 신베트는 다른 곳에서는 성과를 거두지 못해 답답해하고 있었다.

이 본부는 지브릴 라주브(Jibril Rajoub) 대령과*** 다른 보안 요원들

*** 지브릴 라주브 대령에 대한 흥미로운 측면: 이 사람은 서안 지구의 보안국장이라는 지위를 이용하여 자신의 작은 왕국을 건설했고, 마치 자신이 왕위 계승자인 양 그의 장교들을 그 앞에서 고개를 숙이고 굽실거리게끔 만들었다. 나는 라주브가 자신이 얼마나 중요한 사람인지를 과시하기 위해 준비한 50가지의 아침식사 요리들을 보았는데 그야말로 식탁 다리가 부러질 것만 같았다. 나는 또한 라주브가 무례하고 부주의하며 지도자라기보다는 깡패처럼 행

이 근무하는 4층짜리 사무실 건물 외에 네 채의 건물로 이루어져 있었다. 이 시설 전체는 CIA(미국 중앙정보국)에 의해 설계, 건설, 설비가 이루어졌다. 경찰들은 CIA에 의해 훈련 및 무장됐다. 심지어 CIA 사무실도 거기에 있었다. 내부에는 수백 명의 중무장 경찰들과 이스라엘의 체포 대상 명단에 오른 빌랄 바르구티를 비롯한 다수의 수감자가 있었다. 신베트와 IDF는 단호한 태도를 보였다. 확성기로 군대가 5분 안에 1번 건물을 폭파할 것이니 모두 나가라고 명령했다.

정확히 5분 후, '쾅!' 2번 건물. "모두 나가!" '쾅!' 3번 건물. '쾅!' 4번 건물. '쾅!'

"옷을 벗어라!"라는 명령이 확성기에서 흘러나왔다. 이스라엘군은 누군가 여전히 무장을 하고 있거나 폭발물을 소지하고 있을 가능성에 대비했다. 수백 명의 남성들이 벌거벗겨졌다. 그들은 죄수복을 받고 버스에 태워져 근처의 오페르 군사 기지로 이송됐다. 그리고 그곳에서야 신베트는 자신들의 실수를 깨달았다.

물론 그들을 모두 가두기에는 인원이 너무 많았다. 그러나 이스라엘 측이 원한 것은 단지 지명 수배자들뿐이었다. 그들은 체포된 사람들을 분류해서 용의자 명단에 있는 사람들을 제외한 모든 사람들을 석방할 계획이었다. 문제는 모두가 자신의 옷과 그 안에 들어 있는 신분증을 본부에 두고 왔다는 것이었다. 보안군은 어떻게 수배

동하는 것을 보았다. 1995년 아라파트가 하마스 지도자와 대원들을 최대한 많이 체포했을 때, 라주브는 그들을 무자비하게 고문했다. 하마스가 여러 차례 그를 암살하겠다고 위협하자 방탄·방폭 차량을 구매했다. 심지어 아라파트조차도 그러한 차를 갖고 있지 않았다.

자와 경찰을 구별할 것인가?

로아이의 상급 지휘관(boss's boss)인 오페르 데켈(Ofer Dekel)이 작전을 지휘하고 있었다. 그는 공격 당시 본부에 없었던 지브릴 라주브에게 전화를 걸었다. 데켈은 라주브가 수백 대의 전차와 수천 명의 군인들 사이를 안전하게 통과할 수 있도록 특별 허가증을 발급해 주었다. 라주브가 도착하자, 데켈은 라주브에게 어떤 사람들이 그를 위해 일하는 자인지, 어떤 사람들이 수배자인지 알려 줄 수 있는지 물었다. 라주브는 기꺼이 그렇게 하겠다고 말했다. 라주브는 경찰을 수배자들로, 수배자들을 경찰들로 재빠르게 식별했고, 그 결과 신베트는 모든 지명 수배자를 풀어 주게 되었다.

"왜 그런 짓을 한 거예요?" 무슨 일이 일어났는지 알아차린 데켈이 물었다.

"당신들이 내 사무실과 시설을 폭파했잖소." 라주브는 팔레스타인식의 "당연한 거 아니야?"라고 말하듯, 차분하게 이야기했다. 게다가 라주브는 1년 전, IDF의 전차와 헬리콥터 공격으로 집이 초토화되며 부상까지 입은 전례가 있었다. 그런 그가 이스라엘을 위해 호의를 베풀 이유는 전혀 없었다.

신베트는 몹시 당황했다. 그들이 할 수 있는 유일한 보복은 공식 성명을 내어, 라주브가 CIA가 중재한 협상을 통해 수배자들을 이스라엘에 넘겨준 배신자라고 낙인찍는 것이었다. 결과적으로 라주브는 권력을 잃게 됐고 팔레스타인 축구 협회의 회장 자리에 머물게 됐다.

이것은 분명한 대참사였다.

그 후 3주 동안 이스라엘은 때때로 통행 금지령을 해제했고, 4월 15일 일시적인 통행 금지령 해제 때 나는 아버지에게 음식과 다른 필수품을 가져다줄 수 있었다. 아버지는 그 집이 안전하지 않다고 느끼며 이사를 가고 싶다고 말씀하셨다. 나는 하마스 지도자 중 한 명에게 전화를 걸어 하산 유세프가 보호될 수 있는 장소를 아느냐고 물었다. 그는 나에게 또 다른 고위 하마스 도피자인 셰이크 자말 알타윌(Sheikh Jamal al-Taweel)이 숨어 있는 곳으로 아버지를 모시고 가라고 조언했다.

'와우.' 나는 생각했다. 자말 알타윌이 체포되면, 수호 방패 작전에 대해 실망했던 신베트의 마음이 분명 풀리게 될 터였다. 나는 그에게 고맙다고 하며 "아버지를 같은 자리에 모시지 맙시다. 두 분이 함께 계시면 너무 위험할 수도 있어요"라고 말했다. 우리는 다른 장소를 찾기로 했고, 나는 재빨리 아버지를 새로운 은신처에 정착시켰다. 그런 다음 로아이에게 전화를 걸었다.

"자말 알타윌이 어디에 숨어 있는지 알고 있어요."

로아이는 그 소식을 믿을 수 없었다. 알타윌은 바로 그날 밤 체포됐다.

같은 날, 우리는 IDF의 최고 지명 수배자 중 하나였던 마르완 바르구티도 잡아들였다.

마르완은 하마스에서 가장 잡기 어려운 지도자 중 하나였지만 체포는 사실 매우 간단했다. 나는 그의 경호원 중 한 명에게 전화를 걸어 그와 잠시 통화했고, 그 사이 신베트가 통화 내용을 추적했다. 바르구티는 나중에 민간 법정에서 재판을 받아 다섯 번 연속으로 무기징역을 선고받았다.

그 와중에 수호 방패 작전은 국제적인 헤드라인을 매일같이 장식했다. 하지만 칭찬하는 기사는 거의 없었다. 제닌에서 대규모 학살이 일어났다는 소문이 있었지만, IDF가 도시를 봉쇄했기 때문에 아무도 사실 여부를 확인할 수 없었다. 팔레스타인 내각 장관 사에브 에레카트(Saeb Erekat)는 500명이 사망했다고 밝혔다. 이 숫자는 나중에 약 50명으로 수정됐다.

베들레헴에서는 200명 이상의 팔레스타인인들이 약 5주 동안 예수 탄생 교회 안에 포위당했다. 소란이 가라앉고 대부분의 민간인들이 떠날 수 있게 된 후, 8명의 팔레스타인인이 사망했고, 26명이 가자 지구로 보내졌으며, 85명이 IDF의 검문을 받고 풀려났고, 13명의 지명 수배자는 유럽으로 추방됐다.

수호 방패 작전 기간 동안 거의 500명의 팔레스타인인이 사망했고, 1,500명이 부상을 입었으며, 거의 4,300명이 IDF에 의해 구금됐다. 반면에 29명의 이스라엘인이 사망하고 127명이 부상을 입었다. 세계 은행은 피해액을 3억 6천만 달러 이상으로 추정했다.

제23장
초자연적 보호
(2002년 여름)

2002년 7월 31일 수요일은 땡볕이었다. 약 38.9도로 기록됐다. 히브리 대학교의 스코푸스산 캠퍼스에서는 수업이 없었지만, 일부 학생들은 여전히 시험을 보고 있었다. 다른 학생들은 가을 학기 수강 신청을 하려고 줄을 서 있었다. 오후 1시 30분, 대학교의 프랭크 시나트라 카페테리아는 더위를 식히고, 시원한 음료를 마시며, 담소를 나누는 사람들로 가득 찼다. 아무도 거기에 계약직 도색공이 놓고 간 가방을 주목하지 않았다.

그때의 거대한 폭발로 카페테리아가 완전히 파괴됐고, 5명의 미국인을 포함해 9명이 사망했다. 85명이 다쳤고, 14명은 중태였다.

바로 그날, 나의 절친한 친구 살레가 사라졌다. 우리가 지명 수배자 명단에 올라 있는 나머지 4명의 행방을 확인해 보니, 그들 역시 흔적도 없이 사라졌고, 심지어 가족과의 연락도 끊겼다. 우리는 폭탄을 설치한 하마스 조직을 식별할 수 있었고, 그 구성원들이 점령지가 아닌 이스라엘 내부 출신임을 발견했다. 그들은 원하는 곳 어디든 자유롭게 다닐 수 있는 파란색 이스라엘 신분증(blue ID card)을 소지하고 있었다. 5명은 동예루살렘 출신으로, 결혼해 가정을 꾸렸고, 좋은 직업들을 갖고 있었다.

조사 과정에서 한 이름이 수면 위로 떠올랐다. 바로 라말라 마을 중 한 곳에 살던 무함마드 아르만(Mohammed Arman)이라는 한 남자였다. 고문 과정에서 아르만에게 히브리 대학교 공격의 주범을 식별하라는 요구가 있었다. 그는 그 남자를 '셰이크'(Sheikh)라는 이름으로만 알고 있다고 말했다.

심문관들은 미국 경찰서의 범죄자 사진첩 같은 테러 용의자들의 사진을 가져와 그에게 '셰이크'를 가리키라고 했다. 아르만은 이브라힘 하메드의 사진을 지목하여, 우리에게 그가 자살 폭탄 테러에 연루됐다는 첫 번째 확실한 증거를 제공했다.

나중에 알게 된 바에 따르면, 일단 이름이 드러났었던 하메드는 자신의 노출을 이용해 살레와 조직의 다른 구성원들을 보호하려 했다. 그의 명령 아래 있는 모든 조직원은 그들이 붙잡히면 모든 책임을 더 이상 잃을 것이 없는 하메드에게 돌리라는 지시를 받았다. 그래서 당분간 추적은 이브라힘 하메드에서 끝났다. 그리고 그는 어디에서도 발견되지 않았다.

* * *

수호 방패 작전 이후 몇 달 동안 라말라는 통행 금지 상태였다. 아라파트의 작전들은 거의 중단됐고, USAID(미국국제개발처)는 프로젝트를 중단하고 직원들의 서안 지구 진입을 금지했다. 이스라엘의 검문소는 도시를 완전히 통제하여, 구급차만 출입할 수 있었다. 그리고 나는 공식적으로 도피자가 됐다. 이 모든 상황은 나의 이동을 매우 어렵게 만들었다. 그럼에도 나는 전화로는 이야기할 수 없는 진행 중인 작전을 논의하기 위해 격주로 신베트와 만나야 했다.

그에 못지않게 중요한 것은 감정적인 지원이 필요하다는 것이었다. 외로움은 참으로 끔찍했다. 나는 내가 살던 도시에서 낯선 사람이 됐다. 나는 내 삶을 아무에게도, 심지어 가족과도 공유할 수 없었다. 그리고 나는 다른 누구도 믿을 수 없었다. 평소 로아이와 나는 예루살렘에 있는 신베트의 은신처 중 한 곳에서 만났다. 그러나 나는 더 이상 라말라를 벗어날 수 없었다. 낮에 거리에서 보이는 것조차 안전하지 않았다. 평소처럼 행동할 수 있는 방법은 아무것도 없었다.

특수부대가 팔레스타인 차를 타고 나를 데리러 온다 하더라도 그들의 억양 때문에 페다인에게 노출되어 제지당할 수 있었다. IDF(이스라엘 방위군) 제복을 입은 보안 요원들이 나를 납치하는 척하더라도, 내가 지프차에 올라타는 것이 노출될 수도 있었다. 그리고 설령 그 수법이 통한다 해도, 그런 속임수를 몇 번이나 쓸 수 있겠는가?

마침내 신베트는 우리가 만날 수 있는 더 창의적인 방법을 생각해 냈다.

라말라에서 남쪽으로 몇 킬로미터 떨어진 곳에 있는 오페르 군사 기지는 이스라엘에서 가장 보안이 철저한 시설 중 하나였다. 그곳은 비밀로 가득 차 있었고 경비로 둘러싸여 있었다. 신베트 지역 사무소가 거기에 있었다.

"좋아." 로아이가 말했다. "이제부터 우리는 오페르에서 만날 거야. 네가 할 일은 그냥 침투하는 것뿐이야."

우리는 둘 다 웃었다. 그러나 나는 그가 진지하다는 것을 깨달았다.

그가 설명했다. "만약 네가 붙잡힌다면, 사람들 눈에는 네가 공격을 감행하기 위해 주요 군사 시설을 침투하려고 한 것처럼 보일 거야."

"'붙잡힌다면'이라고요?"

그 계획은 골치가 아팠다. 그리고 어느 늦은 밤, 실행할 때가 됐을 때, 나는 마치 개막 공연에 출연한 배우가 된 것 같은 기분이 들었다. 대본도 리허설도 없이 한 번도 입어 본 적 없는 의상을 입고 한 번도 본 적 없는 세트장에 발을 내딛는 기분이었다.

나는 신베트가 내가 돌파해야 할 외곽 경계선 옆에 있는 2개의 감시탑에 자체 요원들을 배치했다는 것을 몰랐다. 또한 야간 투시 장비를 갖춘 무장 보안 요원들이 내가 가는 길에 배치되어 혹시라도 누군가가 따라올지 모르는 경우로부터 나를 보호해 준다는 사실도 몰랐다.

'내가 실수하면 어떡하지?' 하는 생각이 계속 들었다.

나는 내 차를 보이지 않는 곳에 주차했다. 로아이는 나에게 어두운 옷을 입고, 손전등을 들고 다니지 말고, 볼트 절단기를 가져오라고 지시했다. 나는 깊게 숨을 들이쉬었다.

언덕으로 향하자 저 멀리서 군기지 불빛이 반짝이는 것을 볼 수 있었다. 한동안 험준한 지형의 오르막과 내리막을 따라가는 동안 유기견 무리가 내 발꿈치에서 짖어 댔다. 감당할 만했다. 그들이 달갑지 않은 관심을 끌지만 않는다면.

마침내 나는 외부 울타리에 도착했고, 로아이에게 전화를 했다.

"구석으로부터 지지대 일곱 개를 세어 봐." 그가 말했다. "그다음 내 신호를 기다리고 자르기 시작해."

나는 제2차 인티파다가 시작될 때 약 6미터 안쪽에 새 울타리가 세워진 후 낡은 울타리가 되어 버린 것을 잘라 냈다.

나는 경비용 돼지들(그렇다. 말 그대로 경비용 돼지였다)에 대해 경고를 받았지만 그들과 마주치지 않았기 때문에 문제가 되지 않았다. 외부와 내부 경계 사이의 지역은 전 세계의 다른 군사 기지였다면 독일 군견 셰퍼드나 고도로 훈련된 투견 들이 순찰했을 구역이었다. 아이러니하게도, 코셔(kosher: 유대교의 음식법)를 중시하는 이스라엘 사람들은 돼지를 사용했다. 정말 그랬다.

돼지의 존재와 돼지와의 접촉 가능성은 헌신적인 이슬람교 신자인 모든 잠재적 테러리스트들에게 심리적 억제 역할을 할 것이라고 생각됐다. 이슬람교는 정통 유대교처럼 돼지와의 접촉을 맹렬하게 금지한다. 어쩌면 그보다 더 그럴지도 모른다.

나는 돼지들이 정착지를 지키는 것을 본 적이 없었지만, 로아이는 나중에 그것들이 오페르 군사 기지에서 경비 업무를 맡았다고 말해 주었다.

나는 안쪽 철책에 잠겨 있지 않은 작은 문을 발견했고, 거기로 들어갔다. 그 순간 나는 악마의 뿔처럼 양옆으로 솟아 있는 경비탑 사이에, 이스라엘에서 가장 보안이 철저한 군사 시설 중 하나 안에 서게 되었다.

로아이가 내 귀에 속삭였다. "고개 숙이고, 신호를 기다려."

내 주위는 온통 덤불로 뒤덮여 있었다. 잠시 후, 그중 몇몇이 움직이기 시작했다. 알고 보니, 그들 중 일부는 평소 우리 모임에 실제로 참석하던 요원들이었지만, 지금은 중기관총을 들고 나뭇가지가 여기저기 튀어나온 IDF 위장복을 입고 있었다. 나는 그들이 특공대로 변장한 것을 즐기고 있음을 알 수 있었다. 그들은 테러리스트, 페다인, 노인, 그리고 가끔은 여성에 이르기까지 다양하게 변장하곤 했는데, 특공대는 그것들 중 하나일 뿐이었다.

"어떻게 지내요?"라고 그들이 물었다. 마치 우리가 커피숍에 이제 방금 마주 앉은 것처럼 말이다. "괜찮아요?"

"괜찮아요."

"뭐 가지고 온 거 있어요?"

가끔은 나는 그들에게 녹음기나 다른 증거물이나 첩보를 가져가곤 했지만, 이번에는 빈손이었다.

비가 내리기 시작했고, 우리는 언덕을 넘어 2대의 지프차가 대기하고 있는 곳으로 달려갔다. 세 사람이 첫 번째 지프차에 올라탔고, 나는 뒷좌석에 탔다. 다른 사람들은 내가 돌아갈 때를 대비해 두 번째 지프차에 머물렀다. 비가 꽤 세차게 내리고 있었기 때문에 뒤에 남겨진 사람들에게 미안했다. 그러나 그들은 여전히 즐기고 있는 것 같았다.

로아이와 그의 상관, 경비원들을 몇 시간 동안 만난 후, 나는 내가 왔던 길로 똑같이 돌아갔다. 돌아가는 길이 길고 춥고 축축했지만 스스로 꽤 만족스러웠다.

이것은 우리의 기본적인 모임 방식이 됐다. 매번 완벽하게 연출됐고 흠잡을 데 없이 실행됐다. 울타리를 다시 자르지 않아도 됐지만, 만약을 대비해 항상 절단기를 지니고 다녔다.

* * *

고스란히 노출된 IDF의 공습 작전을 피해 '탈출'한 후, 아버지가 괜찮은지, 필요한 것이 있는지 확인하기 위해 계속 주시했다. 가끔씩 USAID 사무실에 들러 보긴 했지만, 대부분의 업무가 중단된 상태에서 내가 최소한 해야 할 일은 집에서 컴퓨터로 마무리할 수 있었다. 밤에는 수배자들과 어울리며 정보를 수집했고, 한 달에 한두 번씩 늦은 밤에는 일급 비밀 군사 시설에 잠입해 회의에 참석했다.

여가 시간에는 기독교 친구들과 계속해서 어울리며 예수의 사랑에 대해 이야기를 나누었다. 사실, 그것은 단순한 대화 그 이상이었다. 나는 아직까지는 그냥 선생님을 따라다니는 자에 불과했지만, 매일 하나님의 사랑과 보호를 경험하고 있는 것 같았고, 그 사랑이 내 가족에게도 전해지는 듯했다.

어느 날 오후, 특수부대 병력이 수배자를 찾기 위해 시티 인 호텔을 수색했지만 아무것도 찾지 못하고, 그들은 근처의 한 집에서 휴식을 취하기로 결정했다. 이것은 일반적인 관행이었다. IDF는 명령이나 승인이 필요하지 않았다. 상황이 비교적 조용할 때면, 특수부대 병사들은 그냥 아무 집이나 들어가 몇 시간 동안 쉬거나 음식을 얻어먹곤 했다. 때로는 치열한 전투 중에도 현지 주택에 침입하여 주거민을 인간 방패로 사용하기도 했는데, 이는 페다인이 종종 하던 방식이었다.

그날 그들이 선택한 집은 아버지가 숨어 있던 집이었다. 신베트는 이런 일이 일어나고 있다는 것을 알지 못했다. 우리 중 누구도 알지 못했다. 바로 그날 그 특정한 집을 군인들이 선택한 것은 아무도 예측하거나 막을 수 없었다. 그리고 그들이 도착했을 때, 아버지는 그저 '우연히' 지하실에 계셨다.

그 집의 여주인이 군인들에게 말했다. "개들을 데리고 들어오지 말아 주세요. 어린아이들이 있어요."

그녀의 남편은 군인들이 하산 유세프를 발견하고 도피범을 숨겨 둔 혐의로 체포될까 봐 두려워했다. 그래서 그는 평범하고도 두려워하지 않는 척하기 위해 노력했다. 그는 7살짜리 딸에게 지휘관과 악수하러 가라고 시켰다. 지휘관은 그 작은 소녀에게 매료됐고 소녀와 부모가 테러리스트와는 아무런 관련이 없는 평범한 가족일 것으로 생각했다. 그는 여주인에게 자신의 병사들이 잠시 위층에서 쉴 수 있느냐고 공손하게 물었고, 그래도 괜찮다는 대답이 돌아왔다. 약 25명의 이스라엘 병사는 그 집에 8시간 이상 머무르면서도 우리 아버지가 그들의 바로 아래에 있는 것을 알지 못했다.

나는 초자연적인 보호와 개입의 느낌을 이루 설명할 수 없었다. 그것은 내게 일어난 현실이었다. 한번은 (자살 폭탄 테러리스트들에게 줄 폭발물을 내게 요청했던) 아흐마드 알파란시가 라말라 한복판에서 나에게 연락해서 자기를 본인 집까지 데려다줄 수 있겠느냐고 물었을 때, 나는 근처에 있으니 몇 분 내에 도착할 것이라고 말했다. 내가 도착하자마자, 그는 차에 올라탔고, 우리는 출발했다.

우리가 얼마 가지 않았을 때 알파란시의 휴대전화가 울렸다. 알파란시는 예루살렘의 암살자 목록에 올라 있었고, 아라파트 본부는 그에게 이스라엘 헬리콥터가 그를 추적하고 있다고 경고하기 위해 전화를 걸었던 것이다. 창문을 열자 2대의 아파치 헬리콥터가 다가오는 소리가 들렸다. 하나님이 내면의 목소리로 말씀하시는 것을 느껴 보지 못한 사람들에게는 이상하게 들릴지 모르지만, 그날 나는 두 건물 사이로 좌회전하라는 하나님의 목소리를 마음으로 들었다. 나중에 알게 된 사실이지만, 만약 계속 직진했더라면 이스라엘 군인들이 내 차를 명중시켰을 것이다. 내가 차를 돌리자마자, 그 신성한 목소리가 '차에서 내려 떠나라'라고 말했다. 우리는 차에서 뛰쳐나와 도망쳤다. 헬리콥터가 목표물을 재포착했을 때, 조종사가 볼 수 있었던 것은 주차된 1대의 차량과 열린 2개의 문뿐이었다. 헬리콥터는 약 60초 동안 공중에 떠 있다가 결국에는 빙글빙글 돌다 날아가 버렸다.

나중에 알게 된 바에 의하면, 정보 기관은 알파란시가 짙은 파란색 아우디 A4에 탑승하는 모습이 포착됐다는 메시지를 받았다. 도시에는 이와 유사한 차가 많았다. 그 시점에 로아이는 작전실에 없었기에 나의 위치를 확인할 수 없었고, 이 아우디가 초록 왕자의 것인지 아닌지 물어볼 정도로 알고 있는 사람은 아무도 없었다. 신베트의 소수 요원만이 나의 존재를 알고 있었다.

어쨌든, 나는 항상 신성한 보호를 받는 것 같았다. 나는 아직 기독교인이 아니었고, 알파란시도 주님을 알지 못했다. 그러나 기독교인 친구들은 매일 나를 위해 기도했다. 예수는 마태복음 5장 45절에서 "악한 사람에게나 선한 사람에게나 해를 비추시고 의인에게나 불의한 자에게나 비를 내리게 하시느니라"라고 말했다. 이는 분명히 코란의 잔인하고 복수심에 불타는 신과는 차원이 달랐다.

제24장
보호 감금
(2002년 가을-2003년 봄)

완전히 지쳤다. 한꺼번에 여러 위험한 역할을 맡는 것과 지금 함께 있는 사람들에 따라 성격과 외모를 바꿔야 하는 것에 지친 상태였다. 아버지와 다른 하마스 지도자들과 함께 있을 때 나는 하마스의 헌신적인 구성원 역할을 해야 했다. 신베트와 함께 있을 때는 이스라엘 협력자 역할을 해야 했다. 집에 있을 때는 아버지의 역할과 동생들의 보호자 역할을 하는 경우가 많았고, 직장에 있을 때는 평범한 직장인 역할을 했다. 나는 대학교의 마지막 학기를 다니고 있었고, 시험 공부를 해야 했다. 하지만 집중할 수가 없었다.

2002년 9월 말, 나는 신베트의 위장 체포 시도로 막을 올린 그 연극의 제2막을 시작할 때가 됐다고 생각했다.

"이대로는 못 버티겠어요." 나는 로아이에게 말했다. "얼마나 걸릴까요? 몇 달의 감옥 생활이면 될까요? 우리는 심문을 하는 척할 거예요. 당신이 나를 풀어 주겠지요. 그러면 나는 다시 돌아가서 공부를 끝낼 수 있어요. USAID(미국국제개발처) 직장으로 돌아가 평범한 삶을 살 수 있어요."

"너의 아버지는 어떻게 하니?"

"아버지가 암살당하도록 남겨 둘 수 없어요. 그러니 그냥 가서 그도 체포하세요."

"만약 그게 네가 원하는 것이라면, 정부는 우리가 마침내 하산 유세프를 잡았다는 것에 분명 기뻐할 거야."

나는 어머니에게 아버지가 어디에 숨어 있는지 말했고, 어머니가 아버지를 방문하도록 했다. 어머니가 은신처에 도착한 지 불과 5분만에 특수부대가 그 지역으로 쏟아져 들어왔다. 병사들이 온 동네를 뛰어다니며 모든 민간인에게 집 안으로 들어가라고 소리쳤다.

그 '민간인' 중 하나는 집 앞에서 터키식 물 담배인 나르기레(narghile)를 피우고 있던, 수제 폭탄 제작자 압둘라 바르구티였다. 그는 하산 유세프가 자신의 집 건너편에서 살고 있다는 것조차 몰랐다. 그리고 그에게 안으로 들어가라고 소리친 안타까운 이스라엘 병사는 자신이 이스라엘의 최고 지명 수배자인 대량 학살자에게 명하고 있다는 사실을 전혀 몰랐다.

모두가 무지했다. 나의 아버지는 아들이 암살로부터 보호하기 위해 자신을 넘겨 주었다는 사실을 전혀 모르셨다. 그리고 IDF는 신베트가 줄곧 하산 유세프의 소재지를 알고 있었고, 심지어는 그들의 병사들 중 일부가 그가 숨어 있던 집에서 점심을 먹고 낮잠을 즐겼다는 사실을 전혀 몰랐다.

늘 그렇듯이 아버지는 순순히 항복하셨다. 그리고 그와 다른 하마스 지도자들은 신베트가 어머니를 추적하여 그의 은신처를 찾아냈다고 생각했다. 당연히 어머니는 슬퍼하셨지만, 남편이 안전한 곳에 있으며 더 이상 이스라엘의 암살 대상자 명단에 오르지 않는다는 사실에 안도하셨다.

"우리 오늘 밤에 보자." 소동이 가라앉은 후 로아이가 나에게 말했다.

해가 지평선 너머로 지기 시작할 때, 나는 집 안에서 창밖을 내다보며 약 20명의 특수부대 요원들이 빠르게 움직여 그들의 위치를 잡는 것을 지켜보았다. 이제 고개를 숙이고 약간 거칠게 다뤄질 준비를 해야 한다는 것을 알았다. 몇 분 후, 지프차가 들어왔고, 그다음에는 전차 한 대가 들어왔다. IDF는 그 지역을 봉쇄했다. 누군가 내 방과 연결된 발코니로 뛰어올랐고, 다른 누군가는 내 문을 두드렸다.

"누구세요?" 나는 모른 척하며 소리쳤다.

"IDF다! 문 열어!"

내가 문을 열자마자 그들이 나를 바닥으로 밀어붙이고, 빠르게 무기를 수색했다.

"여기 누가 더 있어?"

"아니요."

그들이 왜 굳이 묻는지 몰랐다. 어쨌든 그들은 문을 발로 찼고 집 내부의 방 하나하나를 수색하기 시작했다. 밖으로 나와서는 나는 친구와 얼굴을 마주했다.

"어디 있었어?" 로아이는 마치 연기하고 있는 내가 진짜 나의 모습인 양 내게 거칠게 물었다. "우리는 널 찾고 있었다. 자살하려고 그랬어? 네가 지난 해 아버지 집에서 도망친 건 미친 짓이었어."

화가 난 몇몇 병사들이 지켜보며 대화를 듣고 있었다.

"우리가 네 아버지를 잡았다." 그가 말했다. "그리고 너도 마침내 잡혔다! 심문 중에 네가 뭐라고 할지 보자!"

몇몇 병사들이 나를 지프차에 밀어 던졌다. 로아이가 다가와 귓속말로 물었다. "친구, 어떻게 지내? 괜찮아? 수갑이 너무 갑갑하지?"

"다 괜찮아요." 나는 말했다. "그냥 여기서 꺼내 주고, 타고 가는 동안 군인들이 날 때리지 않도록 해 주세요."

"걱정 마. 내 수하 중 한 명이 너와 함께 있을 거야."

그들은 나를 오페르 군사 기지로 데려갔다. 우리는 예전에 몇 시간 동안 '심문'받던 그 방에 앉아 커피를 마시며 상황에 대해 이야기했다.

"우리는 너를 마스코비예로 데려갈 거야." 로아이가 말했다. "잠깐 동안이야. 네가 힘든 심문을 받은 것처럼 가장할 거야. 너의 아버지는 이미 그곳에 있는데, 너를 만나게 될 거야. 그는 아직 심문이나 고문을 당하지 않았어. 그런 다음 우리는 너를 행정 구금시설로 데려가서, 너는 거기서 몇 달을 보내고, 그 후에 우리는 너의 형량을 3개월 더 연장해 달라고 요청할 거야. 너 같은 신분의 사람은 누구든지 감옥에서 상당한 시간을 보내야 하거든."

지난번 나를 고문했던 심문관들을 다시 봤을 때, 나는 놀랍게도 그들에 대해 아무런 원한도 느끼지 않는 나 자신을 발견했다. 이것을 설명할 수 있는 유일한 방법은 내가 읽은 성경 구절을 떠올리는 것이었다. 히브리서 4장 12절은 "하나님의 말씀은 살아 있고 운동력이 있다. 양날의 칼보다 더 날카로우니, 영혼과 심령과 관절과 골수를 찌르고 마음의 생각과 뜻을 판단한다"라고 말한다. 나는 이 말씀을 여러 차례 읽고 생각해 본 적이 있었다. 그리고 예수의 명령인 원수를 용서하고 자신을 학대하는 자를 사랑하라는 말도 그렇다. 어떻게 됐든, 나는 아직도 예수 그리스도를 신으로 받아들이지 못했지만, 그의 말은 내 안에서 살아서 생생하게 활동하고 있는 것 같았다. 그렇지 않고서는 사람들을 유대인이나 아랍인, 죄수나 심문관으로 보는 것이 아니라 한 인격으로 보는 방법을 몰랐을 것이다. 심지어 이전에 이스라엘인들을 죽이기 위해 총을 사고 계획했을 때 가지고 있었던 오래된 증오조차도 이해할 수 없는 사랑에 밀려 사라지고 있었다.

나는 몇 주 동안 혼자 독방에 갇혀 있었다. 그리고 하루에 한두 번, 심문 업무가 많지 않을 때면, 신베트 친구들이 와서 안부를 묻고 대화를 나눴다. 나는 잘 먹었고 감옥에서 가장 비밀스러운 존재로 남아 있었다. 이번에는 냄새나는 두건이나 이상한 꼽추 관리자나 레너드 코헨의 노래도 없었다(그는 훗날 내가 가장 좋아하는 가수가 되긴 했지만. 이상하지 않은가?). 서안 지구에서는 내가 고문을 받으면서도 이스라엘인들에게 아무런 정보도 주지 않고 견뎌 낸 정말 강인한 사람이라는 소문이 돌았다.

이송되기 며칠 전, 나는 아버지의 감방으로 옮겨졌다. 포옹을 하시는 아버지의 얼굴에서 안도감을 느낄 수 있었다. 그는 나를 자신으로부터 멀리 떼어 놓고는 미소를 지었다.

"아버지를 따라왔어요." 나는 웃으며 말했다. "아버지 없이는 살 수 없으니까요."

감방 안에는 2명의 다른 사람이 있었고, 우리는 농담을 주고받으며 즐거운 시간을 보냈다. 솔직히 말해서, 아버지가 안전하게 감옥 안에 있어서 정말 행복했다. 실수는 없을 터였다. 하늘에서 미사일이 내려올 일은 없었다.

때때로 그가 우리에게 코란을 읽어 줄 때, 나는 그를 바라보고 그의 아름다운 목소리를 듣는 것만으로도 즐거웠다. 우리가 자랄 때 아버지가 얼마나 온화하셨는지 생각해 보았다. 아버지는 결코 우리에게 새벽 기도를 위해 침대에서 나오라고 강요하지 않으셨지만, 우리는 모두 아버지가 우리를 자랑스럽게 여기시게끔 만들고 싶어서 그렇게 했다. 그는 아주 어린 나이에 자신의 삶을 알라에게 바쳤고 그 헌신을 모범을 통해 우리에게 전해 주셨다.

지금 나는 생각했다. '사랑하는 아버지, 이렇게 아버지와 함께 앉아 있어서 정말 기뻐요. 지금 이곳이 아버지가 가장 원치 않는 곳이라는 걸 알지만, 여기 계시지 않았다면 아버지의 몸은 산산조각 나 어딘가 작은 비닐 봉투에 담겨 있었을 거예요.' 가끔 아버지는 고개를 들어 사랑과 감사의 미소를 짓는 나를 보셨다. 아버지는 그 이유를 이해하지 못하셨고, 나는 그에게 그 이유를 말할 수 없었다.

경비원들이 나를 이송하러 왔을 때, 아버지와 나는 꼭 부둥켜안았다. 내 품에 안긴 아버지는 너무나 연약해 보였지만, 나는 그가 얼마나 강인한 분인지 알고 있었다. 지난 며칠 동안 우리는 너무나 가까워져서 나는 마치 갈기갈기 찢어지는 것 같았다. 신베트 요원들을 떠나는 것도 힘들었다. 우리는 여러 해 동안 믿을 수 없을 만큼 가까운 관계를 발전시켰다. 나는 그들의 얼굴을 바라보며 내가 얼마나 그들을 존경하는지 알기를 바랐다. 그들은 미안하다는 듯이 나를 바라보았다. 그들은 나의 다음 여정이 그렇게 쉽지 않을 것을 알고 있었다.

나를 이송하기 위해 수갑을 채운 군인들의 얼굴은 완전히 다른 표정이었다. 그들에게 나는 IDF를 피해 달아나고, 그들을 바보로 만들었으며, 체포를 피해 다녔던 테러리스트였다. 이제 나는 신베트와 정기적으로 만났던 군사 기지의 일부인 오페르 감옥으로 이송됐다.

다른 사람들처럼 수염도 길고 두꺼워졌다. 나는 다른 수감자들의 일상적인 일과에 동참했다. 기도 시간이 되면, 나는 절하며 무릎을 꿇고 기도했지만, 더 이상 알라에게 기도하지 않았다. 나는 이제 우주의 창조주에게 기도했다. 나는 점점 더 가까워지고 있었다. 하루는 도서관에서 세계 종교 구역에 숨겨져 있던 아랍어 성경을 발견했다. 신약성경만이 아닌 전체 성경이었다. 아무도 그것을 건드린 적이 없었다. 아무도 그 책이 거기에 있는지조차 몰랐을 것이다. 이것은 하나님이 주신 선물이었다! 나는 그것을 몇 번이고 반복해서 읽었다.

가끔씩 누군가가 내게 살며시 다가와서 내가 무엇을 하고 있는지 알아내려고 했다. 나는 역사를 공부하고 있으며, 성경책이 고대 서적인 만큼 그 안에는 구할 수 있는 가장 오래된 정보가 담겨 있다고 설명했다. 또한 그 안에 담긴 가치들도 훌륭하다고 말했다. 나는 모든 무슬림이 그것을 읽어야 한다고 믿었다. 사람들은 대부분 그렇게 받아들였다. 유일하게 약간 불편해하는 기색을 내보이는 경우는 라마단 기간 동안이었는데, 그때에는 내가 코란보다 성경을 더 많이 공부하는 것 같아서 그랬다.

내가 서예루살렘에서 참석했던 성경 공부 모임은 기독교인, 무슬림, 유대교인, 무신론자 등 모든 사람에게 열려 있었다. 이 모임을 통해 목적, 즉 기독교를 공부하고 예수에 대해 배우고자 하는 목적으로 온 유대인들과 함께 앉아 이야기할 기회를 가졌다. 팔레스타인 무슬림으로서 이스라엘 유대인과 함께 예수를 공부하는 것은 독특한 경험이었다.

이 모임을 통해 나는 암논(Amnon)이라는 유대인 남자를 꽤 잘 알게 됐다. 그는 결혼하여 예쁜 두 자녀를 두었다. 그는 매우 똑똑했고 여러 언어를 구사했다. 그의 아내는 기독교인이었으며, 오랫동안 그에게 세례를 받도록 격려해 왔다. 마침내 암논은 그렇게 하기로 결심했고, 그래서 우리는 어느 날 저녁 그가 목사의 집 욕조에서 세례를 받는 것을 보기 위해 모였다. 내가 도착했을 때, 암논은 몇 개의 성경 구절을 다 읽고 나서 엉엉 울기 시작했다.

그는 물속에 몸을 맡기며 자신이 그리스도의 죽음과 부활에 동참함으로써 예수 그리스도에 대한 충성을 선언할 뿐만 아니라 자신의 문화와 결별하고 있음을 알았다. 그는 히브리 대학교의 교수인 아버지의 신앙에 등을 돌리고, 이스라엘 사회와 종교 전통을 저버리며, 자신의 명성과 미래까지도 위태롭게 만드는 선택을 했다.

얼마 지나지 않아, 암논은 IDF에서 복무를 시작하라는 통지를 받았다. 이스라엘에서는 18세 이상, 아랍인이 아닌 모든 시민은 남성은 3년간, 여성은 2년간 군대에 복무해야 했다. 그러나 암논은 검문소에서 발생한 학살을 충분히 목격했기 때문에, 기독교인으로서 비무장한 민간인들을 쏴야 할 수도 있는 입장에 놓이는 것을 용납할 수 없었다. 그래서 그는 군복을 입고 서안 지구로 가는 것을 거부했다.

그는 말했다. "만약 돌을 던지는 아이의 머리가 아닌 다리에 총을 쏴서 내 임무를 수행할 수 있다 해도, 나는 그렇게 하고 싶지 않아요. 나는 내 원수를 사랑하라는 부름을 받았어요."

두 번째 입영 통지서가 날아왔다. 그리고 세 번째 통지서도.

그러나 암논은 복무를 계속 거부했고 체포되어 수감됐다. 내가 몰랐던 것은, 암논이 내가 오페르에 머무는 내내 감옥의 유대인 구역에서 살고 있었다는 사실이다. 그는 이스라엘 사람들과 함께 일하기를 거부했기 때문에 거기에 있었다. 나는 그들과 함께 일하기로 동의했기 때문에 거기에 있었다. 나는 유대인들을 보호하려고 노력했고, 그는 팔레스타인인들을 보호하려고 노력했다.

나는 이스라엘과 점령지의 모든 이들이 기독교인이 되어야만 유혈 사태가 끝난다고 믿지는 않았다. 하지만 한쪽에는 1,000명의 암논이, 다른 한쪽에는 1,000명의 모사브가 있다면 큰 차이를 만들 수 있을 거라고 생각했다. 그리고 그보다 더 많이 있다면 … 미래가 어떻게 바뀔지 누가 알겠는가?

오페르에 도착한 지 몇 달 후 나는 법정으로 이송됐다. 거기에서 판사나 검사도, 심지어 내 변호사조차도 내가 누구인지 몰랐다.

재판에서 신베트는 나를 위험한 인물이라 증언했고, 더 오래 수감해야 한다고 요청했다. 판사는 동의했고 나에게 6개월의 행정 구금을 선고했다. 나는 다시 한번 이송됐다.

어디서나 차로 5시간 걸리는, 네게브 사막의 모래 언덕과 디모나 원자력 발전소와 매우 가까이에 위치한, 여름에는 녹아 버리고 겨울에는 얼어붙어 버리는 크치오트 텐트 감옥이었다.

"너의 조직은 뭔가?"

"하마스."

그렇다. 나는 여전히 나 자신을 내 가족의 일부로, 내 역사의 일부로 생각했다. 하지만 나는 더 이상 다른 수감자들과 같지 않았다.

하마스가 여전히 다수였다. 그러나 제2차 인티파다가 시작된 이후 파타는 크게 성장했고, 각 집단은 거의 비슷한 수의 텐트를 가지고 있었다. 나는 거짓으로 꾸미는 데 지쳤고, 새롭게 자리 잡은 윤리 규범이 나로 하여금 거짓말을 하지 못하게 했다. 그래서 그곳에 있는 동안 나는 대부분 혼자 지내기로 했다.

크치오트는 극심한 황무지 가운데 있었다. 밤에는 늑대, 하이에나, 표범의 울음소리가 울려 퍼졌다. 나는 크치오트에서 탈출한 죄수들에 대한 이야기는 들어 보았지만, 사막에서 살아남은 사람들에 대한 이야기는 듣지 못했다. 겨울은 여름보다 더 혹독했는데, 얼음과도 같은 바람과 흩날리는 눈, 그리고 바람을 막아 줄 텐트 외에는 아무것도 없었다. 각 텐트의 지붕에는 방습막이 있었지만, 일부 수감자들은 이를 뜯어내어 간이 침대 주위에 사생활 보호 커튼을 만들었다. 우리가 내쉰 숨결의 습기는 원래 방습막에 흡수되어야 했지만, 방습막이 더 이상 없었기에 습기는 떠올랐고, 텐트가 그대로 머금어 무거워졌다가, 우리가 밤새 잠을 자는 동안 빗방울처럼 떨어져 내렸다.

이스라엘군은 쥐의 번식을 제어하기 위해 사실상 온 캠프에 끈끈이 판을 깔아 두었다. 서리가 내린 어느 이른 아침, 다른 사람들이 아직 잠들어 있을 때 나는 성경을 읽고 있었는데, 녹슨 침대의 스프링처럼 삐걱거리는 소리가 들렸다. 간이 침대 밑을 보니 쥐 한 마리가 끈끈이 판에 붙어 있었다. 하지만 나를 놀라게 한 것은 달라붙지 않은 다른 쥐가 달라붙은 쥐를 구하려고 애쓰고 있었다는 것이다. 짝이었을지, 친구였을지 모르겠다. 나는 한 동물이 다른 동물을 구하기 위해 애쓰는 모습을 약 30분 동안이나 지켜보았다. 그 장면이 너무나 뭉클해서 그 둘 모두를 풀어 주었다.

감옥에서 읽을 수 있는 것은 코란과 코란에 관한 교재들로 거의 제한되어 있었다. 내가 가진 것이라고는 친구가 변호사를 통해 몰래 가져다준 영어 책 두 권뿐이었다. 읽을거리가 생기고 영어 실력이 늘어 가는 것에 감사했지만, 워낙 반복해서 읽다 보니 책 표지가 닳아 해질 정도였다. 하루는 혼자 돌아다니다가 두 죄수가 차를 끓이는 것을 보았다. 그들 옆에는 적십자사에서 보낸 소설로 가득 찬 커다란 나무 상자가 있었다. 그리고 그들은 연료를 만들기 위해 책을 찢고 있었다! 나는 참을 수가 없었다. 상자를 그들로부터 밀어내고 책들을 한아름 끌어안았다. 그들은 내가 차를 끓이려고 그러는 줄 알았다.

"미쳤어요." 나는 그들에게 말했다. "나는 두 권의 영어 책을 몰래 들여오는 데 엄청 애를 썼는데, 당신들은 이걸로 차를 끓이고 있다니요!"

"그건 기독교 책들이잖아요." 그들이 말했다.

"그건 기독교 책들이 아니에요." 나는 그들에게 말했다. "그건 〈뉴욕 타임스〉 베스트셀러들이에요. 거기에 이슬람을 반대하는 내용은 없을 거예요. 그냥 인간의 경험에 관한 이야기일 뿐이에요."

그들은 아마도 하산 유세프의 아들이 왜 그러는지 궁금해했을 것이다. 그는 대부분 혼자 조용히 지내며 책을 읽고 있었다. 그런데 갑자기 책 한 상자에 열광하고 있다. 다른 사람이었다면 그들은 소중한 연료를 지키려고 싸웠을 것이다. 하지만 그들은 나에게 소설책들을 주었고, 나는 새로운 보물 상자를 들고 내 침대로 돌아갔다. 나는 책들을 내 주위에 쌓아 놓고 그 속에서 즐겁게 지냈다. 다른 사람들이 뭐라 생각하든지 신경 쓰지 않았다. 내 마음은 이곳에서 시간을 보내는 동안 읽을 것을 제공해 주신 하나님을 노래하고 찬양했다.

나는 약한 빛 때문에 눈이 피로해지기 전까지 매일 16시간씩 책을 읽었다. 크치오트에서 보낸 4개월 동안 나는 4,000개의 영어 단어를 외웠다.

그곳에서 나는 두 차례의 감옥 폭동을 경험했는데, 그것은 므깃도에서 경험한 것보다 훨씬 더 심했다. 그러나 하나님은 나를 그 모든 것을 이겨 내도록 도와주셨다. 사실, 나는 그 감옥에서 이전이나 이후에 경험한 어느 때보다도 하나님의 함께하심을 더 강하게 느꼈다. 아직은 예수를 창조주로 알지 못했지만, 분명히 하나님 아버지를 사랑하는 법을 배우고 있었다.

* * *

2003년 4월 2일, 연합군의 지상 부대가 바그다드를 향해 진격하는 와중에 나는 석방됐다. 나는 하마스의 존경받는 지도자, 노련한 테러리스트, 교활한 수배자가 되어 세상으로 나왔다. 나는 불속에서 시험을 받았고, 그 속에서 증명됐다. 큰 위험에 처할 가능성은 현저히 줄었고, 아버지는 살아 계셨고 무사했다.

나는 한 번 더 라말라의 거리를 마음껏 걸어 다닐 수 있었다. 나는 더 이상 수배자처럼 행동할 필요가 없었다. 나는 다시 나 자신이 될 수 있었다. 나는 어머니에게 전화를 걸었다. 그런 다음 로아이에게 전화를 걸었다.

"집에 돌아온 걸 환영해, 초록 왕자님." 그가 말했다. "우리는 너를 매우 그리워했어. 많은 일이 벌어지고 있어. 우리는 너 없이는 무엇을 해야 할지 모르겠어."

내가 돌아온 후 며칠 만에, 나는 로아이와 다른 좋은 이스라엘 친구들과 재회했다. 그들이 전해 줄 소식은 하나뿐이었지만, 그것은 엄청난 소식이었다.

3월, 압둘라 바르구티가 발견되어 체포됐다. 그해 말, 쿠웨이트 출신 폭탄 제조업자가 66명을 살해하고 약 500명에게 부상을 입힌 혐의로 이스라엘 군사 법정에서 재판을 받았다. 나는 그가 행한 더 많은 일이 있었다는 것을 알고 있었지만, 그것이 우리가 증명할 수 있는 전부였다. 바르구티는 67번의 종신형을 선고받았다. 살해당한 피해자 한 명당 한 번의 종신형, 그리고 그가 부상 입힌 모든 사람들을 위해 또 한 번의 종신형을 추가로 선고받았다. 선고가 내려질 때, 그는 아무런 반성도 표명하지 않고, 이스라엘을 비난했으며, 오직 더 많은 유대인을 죽일 기회를 갖지 못한 것을 유감으로 여겼다.

판사들은 "피고인이 일으킨 살인 테러는 이 나라의 역사상 가장 심각한 사건 중 하나였다"라고 말했다.* 바르구티는 분노에 휩싸여

---

* AP통신, "팔레스타인 폭탄 제조업자에게 67번의 종신형 선고," MSNBC,

판사들을 죽이고 모든 하마스 수감자들에게 폭탄 제조법을 가르치겠다고 위협했다. 그 결과 그는 독방에서 복역하게 됐다. 하지만 이브라힘 하메드와 나의 친구 살레 탈라흐메 그리고 다른 이들은 여전히 잡히지 않은 채 도피 중이었다.

10월에는 USAID의 프로젝트가 종료되면서 나의 고용도 끝났다. 그래서 나는 신베트를 위한 일에 몰두하며 가능한 한 모든 정보를 수집했다.

몇 달 뒤 어느 날 아침, 로아이로부터 전화가 왔다

"살레를 찾았어."

2004년 11월 30일, http://www.msnbc.msn.com/id/6625081/.

제25장
살레
(2003년 겨울-2006년 봄)

살레와 그의 친구들이 어디에 '있었는지' 알아내는 것은 쉬웠다. 그들이 남긴 피의 흔적이 분명했기 때문이다. 그러나 지금까지는 아무도 그들을 잡지 못했다.

신베트가 그를 찾아냈다는 사실은 내 마음을 아프게 했다. 살레는 나의 친구였다. 그는 내 학업을 도와주었고, 나는 그의 아내와 함께 식사를 했으며, 그의 아이들과 놀기도 했다. 하지만 살레는 테러리스트이기도 했다. PA(팔레스타인자치정부)에 의해 투옥된 동안, 그는 알쿠드스 개방 대학교를 통해 학업을 계속했고, 배운 것을 활용해 쓰레기로 폭발물을 만들 수 있을 정도로 뛰어난 폭탄 제조자가 됐다.

PA가 살레를 석방한 후, 신베트는 그와 그의 친구들이 하마스의 알카삼 여단을 재건하는 데 얼마나 시간이 걸리는지 지켜보았다. 오래 걸리지 않았다. 재건된 조직은 크지 않았지만 치명적이었다.

마헤르 오데는 작전의 두뇌였다. 살레는 엔지니어였고, 빌랄 바르구티는 자살 폭탄 테러리스트 모집자였다. 실제로 하마스 군부는 약 10명으로 구성되어 있었고, 이들은 독립적으로 활동하고 자체 예산을 가지고 있었으며 긴급한 경우가 아니면 결코 함께 모이지 않았다. 살레는 하룻밤 사이에 여러 개의 폭발물 벨트를 만들 수 있었고, 빌랄은 순교 지원자 명단을 가지고 있었다.

만약 내가 살레가 결백하다고 믿었다면, 그에게 앞으로 일어날 일에 대해 경고해 주었을 것이다. 하지만 퍼즐을 맞추어 보니, 나는 그가 히브리 대학교 폭탄 테러를 비롯해 수많은 다른 많은 사건들의 배후에 있었다는 것을 알게 되었다. 나는 그가 감옥에 갇혀 있어야 한다는 사실을 이해했다. 내가 할 수 있었던 유일한 일은 그에게 예수의 가르침을 소개하고 내가 한 것처럼 그것을 따르도록 촉구하는 것뿐이었다. 하지만 나는 그가 분노, 열정, 헌신에 눈이 멀어 오랜 친구인 나의 말조차 듣지 않을 것임을 알았다. 하지만 내가 할 수 있었던 또 다른 일은 살레와 다른 이들을 죽이지 말고 체포해 달라고 신베트에 간청하는 것이었다. 그리고 그들은 마지못해 동의했다.

이스라엘 보안 요원들은 2달 동안 살레를 감시했다. 그들은 그가 아파트에서 나와 한 폐가에서 하사넨 룸마나를 만나고, 집으로 돌아와서 일주일 정도 머물러 있는 것을 지켜보았다. 그들은 살레의 친구 사예드 알셰이크 카셈이 더 자주 외출하지만, 항상 해야 할 일만 하고 바로 돌아오는 것을 확인했다. 그들의 신중함은 놀라웠다.

우리가 그들을 찾는 데 그토록 오랜 시간이 걸린 것은 당연했다. 그러나 일단 우리가 그들의 흔적을 찾고 나니, 그들의 접촉자와 그 접촉자의 접촉자를 추적하는 것은 그리 어렵지 않았다. 모두 약 40-50명 정도였다.

우리가 수배 중인 3명의 남자의 위치는 확실히 파악했지만, 이브라힘 하메드와 마헤르 오데에 대해서는 단서만 있었고 구체적인 정보가 없었다. 우리가 가진 단서가 그들에게 연결될 때까지 기다릴지, 아니면 이미 위치를 특정한 자들을 체포하여 서안 지구의 알카삼 여단의 척추를 꺾을 것인지 결정해야 했다. 우리는 후자를 선택했다. 혹시 운이 좋다면, 그물을 끌어올렸을 때 하메드나 오데가 거기에 걸려들 수도 있다고 생각했기 때문이다.

2003년 12월 1일 밤, 특수부대가 50개가 넘는 의심스러운 장소를 한꺼번에 포위했다. 서안 지구 전역에서 동원 가능한 모든 부대가 소집됐다. 하마스 지도자들은 라말라의 알키스와니 건물에 숨어 있었고, 항복할 의향이 없었다. 살레와 사예드는 많은 무기를 가지고 있었는데, 그중에는 보통 군용 차량에 용접해 장착하는 대형 기관총까지 있었다.

대치 상황은 밤 10시에 시작되어 밤새도록 계속됐다. 총성이 시작됐을 때, 집에서 그 소리를 들을 수 있었다. 그리고 메르카바 대포의 뚜렷한 폭발음이 아침을 깨뜨렸고, 그 후 모든 것이 조용해졌다. 새벽 6시에 전화벨이 울렸다.

"네 친구가 세상을 떠났다." 로아이가 내게 말했다. "정말 미안하다. 할 수 있었다면 살려 줬을 텐데. 하지만 한 가지 말하고 싶구나. 만약 이 친구가 ….” 로아이가 말을 이어 가려다가 북받쳐 오르는 감정에 목소리가 메인 듯 말했다. "만약 이 친구가 다른 환경에서 자랐다면, 지금과 같지 않았을 거야. 그도 우리와 똑같았을 거야. 그는 자신이 그의 민족을 위해 뭔가 좋은 일을 하고 있다고 믿고 있었어. 그는 정말 잘못 생각했어.”

로아이는 내가 살레를 좋아했고 살레의 죽음을 원치 않았다는 것을 알고 있었다. 그는 살레가 자신의 사람들에게 악하고 해롭다고 믿는 무언가에 저항하고 있음을 알고 있었다. 그리고 어쩌면, 그런 것이, 로아이도 살레를 걱정하게 된 이유일지도 모른다.

"다들 죽었어요?"

"아직 시신들을 보지는 못했어. 그들은 라말라 병원으로 옮겨졌어. 네가 가서 신원을 확인해야 해. 그들 모두를 알고 있는 사람은 너뿐이잖아.”

나는 코트를 집어 들고 병원으로 차를 몰았다. 제발 살레가 아니기를, 다른 누군가이기를 간절히 바라며. 병원에 도착했을 때는 혼란 그 자체였다. 분노한 하마스 활동가들이 거리에서 소리를 지르고 있었고, 경찰이 곳곳에 있었다. 아무도 안으로 들어갈 수 없었지만, 모두가 나를 알고 있었기 때문에 병원 관계자들이 나를 들여보내 주었다. 의료진 한 명이 복도를 따라 나를 커다란 냉각기들이 늘어선 방으로 안내했다. 그는 냉동고 문을 열고 천천히 서랍을 꺼냈다. 방 안으로 죽음의 악취가 퍼졌다.

내려다보니 살레의 얼굴이 보였다. 그는 거의 미소를 짓고 있었다. 하지만 그의 머리는 텅 비어 있었다. 사예드의 서랍 안에는 검은 비닐봉지에 싸여 있는 다리, 머리 등 신체 부위들이 모여 있었다. 하사넨 룸마나의 몸은 두 동강이 나 있었다. 얼굴은 면도된 상태여서 확신할 수는 없었는데, 그는 항상 부드러운 갈색 수염을 기르고 있었기 때문이다. 언론 보도와는 달리, 이브라힘 하메드는 그 자리에 있지 않았다. 그들에게 죽음을 무릅쓰고 싸우라고 명령한 자가 목숨을 보존하기 위해 도망쳤던 것이다.

실질적으로 서안 지구 하마스 지도자들 대부분이 죽거나 감옥에 갇혔기 때문에, 나는 가자 지구와 다마스쿠스에 있는 지도자들과 연락을 취하는 주요 담당자가 됐다. 어떻게 된 일인지, 나는 정당, 종파, 조직, 그리고 테러 조직까지 포함한 팔레스타인 네트워크 전체의 주요 연락책이 되어 있었다. 그리고 나를 아는 사람은 신베트 내부의 소수 엘리트뿐이었다. 생각해 보면 놀라운 일이었다.

이 새로운 역할 때문에, 살레와 다른 이들의 장례를 주관하는 슬픈 책임이 내게 주어졌다. 장례를 준비하면서 나는 하메드를 추적할 단서를 찾기 위해 모든 행동을 주시하고, 분노와 슬픔이 뒤섞인 모든 속삭임에 귀를 기울였다.

로아이가 말했다. "이미 소문이 돌고 있어. 그리고 우리가 체포한 지도자들의 자리에 네가 앉아 있으니, 이브라힘 하메드가 신베트와 협상을 하기로 했다고 소문을 흘려 보자. 대부분의 팔레스타인 사람들은 실제로 무슨 일이 벌어지고 있는지 모르니, 그 소문을 믿을 수밖에 없을 거야. 그러면 하메드는 자기 입장을 공식적으로 해명하거나 적어도 가자 지구나 다마스쿠스의 정치 지도자들에게 연락을 취할 거야. 어느 쪽이든, 우리는 단서를 잡을 수 있을 거야."

훌륭한 아이디어였지만 기관의 지도부는 이를 거절했다. 그들은 이브라힘이 보복으로 민간인을 공격할 것을 두려워했기 때문이다. 이스라엘은 이미 그의 친구들을 죽이고 조직의 절반을 체포했다. 그를 더 자극할 필요는 없었다.

그래서 우리는 어려운 방법을 택하기로 했다.

요원들은 하메드의 집의 모든 방에 도청 장치를 설치했고, 그의 아내나 아이들이 어떤 단서를 흘릴 수 있지 않을까 기대했다. 그러나 그곳은 팔레스타인에서 가장 조용한 집이었다. 어느 날, 우리는 그의 어린 아들 알리가 엄마에게 "아빠는 어디 있어요?"라고 물어보는 것을 들었다.

"우리는 그런 얘기를 전혀 하지 않는단다." 그녀가 꾸짖었다.

만약 그의 가족이 그렇게 신중했다면, 이브라힘은 얼마나 조심스러울까? 몇 달이 지나도 그의 흔적을 찾을 수 없었다.

* * *

2004년 10월 말, 야세르 아라파트는 회의 도중 갑자기 통증을 호소했다. 그의 측근들은 독감에 걸렸다고 말했다. 하지만 그의 상태는 점점 악화됐고, 결국 서안 지구를 벗어나 파리 근교의 한 병원으로 이송됐다. 11월 3일, 그는 혼수 상태에 빠졌다. 어떤 사람들은 그가 독극물에 중독됐다고 주장했고, 다른 사람들은 그가 에이즈에 걸렸을지도 모른다고 말했다. 결국, 그는 11월 11일 75세의 나이로 세상을 떠났다.

일주일쯤 후에 아버지가 감옥에서 석방되셨다. 무엇보다도 아버지 자신이 가장 놀라워하셨다. 석방 당일 아침에 로아이와 다른 신베트 관계자들이 그를 만났다.

그들이 말했다. "셰이크 하산, 지금은 평화가 필요한 때입니다. 바깥 세상에는 당신과 같은 사람이 필요합니다. 아라파트는 떠났으며, 많은 사람이 죽임을 당하고 있습니다. 당신은 합리적인 사람입니다. 상황이 더 나빠지기 전에 어떻게든 해결해야 합니다."

"서안 지구를 떠나고, 우리에게 독립 국가를 주면 끝날 것이오." 아버지가 대답했다. 물론 양쪽 모두 알고 있었다. 하마스는 결코 이스라엘 전부를 되찾기 전까지는 멈추지 않을 것이고, 다만 독립된 팔레스타인 국가가 세워진다면 10년, 어쩌면 20년 정도는 평화가 유지될 수 있을 것이라는 점을.

오페르 감옥 밖에서, 나는 세계 각지에서 온 수백 명의 기자와 함께 기다렸다. 검은 쓰레기 봉투에 소지품을 담은 아버지는 눈부신 햇살 속에서 눈을 가늘게 뜨고 있었고 2명의 이스라엘 군인에게 인도되어 문밖으로 나왔다.

우리는 포옹하고 입을 맞추었다. 아버지는 집에 가기 전에 야세르 아라파트의 무덤으로 바로 데려다 달라고 나에게 부탁하셨다. 나는 아버지의 눈을 보고서 이것이 아버지에게 매우 중요한 과정임을 이해했다. 아라파트가 사라진 후에는 파타가 약해지고 거리에는 소요가 커졌다. 파타 지도자들은 하마스가 권력을 장악하여 영토 분쟁을 일으킬 것을 두려워했다. 미국, 이스라엘 및 국제 사회도 내전을 우려했다. 서안 지구의 하마스 최고 지도자의 이러한 행보는 모두에게 충격이었지만, 그 메시지를 놓친 사람은 없었다. '모두, 진정하라. 하마스는 아라파트의 사망을 이용하지 않을 것이며 내전은 일어나지 않을 것이다.'

그러나 실제로 신베트는 10년 동안의 체포, 구금 및 암살 후에도 하마스를 실제로 지휘하는 사람이 누구인지에 대한 단서가 전혀 없었다. 우리 중 아무도 그것을 알지 못했다. 나는 저항 운동에 깊이 관여한 것으로 알려진 활동가들을 체포하는 데 도움을 주었지만, 그들이 바로 그 사람들이기를 계속 희망했다. 우리는 때때로 단 몇 가지 정황만으로 사람들을 수년간 행정 구금하기도 했는데, 하마스는 그들의 부재에 전혀 영향을 받지 않은 것처럼 보였다.

그렇다면 과연 누가 진짜 책임자였을까?

아버지가 아니라는 사실은 모두에게 큰 놀라움이었다. 우리는 그의 사무실과 차를 도청했고, 그가 당부하는 것을 모니터링했지만, 그가 실제로 주도적인 역할을 하고 있지 않음은 확실했다.

하마스는 항상 유령 같은 존재였다. 하마스에는 중앙 사무소나 지부가 없었고, 사람들이 운동 대표들과 이야기하기 위해 들를 수 있는 장소도 없었다. 많은 팔레스타인 사람들이 아버지의 사무실에 와서 그들의 문제를 공유하고 도움을 요청했는데, 특히 인티파다 기간 동안 남편과 아버지를 잃은 수감자와 순교자 가족들이 그랬다. 하지만 셰이크 하산 유세프조차도 상황을 잘 알지 못했다. 사람들은 모두 그가 모든 답을 알고 있을 것이라 생각했지만, 실제로는 우리와 마찬가지로 질문만을 가지고 있었다.

한번은 아버지가 사무실을 닫을 생각이라고 말씀하셨다.

"왜요? 그럼 언론은 어디서 만나나요?"라고 물었다.

"상관없다. 사람들이 사방에서 찾아와서 도움을 기대하지만, 도움이 필요한 모든 사람을 돕는 것은 불가능해"라고 대답하셨다.

"그럼 왜 하마스는 그들을 돕지 않는 거죠? 이들은 운동원들의 가족이잖아요. 하마스는 돈이 많잖아요"라고 말했다.

"맞다. 하지만 조직은 내게 돈을 제공하지 않는다."

"그럼 요청해 보세요. 도움이 필요한 모든 사람들에 대해 그들에게 말해 주세요."

"'그들이' 누구인지, '그들에게' 어떻게 연락해야 하는지 모른다."

"하지만 아버지가 지도자이시잖아요." 나는 항변했다.

"나는 지도자가 아니다."

"아버지는 하마스를 창설하셨어요. 아버지가 지도자가 아니시라면, 누가 지도자죠?"

"아무도 지도자가 아니다!"

나는 충격을 받았다. 신베트는 모든 말을 녹음하고 있었고 그들도 충격을 받았다.

그러던 어느 날, 살레의 아내인 마제다 탈라흐메로부터 전화가 왔다. 우리는 살레의 장례식 이후로 대화를 나누지 못했다.

"안녕하세요. 잘 지내세요? 모사브와 다른 아이들은 어떻게 지내나요?"

그녀는 울기 시작했다.

"아이들을 먹일 돈이 없어요."

나는 생각했다. '살레, 네가 가족에게 한 일을 하나님이 용서하시기를!'

"알았어요, 마제다. 진정해요. 내가 뭔가 해 보겠어요."

나는 아버지에게 갔다.

"살레의 아내에게 방금 전화가 왔어요. 아이들을 위해 음식을 살 돈이 없대요."

"모사브, 슬프게도 그녀만 그런 것이 아니다."

"알아요, 하지만 살레는 아주 좋은 제 친구였어요. 당장 뭔가를 해야 해요!"

"아들아, 내가 말했잖니. 나는 돈이 없구나."

"좋아요, 하지만 누군가는 책임이 있어요. 누군가는 돈이 많아요. 이건 불공평해요! 이 친구는 그 운동을 위해 목숨을 바쳤어요!"

아버지는 나에게 자신이 할 수 있는 일을 해 보겠다고 말씀하셨다. 그는 일종의 "관계자분에게 보내는 편지"를 써서 비밀 전달 지점에 보냈다. 우리는 그것을 추적할 수는 없었지만, 수신자가 라말라 지역 어딘가에 있다는 것은 알 수 있었다.

몇 달 전, 신베트는 나를 시내의 한 인터넷 카페로 파견했다. 그곳의 컴퓨터 중 하나를 사용하는 누군가가 다마스쿠스의 하마스 지도자들과 통신 중이었다. 이 지도자들이 누구인지는 알지 못했지만, 시리아가 하마스의 권력 중심지임은 부인할 수 없었다. 하마스가 이스라엘의 압력을 피할 수 있는 곳에 전체 조직(사무실, 무기, 군사)을 세웠던 것은 합리적인 조치였다.

로아이가 말했다. "다마스쿠스와 통신 중인 사람이 누군지는 모르겠지만 위험한 느낌이야."

카페에 들어가 보니 컴퓨터에 앉아 있는 사람이 20명이었다. 수염을 기른 사람은 없었고, 의심스러운 사람도 보이지 않았다. 그러나 내 시선을 끈 한 명이 있었는데, 그 이유는 잘 모르겠다. 나는 그가 누군지 몰랐지만, 직감적으로 그를 살펴봐야 한다고 느꼈다. 이에 대한 명확한 근거는 없었지만, 신베트는 수년 동안 나의 직감을 신뢰해 왔다.

우리는 인터넷 카페의 이 남자가 누구든 간에 위험한 인물일 것이라고 확신했다. 다마스쿠스의 하마스 지도자들과 소통할 수 있는 것은 매우 신뢰할 만한 사람들뿐이었다. 또한 우리는 그가 우리를 그림자같이 통치하는 하마스의 비밀스러운 엘리트들에게 이끌어 줄 수 있길 희망했다. 우리는 그의 사진을 돌렸지만 아무도 그가 누구인지 몰랐다. 나는 내 직감을 의심하기 시작했다.

몇 주 후, 나는 라말라에 있는 내 부동산 중 일부를 공개 매물로 내놓고 오픈 하우스를 열었다. 몇몇 사람들이 왔지만 아무도 매수

의사를 밝히지 않았다. 그날 오후, 문을 닫은 후에 한 남자로부터 전화가 왔다. 그 남자는 아직 집을 볼 수 있는지 물었다. 나는 정말 너무 피곤했지만, 그에게 거기서 만나자고 했다. 나는 다시 그 부동산으로 돌아갔고, 그는 몇 분 후에 나타났다.

인터넷 카페에서 만났던 남자였다. 그는 나에게 자신의 이름이 아지즈 카예드(Aziz Kayed)라고 말했다. 그는 깔끔하게 면도한 상태였고 전문적인 일을 하는 사람처럼 보였다. 그는 교육 수준이 높았고, 존경받는 알부라크 이슬람 연구 센터를 운영한다고 말했다. 그는 우리가 찾는 연결고리가 아닌 것 같았다. 신베트를 더 혼란스럽게 하지 않기 위해 이 사실을 비밀에 부쳤다.

카예드를 우연히 만난 이후, 아버지와 함께 서안 지구 전체의 도시, 마을, 난민촌을 방문하기 시작했다. 어떤 마을에서는 5만 명이 넘는 사람들이 셰이크 하산 유세프를 만나기 위해 모였다. 그들은 그를 만져 보고 그가 말하는 것을 듣고 싶어 했다. 그는 여전히 깊은 사랑을 받고 있었다.

나블루스는 하마스의 주요 거점이었는데, 거기서 우리는 조직의 최고 지도자들을 만났다. 그들 중 누가 '슈라' 평의회(Shurah council: 운동의 전략과 일상 활동에 대한 결정을 내리는 일곱 명으로 구성된 소규모 조직)의 구성원인지 알아냈다. 아버지와 같이 그들도 하마스의 나이 많은 지도자들 중 한 명이었지만, 우리가 찾고 있던 '고위급'은 아니었다.

여러 해가 지난 후에도, 나는 하마스의 통제권이 어떻게, 어느 시점에서 알 수 없는 손으로 넘어가 버렸는지 믿을 수가 없었다. 이 운동의 심장부에서 태어나고 자란 내가 주도자를 알지 못한다면, 도대체 누가 알 수 있을까?

나는 뜻밖에 이 답을 찾을 수 있었다. 나블루스의 한 슈라 평의원이 아지즈 카예드라는 이름을 언급했다. 그러면서 그는 나의 아버지에게 알부라크를 방문해 이 '좋은 사람'을 만나 보라고 권유했다. 나는 즉시 귀를 기울였다. 지역의 하마스 지도자가 왜 그런 추천을 했을까? 우연한 일들이 너무 많았다. 먼저, 아지즈가 인터넷 카페에서 눈에 띄었고, 그 후에는 그가 나의 오픈 하우스에 나타났으며, 이제는 한 평의원이 아버지에게 그를 만나라고 제안하고 있었다. 내 직감이 맞은 것일까? 아지즈 카예드가 하마스 조직에서 중요한 인물일 수 있다는 신호일까?

혹시 우리가 마침내 최고 책임자를 찾아낸 것일까? 가능성은 희박해 보였지만, 내 안에서는 직감을 따라야 한다는 목소리가 들려왔다. 나는 라말라로 달렸다. 로아이에게 아지즈 카예드에 대한 컴퓨터 검색을 요청했다.

여러 명의 아지즈 카예드가 나왔지만, 우리가 찾는 사람과 일치하는 사람은 없었다. 긴급 회의를 열었다. 로아이에게 이름의 검색 범위를 전 서안 지구로 넓히도록 요청했다. 그의 직원들은 나를 미친 사람으로 생각했지만, 그들은 나의 말을 따라 주었다.

이번에는, 우리가 그를 찾았다.

아지즈 카예드는 나블루스에서 태어났고, 이전에 이슬람 학생 운동의 일원이었다. 그는 10년 전에 활동을 중단했다. 결혼한 뒤 자녀가 있고, 해외 여행을 할 수 있는 자유도 있었다. 그의 대부분의 친구들은 종교와 관련이 없었다. 우리는 아무 의심거리도 찾지 못했다.

나는 일어났던 모든 일을 신베트에 설명했다. 인터넷 카페에 들어간 순간부터 아버지와 함께 나블루스를 방문한 것까지 말이다. 그들은 분명히 나를 신뢰했지만, 아직 충분한 근거가 없다고 말했다.

우리가 얘기를 나누는 동안, 나는 뭔가 다른 것을 생각해 냈다.

"카예드를 생각하니 다른 세 명이 떠오르네요." 나는 로아이에게 말했다. "라말라 출신 살라 후세인(Salah Hussein), 예루살렘 출신 아디브 제야데(Adib Zeyadeh), 그리고 살피트 출신 나제 마디(Najeh Madi)예요. 3명 모두 대학교 학위를 가졌고, 한때 하마스에서 활발하게 활동했어요. 하지만 어떤 이유에서인지 그들은 약 10년 전에 사라졌어요. 이제 그들은 정치적인 일과는 전혀 관련이 없는 매우 평범한 삶을 살아요. 그렇게 열정적이던 사람들이 왜 그냥 그만뒀는지 항상 궁금했어요."

로아이는 내가 뭔가 감을 잡은 것 같다며 동의했다. 우리는 각 남자의 움직임을 연구하기 시작했고, 그 결과 모두가 상호 간 그리고 아지즈 카예드와 연락을 주고받고 있었다는 것을 알게 됐다. 그들 모두 알부라크에서 함께 일하고 있었다. 우연이라고 하기에는 믿기가 어려웠다.

이 4명의 예상치 못한 인물이 배후에서 하마스를 실제로 조종하고 심지어 군부까지 통제할 수 있을까? 우리가 고위급 인물들을 쫓는 동안 그들은 감시망을 피해 조용히 활동해 온 것일까? 우리는 계속 조사하고, 감시하고, 기다렸고, 오랜 기간의 인내 끝에 결정적인 정보에 도달할 수 있었다.

우리는 이 치명적인 30대들이 자금을 완전히 장악하고 서안 지구의 하마스 운동 전체를 주도하고 있다는 것을 알게 됐다. 그들은 외부로부터 수백만 달러를 들여왔고, 그 돈으로 무기를 구입하고, 폭발물을 제조하고, 자원봉사자를 모집하고, 수배자를 지원하고, 물류 지원을 제공하는 등의 여러 가지 활동을 수행했는데, 이 모든 일들은 겉으로 보기에 아무런 문제가 없어 보이는 팔레스타인의 수많은 연구소들 중 한 곳에서 이루어졌다.

아무도 그들을 알지 못했다. 그들은 결코 텔레비전에 나오지 않았다. 그들은 접선 지점에서 편지로만 소통했다. 그들은 아무도 믿지 않았던 것이다. 내 아버지조차도 그들의 존재에 대해 전혀 몰랐으니 말이다.

어느 날, 우리는 나제 마디를 그의 아파트에서 한 블록 떨어진 상업용 차고지까지 따라갔다. 그는 한 차고로 걸어가 문을 열었다. 거기서 무엇을 하고 있었을까? 그는 왜 집에서 그렇게 멀리 떨어진 곳에 차고를 빌렸을까?

그 후 2주 동안 우리는 그 지긋지긋한 차고에서 눈을 떼지 않았지만 다시는 아무도 나타나지 않았다. 마침내, 안쪽에서 문이 열렸고, 이브라힘 하메드가 햇빛 가운데로 걸어 나왔다!

신베트는 그가 건물로 돌아갈 때까지 기다렸다가 체포 작전을 시작했다. 그러나 하메드는 특수부대에 포위됐을 때 살레와 다른 사람들에게 명령한 것처럼 결코 목숨 걸고 싸우지 않았다.

"옷 벗고 나와!"

응답이 없었다.

"너에게 10분 주겠다. 그리고 이 건물을 부수겠다!"

2분 후, 서안 지구의 하마스 군사 지도자가 속옷 차림으로 문을 열고 걸어 나왔다.

"옷 다 벗어!"

그는 머뭇거리더니 옷을 벗고, 벌거벗은 채 군인들 앞에 섰다.

이브라힘 하메드는 우리가 입증할 수 있는 80명 이상의 죽음에 개인적으로 책임이 있었다. 만약 내가 결정권이 있었다면, 그를 그 지저분한 차고에 다시 넣고, 거기에 평생을 가두어 놓아, 국가 재판 비용을 절약했을 것이다. 물론 예수와는 거리가 먼, 충동적인 생각이었을지라도.

하메드를 생포하고 하마스의 실질적인 지도자들을 색출한 것은 내가 신베트를 위해 했던 가장 중요한 작전이었다. 그것은 또한 나의 마지막 작전이기도 했다.

제26장
하마스를 위한 비전
(2005)

아버지는 최근 수감 생활 중 일종의 깨달음을 얻으셨다.

그는 항상 매우 개방적이었다. 그는 기독교인들, 비종교인들, 심지어 유대인들과도 앉아서 대화를 나누곤 했다. 그는 언론인, 전문가들, 분석가들의 이야기를 주의 깊게 들었고 대학교의 강의에도 참석했다. 그리고 그는 조력자, 조언자, 보호자인 나의 말에도 귀를 기울였다. 그 결과 아버지는 다른 하마스 지도자들보다 훨씬 더 명확하고 넓은 시야를 갖게 되셨다.

그는 이스라엘이 변할 수 없는 현실임을 보았고, 하마스의 많은 목표가 비논리적이고 달성 불가능한 것임을 인식했다. 그는 양측이 체면을 잃지 않고 받아들일 수 있는 중간 지점을 찾고 싶어 했다. 그래서 그는 석방 후 첫 공개 연설에서 분쟁에 대한 두 국가의 해법 가능성을 시사했다. 하마스의 어느 누구도 그런 말을 한 적이 없었다.

그들이 서로 악수하는 것에 가장 가깝게 다가간 것은 휴전을 선언하는 것이었다. 그러나 나의 아버지는 사실상 이스라엘의 존재 권리를 인정하고 계셨다! 그의 전화는 끊임없이 울렸다.

미국을 포함한 각국의 외교관들이 아버지와의 비밀 회담을 요청하며 우리에게 연락했다. 그들은 그가 진짜 그런지 직접 확인하고 싶어 했다. 나는 통역을 맡았고, 결코 그의 곁을 떠나지 않았다. 기독교인 친구들은 아버지를 무조건적으로 지지했고, 그는 그들을 그런 점에서 사랑했다.

예상대로, 그에게는 고민이 있었다. 그가 하마스의 이름으로 말했지만 그것은 결코 하마스의 심장부의 목소리는 아니었다. 그럼에도 그가 조직을 떠나기에는 최악의 시기였을 것이다. 야세르 아라파트의 죽음은 거대한 권력 공백을 만들어 냈고, 점령지의 거리는 끓어올랐다. 급진적인 젊은이들은 도처에 있었는데, 그들은 무장하고 있었으며, 증오에 가득 차 있었고, 지도자도 잃은 상태였다.

아라파트를 대체하는 것은 그리 어렵지 않았다. 부패한 정치인이라도 그렇게 할 수 있었다. 문제는 그가 PA(팔레스타인자치정부)와 PLO(팔레스타인해방기구)를 완전히 중앙집권화했다는 점이었다. 그는 팀플레이어라고 할 수 없었다. 그는 모든 권한과 인맥을 독점하고 있었다. 그리고 모든 은행 계좌에 그의 이름이 있었다.

이제 파타는 아라파트처럼 되고 싶은 사람들로 들끓었다. 그러나 그들 중 누가 팔레스타인과 국제 사회에 받아들여질 수 있고 '그리고' 모든 파벌을 통제할 수 있을 만큼 강한가? 심지어 아라파트조차도 이를 실현하지 못했다.

몇 달 후 하마스가 팔레스타인 의회 선거에 참여하기로 결정했을 때, 아버지는 그다지 열광적이지 않으셨다. 알아크사 인티파다 기간 동안 하마스에 군사 분파가 생긴 후 그는 자신의 조직이 전투라는 매우 긴 다리와 정치라는 매우 짧은 다리를 가지고 절뚝거리며 어색한 존재로 변하는 것을 지켜보았다. 하마스는 통치 게임이 어떻게 진행되는지 전혀 몰랐다.

혁명은 순수함과 엄격함과 관련이 있다. 그러나 통치는 타협과 유연성과 관련된다. 하마스가 통치를 원한다면 협상은 선택이 아닌 필수가 될 것이다. 선출직 공무원으로서 그들은 갑자기 예산, 물, 음식, 전기 및 폐기물 처리를 책임지게 될 것이다. 그리고 모든 것은 이스라엘을 통해 이루어져야 했다. 독립적인 팔레스타인 국가가 되려면, 반드시 협력 국가가 되어야 했다.

아버지는 하마스가 서방 지도자들과 만났을 때 모든 권고를 거부한 일을 기억하셨다. 하마스는 본능적으로 폐쇄적이었고 반대만을 일삼았다. 그리고 아버지는 미국 및 유럽과의 협상조차 거부한 그들이라면 선거로 선출된 하마스 지도자가 이스라엘과 협상 테이블에 앉을 가능성은 크지 않을 것이라고 판단하셨다.

아버지는 하마스가 후보를 내든 말든 상관하지 않으셨다. 그는 단지 사람들의 사랑과 존경을 받는 자신과 같은 고위 지도자들로 후보를 채우고 싶지 않았을 뿐이다. 만약 그렇게 된다면 하마스가 승리하게 될 것이라고 아버지는 우려하셨다. 그리고 그는 하마스의 승리가 사람들에게 재앙이 될 수 있다는 것을 알고 있었다. 실제로 사건들은 그의 말이 옳았음을 증명했다.

"우리 가운데는 분명한 우려가 있습니다. 이스라엘, 그리고 어쩌면 다른 이들까지도, 팔레스타인 사람들이 하마스를 뽑았다는 이유로 제재를 가할 수 있다는 것입니다"라고 아버지가 〈하아레츠〉 기자에게 말씀하시는 것을 들었다. "그들은 '당신들이 하마스를 선택했으니 우리는 당신들을 더 강하게 견제하고, 당신들의 삶을 어렵게 만들 것이다'라고 말할 것입니다."*

그러나 하마스의 많은 사람들이 돈, 권력, 명예를 탐냈다. 이전에 조직을 떠났던 전 지도자들조차도 어디선가 나타나서 파이 한 조각을 움켜잡으려 했다. 아버지는 그들의 탐욕스러움, 무책임함, 무지를 혐오하셨다. 그들은 CIA(미국 중앙정보부)와 USAID(미국국제개발처)조차 구분하지 못하는 사람들이었다. 그런 이들과 누가 협력할 수 있겠는가?

* * *

나는 거의 모든 것에 좌절감을 느꼈다. 나는 PA의 부패, 하마스의 어리석음과 잔인함, 그리고 제거되거나 진압되어야 할 끝없는 테러리스트들의 행렬에 좌절감을 느꼈다. 나는 일상이 되어 버린 가장

---

* 대니 루빈스타인(Danny Rubinstein), "하마스 지도자: 우리를 제거할 수 없다", 〈하아레츠〉, http://www.haaretz.com/hasen/pages/ShArt.jhtml?itemNo=565084&contrassID=2&subContrassID=4&sbSubContrassID=0.

과 위험에 지쳐 가고 있었다. 나는 평범한 삶을 살고 싶었다.

8월의 어느 날, 라말라의 거리를 걷다가 한 남자가 컴퓨터를 들고 계단을 올라가 수리점으로 향하는 것을 보았다. 그리고 나는 팔레스타인에도 가정 방문 컴퓨터 유지 보수 시장, 일종의 미국의 '긱 스쿼드'(Geek Squad: 미국 가전 제품 기업의 자체 수리팀)와 같은 서비스가 있으면 좋겠다는 생각을 했다. 나는 더 이상 USAID에서 일하지 않았고, 좋은 사업 마인드가 있었기 때문에 이를 통해 수익을 낼 수 있을 것이라고 생각했다.

나는 USAID의 IT 매니저와 좋은 친구가 됐다. 그는 컴퓨터 전문가였다. 내가 그에게 내 사업 계획을 말했을 때, 우리는 파트너가 되기로 했다. 나는 돈을 투자했고, 그는 기술적 전문 지식을 제공했으며, 우리는 아랍 문화권의 여성들을 위해 봉사할 수 있도록 여성을 포함한 몇 명의 엔지니어를 더 고용했다.

우리는 그 회사를 '일렉트릭 컴퓨터 시스템'(Electric Computer Systems)이라고 불렀고, 나는 광고를 생각해 냈다. 우리 광고에는 컴퓨터를 들고 계단을 올라가는 남자가 등장했는데, 그의 아들이 "아빠, 그럴 필요 없어요"라고 말하며 수신자 부담 전화로 전화하면 된다고 알려 주었다.

문의가 쏟아졌고 우리는 갑자기 큰 성공을 거두었다. 나는 새로운 회사 승합차를 구입했고, 휴렛 팩커드 제품을 판매할 수 있는 허가를 취득했으며, 네트워킹 사업으로 사업을 확장했다. 나는 내 인생의 황금기를 보내고 있었다. 이 시점에 나는 돈이 필요하지 않았지만, 생산적인 일을 하며 재미를 느끼고 있었다.

* * *

내가 영적 여정을 시작한 이래로 나는 신베트 친구들과 예수에 관해 그리고 나의 점차 발전하는 믿음에 대해 흥미로운 대화를 나눴다.

"무엇을 믿든 상관없습니다"라고 그들은 말했다. "그걸 우리와 공유해도 좋습니다. 하지만 다른 사람과는 공유하지 마십시오. 그리고 절대로 세례를 받지 마십시오. 세례를 받는 것은 매우 공개적인 선언이 되니 말입니다. 만약 누군가 당신이 기독교인이 됐고 이슬람 신앙에 등을 돌린 것을 알게 된다면 당신은 큰 곤경에 처할 수 있을 겁니다."

나는 그들이 나를 잃었을 때 자신들의 미래에 대해 걱정했던 것만큼 내 미래에 대해 걱정했다고 생각하지 않는다. 하지만 하나님은 내 삶을 너무 많이 변화시키고 계셨기 때문에 더 이상 나를 억누를 수 없었다.

어느 날 내 친구 자말이 나를 위해 저녁을 요리하고 있었다.

그가 말했다. "모사브, 너를 위한 놀라운 것이 있어."

그는 채널을 돌리며 눈을 반짝이며 말했다. "알하야트 TV 프로그램을 시청해 봐. 흥미로울 거야."

나는 자카리아 보트로스(Zakaria Botros)라는 나이 든 콥트 정교회

사제의 눈을 들여다보고 있었다. 그는 친절하고 온화해 보였으며 따뜻하고 설득력 있는 목소리를 가지고 있었다. 그가 무슨 말을 하는지 깨닫기 전까지는 그에게 호감이 있었다. 그는 체계적으로 코란을 해부하여, 모든 뼈, 근육, 힘줄, 장기를 드러낸 다음, 그것들을 진실의 현미경 아래 놓고 책 전체가 암과 같다는 것을 보여 주었다.

사실적·역사적 부정확성과 모순, 그는 그것들을 정확하고 정중하게, 그러나 단호하고 확신 있게 드러냈다. 나의 첫 번째 반응은 격렬하게 저항하고 텔레비전을 끄는 것이었다. 그러나 그 감정은 단 몇 초 만에 사라졌고, 나는 이것이 내 기도에 대한 하나님의 응답이라는 것을 깨달았다. 자카리아 신부는 여전히 나를 이슬람과 연결시키고 예수가 참으로 하나님의 아들이라는 진리를 보지 못하게 막는 알라의 모든 죽은 조각들을 잘라 내고 있었다. 그 일을 겪기 전까지 나는 예수를 따르는 길로 계속 나아갈 수 없었다. 그러나 그것은 쉬운 전환이 아니었다. 어느 날 잠에서 깨어나 아버지가 친아버지가 아니라는 것을 알게 됐을 때의 고통을 상상해 보라.

나는 정확히 언제 '기독교인이 됐는지' 그 날짜와 시간을 말할 수 없다. 그것은 장장 6년에 걸친 과정이었기 때문이다. 하지만 나는 내가 기독교인이 되었음을 알고 있었고, 신베트가 뭐라고 하든 세례를 받아야 한다는 것도 알았다. 그 무렵 한 무리의 미국 기독교인들이 성지 순례를 하러 이스라엘에 왔고, 내가 다니던 자매 교회를 방문했다.

시간이 지나면서 나는 그 무리 중 한 소녀와 좋은 친구가 됐다.

나는 그녀와 이야기하는 것이 즐거웠고, 그녀를 즉시 신뢰하게 됐다. 내가 그녀에게 나의 영적인 이야기를 조금 들려주었을 때, 그녀는 나를 매우 격려해 주었고, 하나님은 종종 그분의 일을 위해 가장 놀라운 사람들을 사용하신다는 것을 상기시켜 주었다. 그것은 내 인생에서도 분명한 사실이었다.

어느 날 저녁, 동예루살렘에 있는 아메리칸 콜로니 레스토랑에서 저녁을 먹는 동안에, 그 친구가 왜 아직 세례를 받지 않았느냐고 물었다. 나는 그녀에게 내가 신베트 요원으로서 그 지역의 정치 및 안보 활동에 깊이 관여했기 때문이라고는 말할 수 없었다. 그러나 그것은 타당한 질문이었고, 나 자신에게도 여러 번 물었던 질문이었다.

"내게 세례를 베풀어 줄 수 있니?"라고 물었다.

그녀는 가능하다고 했다.

"우리 둘만의 비밀로 해 줄 수 있어?"

그녀는 그렇게 할 것이라고 하면서 말했다. "해변이 그리 멀지 않아. 지금 바로 가자."

"진짜?"

"응, 안 될 이유가 뭐가 있겠어?"

"좋아. 안 될 이유는 없지."

우리가 텔아비브로 가는 셔틀버스에 탔을 때 나는 약간 들떠 있었다. 내가 누구인지 잊은 걸까? 이 샌디에이고 출신의 소녀를 정말 믿고 있는 걸까? 45분 후, 우리는 붐비는 해변을 따라 걸으며 달콤하고 따뜻한 저녁 공기를 마시고 있었다. 군중 중 누구도 바로 저 위

돌피나리움에서 21명의 아이들을 학살한 테러 단체 하마스의 지도자의 아들이 기독교인으로서 세례를 받으려고 한다는 것을 알 리 없었다.

나는 셔츠를 벗고 바다로 걸어 들어갔다.

* * *

2005년 9월 23일 금요일, 라말라 근처의 난민 수용소에서 아버지를 모시고 돌아오는 길에 한 통의 전화가 왔다.

"무슨 일이야?" 아버지가 전화기로 소리치며 말씀하셨다. "뭐라고?"

아버지의 목소리는 매우 격앙되어 있었다.

전화를 끊은 후, 그는 나에게 가자 지구의 하마스 대변인 사미 아부 주흐리(Sami Abu Zuhri)의 전화라고 말했다. 이스라엘군이 자발리아 난민촌에서 열린 집회에서 하마스 대원들을 대거 살해했다는 소식이었다. 주흐리는 이스라엘 전투기가 군중을 향해 미사일을 발사하는 것을 목격했다고 주장했다. 그는 그들이 휴전을 파기했다고 말했다.

아버지는 불과 7개월 전에 그 휴전 협상을 성사시키기 위해 정말이지 열심히 애쓰셨다. 이제 그의 모든 노력이 허사로 돌아간 듯했다. 그는 처음부터 이스라엘을 신뢰하지 않았으며, 그들의 피에 대한 갈증에 격분했다.

그러나 나는 그 말을 믿지 않았다. 아버지에게는 아무 말도 하지 않았지만, 뭔가 수상쩍은 면이 있었다.

알자지라에서 전화가 왔다. 그들은 우리가 라말라에 도착하자마자 아버지를 방송에 내보내고 싶다고 했다. 20분 후, 우리는 그들의 스튜디오에 도착했다.

그들이 아버지에게 마이크를 착용하는 동안, 나는 로아이에게 전화를 걸었다. 그는 이스라엘이 어떤 공격도 하지 않았다고 확언했다. 나는 분노했다. PD에게 그 사건의 뉴스 영상을 보게 해 달라고 요청했다. 그는 나를 통제실로 데리고 갔고, 우리는 그것을 몇 번이고 돌려봤다. 명백히, 폭발은 하늘에서 일어난 것이 아니라 땅에서 일어났다.

셰이크 하산 유세프는 이미 방송에 출연해 이스라엘의 배신을 비난하고, 휴전을 파기하겠다고 위협하며 국제적 조사를 요구했다.

"그래서 이제 기분이 나아지셨어요?" 촬영장에서 그에게 물었다.

"무슨 말이냐?"

"제 말은, 아버지 발표가 끝나고 말이에요."

"왜 안 그렇겠니? 그들이 그랬다는 게 믿기지 않는구나."

"다행이네요. 왜냐하면 그들이 그러지 않았으니까요. 하마스가 그랬어요. 주흐리는 거짓말쟁이예요. 통제실로 가시죠. 아버지에게 보여 드릴 게 있어요." 아버지는 나를 따라 작은 방으로 들어가셨다. 우리는 그 비디오를 몇 번 더 돌려보았다.

"폭발을 보세요. 봐 봐요. 폭발은 아래에서 위로 일어났어요. 하늘에서 떨어진 게 아니에요."

나중에 알게 된 사실이지만, 가자 지구의 하마스 군인들이 훈련 시범 중 장비를 과시하다가 픽업트럭 뒷좌석에 있던 카삼 미사일이 폭발하여 15명이 사망하고 더 많은 사람들이 부상당했던 것이었다.

아버지는 충격을 받으셨다. 그러나 하마스만 은폐와 자기기만에 능한 것은 아니었다. 알자지라는 자신들이 내보낸 영상에 모든 증거가 있었음에도 계속해서 거짓을 방송했다. 그리고 상황은 악화됐다. 더더욱.

가자 지구에 대한 가짜 공격에 대한 보복으로, 하마스는 이스라엘 남부의 마을들에 거의 40발의 미사일을 발사했는데, 이는 이스라엘이 1주일 전 가자 지구에서 철수를 완료한 이후 있었던 첫 번째 대규모 공격이었다. 집에서 아버지와 나는 다른 세계 사람들과 함께 뉴스를 시청했다. 다음 날, 로아이는 내각이 하마스가 휴전을 깼다는 결론을 내렸다고 내게 알려 주었다.

한 뉴스 보도는 이스라엘군의 작전 책임자인 이스라엘 지브(Yisrael Ziv) 소장의 말을 인용해 이렇게 말했다. "하마스에 대한 장기적이고 끊임없는 공격을 개시하기로 결정했다." 이어서 이를 보도한 기자는 이스라엘이 휴전 이후 중단했던 행위, 곧 "하마스 고위 지도자들에 대한 표적 공격을 재개할 준비를 하고 있다"는 점을 시사했다.[**]

[**] "이스라엘은 공습한 하마스를 분쇄하겠다고 맹세," 폭스 뉴스, 2005년 9월 25일, http://www.foxnews.com/story/0,2933,170304,00.html (2009년 10월 5일 접속).

"네 아버지가 들어가셔야 할 것 같아." 로아이가 말했다.

"내 허락을 구하는 건가요?"

"아니. 그들이 네 아버지를 직접 찾고 있는데, 우리가 어떻게 할 수 있는 게 없어."

나는 몹시 화가 났다.

"하지만 아버지는 어젯밤에 미사일을 발사하시지 않았어요. 그는 명령한 적이 없고요. 그는 전혀 관련이 없어요. 모든 것은 가자 지구에 있는 그 바보들 탓이에요."

결국, 나는 기운이 다 빠졌다. 좌절했다. 로아이가 침묵을 깼다.

"거기 있니?"

"네." 나는 자리에 앉았다. "이건 공정하지 않아요. … 하지만 이해해요."

"너도 들어가야 해." 그가 잠잠히 말했다.

"나도요? 뭐라고요? 감옥에? 그만해요! 나는 다시는 안 들어갈 거예요. 더 이상 숨는 건 싫어요. 제 일은 끝났어요. 다 끝났다고요."

그가 속삭였다. "내 동생아, 내가 너를 체포하고 싶은 줄 아니? 너에게 달렸어. 밖에 남고 싶다면 그렇게 해. 하지만 이번에는 다른 어떤 때보다 더 위험해. 작년 내내 너는 그 어느 때보다 아버지 곁에 있었어. 모두가 네가 하마스와 완전히 연루되어 있다고 생각해. 많은 사람들은 네가 심지어 그들의 지도부의 일원이라고 믿고 있어. … 만약 우리가 너를 체포하지 않으면, 너는 몇 주 안에 죽게 될 거야."

제27장
잘 있거라
(2005-2007)

"무슨 일이냐?" 아버지는 내가 울고 있는 것을 보고 물으셨다.

내가 아무 말도 하지 않자, 아버지는 어머니와 여동생들을 위해 저녁을 함께 준비하자고 제안하셨다. 아버지와 나는 오랜 세월 동안 가까워졌고, 아버지는 가끔 내가 혼자 힘으로 문제를 해결해야 한다는 걸 아셨다.

하지만 아버지와 함께 식사를 준비하며 이것이 우리가 한동안 함께할 마지막 시간임을 깨달았을 때, 내 마음은 무너져 내렸다. 나는 아버지가 홀로 체포되도록 내버려두지 않기로 결심했다.

저녁 식사 후, 나는 로아이에게 전화를 걸었다.

"좋아요." 나는 그에게 말했다. "감옥으로 다시 들어갈게요."

2005년 9월 25일이었다. 나는 종종 기도하고 성경을 읽으러 갔던, 라말라 외곽의 언덕에 있는 내가 가장 좋아하는 장소로 하이킹을 했다. 나는 더 많이 기도하고, 더 많이 울고, 주님에게 나와 내 가족에게 자비를 베풀어 달라고 간구했다. 집에 돌아와 앉아서 기다렸다. 무슨 일이 일어날지 전혀 모르시는 아버지는 이미 잠자리에 들어 계셨다. 자정을 조금 넘긴 시각에 보안군이 도착했다.

그들은 우리를 오페르 감옥으로 데리고 갔는데, 거기서 우리는 도시 전역에서 체포된 수백 명의 다른 사람들과 함께 큰 강당으로 끌려갔다. 이번에는 내 동생인 우와이스와 무함마드도 체포됐다. 로아이는 그들이 살인 사건의 용의자로 지목됐다고 비밀리에 말해 주었다. 그들의 학교 친구 중 한 명이 이스라엘 정착민을 납치하고 고문한 뒤 살해했는데, 신베트는 그 살인범이 사건 전날 우와이스에게 걸었던 전화를 도청했던 것이다. 무함마드는 며칠 후 석방됐다. 우와이스는 범죄에 연루되지 않았다는 혐의가 풀리기 전까지 4개월간 감옥에서 복역해야 했다.

우리는 그 강당에서 10시간 동안 수갑이 뒤로 채워진 채 무릎 꿇고 앉아 있었다. 누군가 아버지에게 의자를 내주었을 때 나는 소리 없이 하나님에게 감사드렸고, 아버지가 존중받고 있음을 알 수 있었다.

나는 행정 구류로 3개월의 징역을 선고받았다. 기독교인 친구들이 성경을 보내 주었고, 나는 성경을 공부하며 그저 묵묵히 형기를 채웠다. 2005년 크리스마스에 나는 석방됐다. 하지만 아버지는 그렇지 못하셨다. 내가 이 글을 쓰고 있는 지금도, 그는 여전히 감옥에 갇혀 있다.

***

팔레스타인 의회 선거가 다가오자 하마스 지도자들은 모두 공직에 출마하기를 원했다. 나는 여전히 그들에게 혐오감을 느꼈다. 그들은 모두 자유롭게 활보하고 다녔지만, 실제로 자신의 국민을 이끌 자격이 있는 유일한 사람은 면도날 같은 철조망 뒤에서 고통받고 있었다. 우리가 체포되는 일까지 겪은 후라, 아버지를 설득하여 선거에 불참하게 하는 데에는 그리 오랜 시간이 걸리지 않았다. 아버지는 내게 연락해 자신의 결정을 AP통신 정치 분석가이자 오랜 친구인 무함마드 다라그메(Mohammad Daraghmeh)에게 알려 달라고 하셨다.

몇 시간 후 뉴스가 보도됐고, 내 전화벨이 쉴 새 없이 울리기 시작했다. 하마스 지도자들이 감옥에 수감되어 있는 아버지에게 연락을 시도했지만, 아버지는 그들과 대화하기를 거부하셨다.

"무슨 일입니까?" 그들이 내게 물었다. "큰일 났어요! 당신 아버지가 출마하지 않으면 그가 선거 전체에 대한 지지를 철회한 것처럼 보일 테니, 우린 지게 될 거예요!"

나는 그들에게 말했다. "아버지가 참여하기를 원하지 않으신다면 당신들은 그것을 존중해 주어야 합니다."

그러던 중 하마스를 이끌고 곧 PA(팔레스타인자치정부)의 새 총리가 될 예정인 이스마일 하니예(Ismail Haniyeh)로부터 전화가 왔다.

"모사브, 이 운동의 지도자로서, 당신이 기자 회견 일정을 잡아 당신의 아버지가 여전히 하마스 편에 서 있다는 것을 발표해 줄 것을 요청합니다. AP통신의 기사가 실수였다고 말해 주세요."

이 모든 상황에 더해, 이제 그들은 내가 자기들을 위해 거짓말을 해 주길 바랐다. 이슬람이 거짓말을 금한다는 걸 잊은 걸까, 아니면 정치와 종교는 별개이니 괜찮다고 생각하는 걸까?

"그렇게 할 수 없습니다." 나는 그에게 말했다. "나는 당신을 존경하지만, 나는 나 자신의 진실성과 나의 아버지를 더 중요하게 생각합니다." 그리고 전화를 끊었다.

30분 후, 나는 살해 협박을 받았다. 전화를 건 사람은 "당장 기자회견을 소집하지 않으면 죽여 버리겠다"라고 말했다.

"그럼 와서 날 죽이세요."

나는 전화를 끊고 로아이에게 전화를 걸었다. 몇 시간 만에 협박을 한 사람이 체포됐다.

살해 협박 따윈 전혀 신경 쓰지 않았다. 하지만 아버지가 이 사실을 알게 되자 다라그메에게 직접 전화해 선거에 참여하겠다고 밝히셨다. 그리고 나서 내게, 진정하고 자신이 석방될 때까지 기다리라고 하셨다. 아버지는 자신이 하마스를 감당하겠다고 내게 확신시켜 주셨다.

당연히 아버지는 감옥에서 선거 운동을 하실 수 없었다. 하지만 그럴 필요도 없었다. 하마스는 그의 사진을 곳곳에 붙여 놓고 암묵적으로 모든 사람이 그 조직에 투표하도록 독려했다. 그리고 선거 전날, 셰이크 하산 유세프는 마치 사자의 갈기에 붙은 수많은 덤불처럼 다른 모든 이들을 이끌고 의회에 입성했다.

* * *

내 인생의 많은 것들이 곧 끝날 것 같은 예감이 들어서 나의 사업체인 일렉트릭 컴퓨터 시스템의 지분을 파트너에게 팔았다.

나는 누구였는가? 이대로라면 어떤 미래를 기대할 수 있을까?

나는 27살이었지만, 데이트조차 할 수 없었다. 기독교인 여성은 하마스 최고 지도자의 아들이라는 내 평판을 두려워할 것이고, 무슬림 여성은 아랍 기독교인에게 관심이 없을 터였다. 하산 유세프의 아들과 데이트하고 싶어 할 유대인 여성이 어디 있겠는가? 설령 누군가 나와 사귄다 해도 무슨 얘기를 할 것인가? 나는 내 삶에 대해 무엇을 자유롭게 나눌 수 있을까? 그리고 그것은 도대체 어떤 종류의 삶이었나? 나는 무엇을 위해 모든 것을 희생했단 말인가? 팔레스타인을 위해? 이스라엘을 위해? 평화를 위해?

신베트의 일급 스파이로서 내가 이룬 것이 무엇이었단 말인가? 우리 민족의 상황은 나아졌는가? 유혈 사태는 멈췄는가? 아버지는 가족이 있는 집으로 돌아오셨는가? 이스라엘은 더 안전해졌는가? 나는 형제자매들에게 더 고귀한 길을 제시했는가? 나는 내 인생의 거의 3분의 1을 헛되이 희생했다고 느꼈다. 그것은 솔로몬 왕이 전도서 4장 16절에서 묘사했듯이, "바람을 잡는 일"과 같았다.

나는 여러 가지 역할을 맡으면서, 그리고 감옥에 들락거리면서 알게 된 사실들을 털어놓을 수조차 없었다. 누가 내 말을 믿겠는가?

나는 로아이의 사무실로 전화를 걸었다. "난 더 이상 당신들을 위해 일할 수 없어요."

"왜? 무슨 일이 있었어?"

"아무것도 없었어요. 나는 여러분 모두를 사랑해요. 그리고 나는 정보 수사 일을 좋아해요. 어쩌면 이 직업에 중독된 것일지도 모른다는 생각이 들어요. 그러나 우리는 아무것도 성취하지 못하고 있어요. 우리는 체포, 심문, 암살로 이길 수 없는 전쟁을 하고 있어요. 우리의 적은 어떤 이념(ideas)이고, 이 이념은 침략이나 통행 금지 따위를 신경 쓰지 않아요. 메르카바 전차로 이념을 날려 버릴 수도 없죠. 당신들이 우리의 문제가 아니고 우리도 당신들의 문제가 아니에요. 우리는 모두 미로에 갇힌 쥐 같아요. 더 이상 할 수 없어요. 나의 시간은 끝났어요."

나는 이것이 신베트에 큰 타격이 될 것이라는 것을 알고 있었다. 우리는 전쟁 중이었다.

"알겠어." 로아이가 말했다. "기관 지도부에 보고하고 그들의 의견을 들어 볼게."

우리가 다시 만났을 때 그는 말했다. "이건 지도부의 제안이야. 이스라엘에는 큰 통신 회사가 있어. 우리가 팔레스타인 자치령에서 그와 똑같은 회사를 시작하는 데 필요한 모든 자금을 네게 제공한대. 이건 아주 좋은 기회야. 평생 안정적으로 살 수 있을 거야."

"당신들은 이해 못 할 거예요. 내 문제는 돈이 아니에요. 내 문제는 내가 아무 데도 못 간다는 거예요."

"모사브, 여기 사람들은 네가 필요해."

"나는 그들을 돕는 다른 방법을 찾을 거예요. 하지만 이런 식으로는 도울 수 없어요. 심지어 기관에서도 이것이 어떤 방향으로 가고 있는지 모르는 것 같아요."

"그래서, 네가 원하는 게 뭐야?"

"나는 이 나라를 떠나고 싶어요."

로아이는 우리 대화를 자신의 상사들에게 전달했다. 계속해서 양쪽의 입장이 충돌했다. 지도부는 남아 있어야 한다고 주장했고, 나는 떠나야 한다고 주장했다.

"알겠습니다." 그들이 말했다. "당신이 돌아올 것을 약속한다면, 몇 달 동안, 어쩌면 1년 동안 유럽에 갈 수 있을 겁니다."

"나는 유럽에 가고 싶지 않아요. 미국으로 가고 싶어요. 거기에 친구들이 있어요. 어쩌면 1년, 2년, 아니면 5년 후에 돌아올지도 몰라요. 지금은 그것을 알 수 없어요. 지금 내가 필요한 건 휴식뿐이에요."

"미국은 어려울 겁니다. 여기서는 당신이 돈이 있고, 지위가 있고, 모든 사람으로부터 보호받을 수 있습니다. 당신은 확고한 명성을 가졌고, 사업에 성공했고, 편안하게 살고 있습니다. 당신의 삶이 미국에선 어떨 것 같으세요? 거기에 가면 당신은 아무것도 아닌 존재일 거고, 아무런 영향력도 없을 겁니다."

나는 접시 닦이를 해도 괜찮다고 그들에게 말했다. 이러한 나의 주장에도 불구하고 그들 역시 한 발도 물러서지 않았다.

"안 됩니다." 그들이 말했다. "미국은 안 됩니다. 유럽만 가능하고, 그것도 잠깐만입니다. 가서 즐기세요. 월급은 계속 지급할 겁니다. 그냥 가서 재밌게 놀고, 좀 쉬세요. 그리고 꼭 돌아오세요."

"알겠어요." 마침내 나는 말했다. "난 집에 갈게요. 더 이상 당신들을 위해 아무것도 안 할 거예요. 집 밖으로 나가지도 않을 거예요. 우연히 자살 폭탄 테러리스트를 발견하고서 신고하고 싶지 않거든요. 귀찮게 전화하지 마세요. 난 더 이상 당신들을 위해 일하지 않을 겁니다."

나는 부모님 집으로 가서 휴대전화를 꺼 놓았다. 내 수염은 길고 짙어졌다. 어머니는 나를 매우 걱정하셨다. 종종 방으로 들어와서 내 상태를 확인하고 괜찮냐고 물으셨다. 날마다 성경을 읽고 음악을 듣고 텔레비전을 보며 지난 10년을 생각하고 우울증과 씨름했다.

3개월이 지났을 때, 어머니가 누군가 전화로 나를 찾고 있다고 말씀하셨다. 나는 누구와도 이야기하고 싶지 않다고 말했다. 하지만 어머니는 그 사람이 긴급하다고 했고, 아버지를 알고 있는 오랜 친구라고 말씀하셨다.

나는 아래층으로 내려가서 전화를 받았다. 그것은 신베트의 누군가였다.

"당신을 꼭 만나고 싶은데요." 전화를 건 사람이 말했다. "아주 중요해요. 좋은 소식이 있어요."

나는 회의에 갔다. 내가 일을 하지 않는 것은 그들에게 불리한 상황을 만들었다. 하지만 그들은 그저 더 이상 이 일을 하지 않겠다는 나의 굳은 결심만 재확인할 수 있을 뿐이었다.

"좋습니다. 우리가 당신을 미국에 보내 주겠습니다. 하지만 몇 달 동안만입니다. 그리고 당신은 돌아오겠다고 약속해야 합니다."

"나는 당신들이 얻지 못할 것을 알면서 왜 자꾸 고집하는지 모르겠어요." 나는 차분하지만 단호하게 말했다.

마침내 그들이 말했다. "좋습니다. 우리는 두 가지 조건을 가지고 당신을 보내 드리겠습니다. 먼저 변호사를 고용하여 법정을 통해 건강상의 문제로 출국할 수 있도록 청원해야 합니다. 그렇지 않으면 위험해질 수 있어요. 둘째, 돌아와야 합니다."

신베트는 팔레스타인 영토에서 받을 수 없는 치료가 필요한 경우를 제외하고는 하마스 대원들이 국경을 넘는 것을 절대 허용하지 않았다. 사실 나는 턱에 문제가 있어서 치아를 제대로 맞물지 못했는데, 서안 지구에서는 필요한 수술을 받을 수 없었다. 평소에는 크게 신경을 쓰지 않았지만, 이 점이 다른 어떤 변명보다도 좋은 이유라고 생각해 변호사를 선임하여 법원에 진단서를 제출했다. 미국으로 수술을 받으러 갈 수 있도록 허가를 요청한 것이다.

이 모든 과정의 목적은 법정에 명확한 문서 기록을 남기고, 내가 이스라엘을 떠나려 애쓰면서도 적대적인 관료주의와 싸우고 있다는 인상을 주기 위한 것이었다. 만약 신베트가 별다른 어려움 없이 나를 보내 준다면, 특혜를 받았다는 의심을 살 수 있었고, 사람들은 그 대가로 내가 그들에게 무엇을 주었는지 궁금해할 수도 있었다.

그래서 우리는 그들이 나에게 고난을 주고, 매 순간 나와 맞서 싸우는 것처럼 보이도록 해야 했다.

그러나 내가 선임한 변호사는 오히려 장애물이 됐다. 그는 내가 성공할 가능성이 별로 없다고 판단했는지, 돈을 미리 요구했고 나는 그에게 선금을 지급했다. 그 후로 그는 뒷짐을 지고 아무 일도 하지 않았다. 신베트 측은 내 변호사로부터 아무 서류도 받지 못해 처리할 문서가 없었다. 나는 매주 그에게 전화해 내 사건 진행 상황을 물었지만, 그가 해야 할 일은 서류 작업을 처리하는 것뿐이었음에도 불구하고 계속 시간을 끌며 거짓말만 했다. 그는 "문제가 있다", "복잡한 사정이 있다"고 했고, 반복해서 추가 비용이 필요하다고 요구했다. 나는 그때마다 돈을 더 지불했다.

이 상황이 6개월이나 계속됐다. 마침내 2007년 새해 첫날, 한 통의 전화가 걸려 왔다.

"출국 허가가 나왔어요." 변호사가 마치 세상의 굶주림 문제를 해결한 듯이 선언했다.

* * *

"잘라존 난민촌에 있는 하마스 지도자 중 한 명을 마지막으로 한 번만 더 만날 수 있겠어?" 로아이가 물었다. "너밖에 없으니까…."

"5시간 후에 출국해요."

"알았어." 그가 체념한 듯 말했다. "몸 조심하고 우리랑 연락 계속해. 국경 넘으면 전화해서 무사한지 알려 줘."

나는 캘리포니아에 있는 몇몇 지인들에게 전화를 걸어 내가 간다고 알렸다. 물론 그들은 내가 하마스 고위 지도자의 아들이자 신베트의 스파이라는 사실을 전혀 몰랐다. 하지만 모두 무척 기뻐했다. 나는 작은 여행 가방에 옷 몇 벌을 챙겨 들고 아래층으로 내려가 어머니에게 말씀드렸다. 어머니는 이미 침대에 누우신 상태였다.

나는 어머니 곁에 무릎을 꿇고, 몇 시간 후에 요르단 국경을 넘어 미국으로 떠날 것이라고 설명했다. 그때도 나는 왜 그래야 하는지 설명할 수 없었다.

어머니의 눈빛이 모든 것을 말해 주었다. '네 아버지는 감옥에 있는데, 너는 형제자매들에게 아버지 같은 존재잖니. 미국에 가서 무엇을 할 거니?' 나는 어머니가 내가 떠나는 것을 원치 않으면서도, 동시에 내가 평안하기를 바라신다는 것을 알았다. 어머니는 내가 고향에서 겪었던 숱한 위험을 뒤로하고, 그곳에서 새로운 삶을 시작할 수 있기를 바란다고 말씀하셨다. 하지만 어머니는 내가 얼마나 심각한 위험을 겪었는지 전혀 모르고 계셨다.

"작별 인사를 하자." 어머니가 말씀하셨다. "아침에 떠나기 전에 꼭 깨워 줘."

어머니는 나를 축복해 주셨고, 나는 아주 이른 시간에 떠날 예정이니 굳이 일어나 배웅하지 않으셔도 된다고 말씀드렸다. 하지만 내 어머니셨다. 어머니는 형제자매들, 친구 자말과 함께 거실에서 밤새

나와 시간을 보내셨다.

떠나기 전, 짐을 정리하던 중 오랜 시간 동안, 심지어 감옥에서도 공부했던, 메모가 가득한 내 성경책을 챙기려다가 문득 자말에게 그것을 주라는 마음의 감동을 받았다.

"떠나기 전에 너에게 줄 더 좋은 선물은 없어." 나는 자말에게 말했다. "이건 내 성경이야. 읽고, 그 말씀대로 살아가." 나는 자말이 내 마음을 존중해 줄 거라 믿었고, 아마도 나를 떠올릴 때마다 이 성경을 읽을 거라고 확신했다. 그 후 한동안 버틸 수 있을 만큼의 현금을 챙긴 뒤, 집을 나서 이스라엘과 요르단을 잇는 알렌비 다리로 향했다.

이스라엘 측 검문소를 통과하는 데는 아무 문제가 없었다. 나는 35달러의 출국세를 내고, 금속 탐지기와 엑스레이 기계, 그리고 용의자 심문실로 악명 높은 13호실이 있는 거대한 출입국 관리소 안으로 들어갔다. 하지만 이런 장비나 알몸 수색은 대부분 요르단 쪽에서 이스라엘 '쪽으로' 들어오는 사람들을 위한 것이었지, 나처럼 출국하는 사람들에게는 해당되지 않았다.

터미널은 반바지에 허리 가방을 두른 사람들, 야르물케(yarmulkes: 유대교의 모자)나 아랍식 머리 장식, 베일이나 야구 모자를 쓴 사람들로 북적였다. 배낭을 멘 이들도 있었고, 짐을 가득 실은 손수레를 미는 이들도 있었다. 마침내 나는 콘크리트 트러스 구조 다리 위에서 유일하게 운행이 허용된, 대중교통 수단인 대형 JETT 버스 중 하나에 몸을 실었다.

'좋아, 거의 다 왔어.' 나는 그렇게 생각했다.

하지만 여전히 마음 한편에는 불안함이 남아 있었다. 신베트는 나 같은 사람이 나라를 떠나는 걸 결코 허락하지 않는 조직이었다. 그런 일은 전례가 없었다. 심지어 로아이조차 내가 출국 허가를 받았다는 사실에 놀라워했다.

요르단 쪽에 도착해 여권을 내밀었을 때 걱정이 앞섰다. 미국 비자는 아직 3년이 남아 있었지만, 내 여권은 유효기간이 30일도 채 남지 않은 상태였기 때문이다.

나는 속으로 기도했다. '부디, 그저 하루만 요르단에 들어가게 해 주세요. 그것이면 됩니다.'

하지만 모든 걱정은 기우에 불과했다. 아무 문제도 없었다. 택시를 타고 암만으로 가서 에어프랑스 항공권을 샀고, 몇 시간 동안 호텔에서 머문 뒤 퀸 알리아 국제공항으로 가 파리를 경유해 캘리포니아로 가는 비행기에 올랐다.

비행기 안에서 나는 방금 떠나온 것들, 좋은 것들과 나쁜 것들에 대해 생각했다. 가족과 친구들, 그리고 끊임없는 피 흘림과 낭비, 허무함 말이다.

진정한 자유, 곧 있는 그대로의 나로 사는 자유, 은밀한 만남과 이스라엘 감옥에서 벗어나는 자유, 늘 뒤를 돌아보아야 하는 삶에서 벗어나는 자유라는 현실에 익숙해지기까지는 시간이 좀 걸렸다.

이상했다. 그리고 놀라웠다.

* * *

어느 날 캘리포니아의 인도를 걷고 있는데, 낯익은 얼굴이 나를 향해 걸어오고 있었다. 수많은 자살 폭탄 테러의 배후 인물인 마헤르 오데였다. 나는 2000년에 그가 아라파트의 무장 폭력 조직원들을 맞이하는 장면을 본 적이 있다. 나중에 나는 그들이 유령처럼 존재하던 알아크사 순교자 여단의 창립 조직이라는 사실을 폭로했다.

처음엔 그가 오데인지 확신할 수 없었다. 사람은 익숙함에서 벗어나면 전혀 다르게 보이기 마련이다. 나는 내가 착각하길 바랐다. 하마스는 지금까지 미국 본토에서 순교 작전을 감행한 적이 없었다. 그가 정말로 여기 있는 것이 맞다면, 그것은 미국에나 나 자신에게나 모두 좋지 않은 일일 것이 분명했다.

우리의 눈이 아주 짧게 마주쳤다. 그리고 그는 길을 따라 걸어갔다. 그 찰나의 순간, 나는 그의 눈빛에서 그가 나를 분명히 알아봤을 것이라고 확신했다.

맺음말

2008년 7월, 나는 이스라엘 〈하아레츠〉 신문의 기자인 친한 친구 아비 이사카로프(Avi Issacharoff)와 함께 식당에서 저녁을 먹고 있었다. 나는 그에게 내가 기독교인이 됐다는 이야기를 했는데, 이 소식이 서구가 아닌 이스라엘에 전해지기를 원했기 때문이다. 그 이야기는 "탕자"라는 제목으로 그의 신문에 실렸다.

많은 예수의 추종자들과 마찬가지로, 나의 공개적인 신앙 고백은 부모님, 형제자매, 친구들의 마음을 아프게 했다.

내 친구 자말은 우리 가족이 나를 부끄러워할 때도 곁에 서서 함께 울어 준 소수의 사람 중 하나였다. 내가 떠난 후 몹시 외로웠던 자말은 아름다운 젊은 여성을 만나 약혼했고, 〈하아레츠〉 기사가 나간 후 2주 있다가 결혼했다.

그의 결혼식에 참석한 우리 가족은 울음을 참을 수 없었다. 자말의 결혼식은 내가 어떻게 내 미래를 망쳤는지 그리고 내가 결코 결혼해서 무슬림 가정을 이루지 못할 것이라는 생각을 떠올리게 했기 때문이다. 그들의 슬픔을 보며 심지어 새신랑마저도 울기 시작했다. 결혼식에 참석한 대부분의 다른 사람들도 울었지만, 분명 다른 이유였을 것이다.

"내 결혼식 2주 '후에' 발표를 할 수 없었니?" 자말은 나중에 전화통화에서 내게 물었다. "너 때문에 내 삶에서 가장 좋은 날이 재앙이 됐어."

나는 매우 불편했다. 다행히도 자말은 아직도 내 최고의 친구다.

아버지는 감방에서 그 소식을 들으셨다. 그는 잠에서 깨어나 자신의 장남이 기독교로 개종했다는 사실을 알게 되었다. 아버지의 관점에서 보면 나는 나 자신의 미래와 가족의 미래를 파괴했다. 그는 언젠가 내가 그의 눈앞에서 지옥으로 끌려가 영원히 결별하게 될 것이라고 믿었다.

그는 아기처럼 울며 감방에서 나오지 않았다.

각 파벌의 죄수들이 그에게 다가와 말했다. "아부 모사브(Abu Mosab, "모사브의 아버지"), 진정하세요. 우리는 모두 당신의 아들입니다."

그는 뉴스 보도를 확인할 수 없었다. 하지만 일주일 후, 가족 중 유일하게 면회를 허락받은 17살인 여동생 안하르가 감옥으로 왔다. 즉시, 그는 안하르의 눈에서 모든 것이 사실임을 알게 되었다. 그리고 그는 자신을 통제할 수 없었다. 다른 수감자들은 면회를 온 가족들을 뒤로 하고 그에게 다가가 그의 머리에 입을 맞추고 함께 울었다. 그는 그들에게 사과하기 위해 숨을 고르려 했지만, 더욱더 심한 울음이 터져 나올 뿐이었다. 심지어는 아버지를 존경하던 이스라엘 경비병들까지도 울음을 터뜨렸다.

나는 아버지에게 6쪽 분량의 편지를 보냈다. 나는 그에게 그가 항상 사랑했지만 결코 알지 못했던 신의 진정한 성품을 발견하는 것이 얼마나 중요한지를 말했다.

삼촌들은 아버지가 나와 의절하기를 바랐다. 아버지가 거절하시자 그들은 내 어머니와 내 동생들에게서 등을 돌렸다. 하지만 아버지는 나와 의절하게 된다면 하마스의 테러리스트들이 나를 죽일 것이라는 사실을 알고 계셨다. 그리고 그는 내가 그에게 얼마나 큰 상처를 주었든지 간에 그렇게 나를 보호해 주었다.

8주 후, 네게브에 있는 크치오트 감옥의 수감자들이 폭동을 일으키겠다고 위협했다. 그래서 이스라엘 감옥 국가기관인 샤바스(Shabas)는 아버지에게 상황을 진정시키기 위해 할 수 있는 일을 해달라고 부탁했다.

내가 미국에 도착한 이래로 매주 연락을 주고받던 어머니가 어느 날 나에게 전화를 하셨다.

"아버지가 네게브에 계신다. 수감자 중 일부가 휴대전화를 밀반입했단다. 아버지와 대화하고 싶으니?"

믿을 수가 없었다. 아버지가 감옥에서 석방될 때까지 아버지와 이야기할 기회가 없을 것이라고 생각했다.

그 번호로 전화를 걸었다. 아무도 받지 않았다. 다시 전화를 걸었다.

"알로!"(Alo, "여보세요").

그의 목소리. 나는 거의 말을 할 수 없었다.

"안녕하세요, 아버지."

"그래, 아들아."

"목소리가 그리웠어요."

"어떻게 지내니?"

"잘 지내고 있어요. 제가 어떻게 지내는지는 중요하지 않아요. 잘 지내셨어요?"

"난 괜찮다. 우리는 수감자들과 이야기를 하고 상황을 진정시키려고 여기 왔어."

그는 변함없었다. 그의 주된 관심사는 줄곧 사람들이었고 앞으로도 계속 그럴 것이다.

"지금 미국에서의 삶은 어때?"

"좋아요. 저는 책 하나를 쓰고 있어요. …"

모든 수감자에게 단지 10분만 주어졌고, 아버지는 특별한 대우를 받기 위해 결코 자신의 지위를 사용하지 않으셨다. 나는 새로운 삶에 대해 그와 이야기하고 싶었지만, 아버지는 그것에 대해 이야기하고 싶어 하지 않으셨다.

그가 말했다. "무슨 일이 있었든, 넌 여전히 내 아들이야. 너는 내 일부이고, 그건 결코 변하지 않을 거야. 너는 다른 의견을 가지고 있지만, 여전히 내 어린아이야."

나는 충격을 받았다. 이 사람은 놀라운 사람이다.

다음 날에도 다시 전화를 걸었다. 그는 마음 아파하셨지만, 내 말에 귀를 기울이고 계셨다.

"알려 드릴 비밀이 있어요." 내가 말했다. "지금 말하고 싶어요. 언론에서 듣기 전에요."

나는 신베트에서 10년 동안 일했다고 설명했다. 아버지가 오늘도 살아 계신 것은 내가 아버지를 보호하기 위해 감옥에 가두기로 동의했기 때문이라고, 아버지의 이름이 예루살렘의 암살자 명단 최상단에 있으며 내가 더 이상 아버지의 안전을 보장할 수 없기 때문에 아버지가 아직 감옥에 계셔야 한다고 말씀드렸다.

침묵이 흘렀다. 아버지는 아무 말씀도 하지 않으셨다.

"사랑해요." 나는 마지막으로 말했다. "아버지는 언제나 나의 아버지예요."

* * *

원서 *Son of Hamas* 편집자의 주: 이 책이 출간되기 하루 전인 2010년 3월 1일, 모사브의 아버지는 모사브와 의절했다. 셰이크 가문은 "한때 우리의 장남이었던 모사브"를 버렸다고 말하는 편지를 공개했다(2010년 3월 3일, AP통신 보도).

모사브는 가족을 잃고 목숨이 위태로운 상황에서도 원수를 사랑하라는 사랑의 메시지를 계속해서 전하고 있다.

책을 쓰고 나서

나의 가장 큰 바람은 나의 이야기를 통해 나의 동족, 즉 수백 년 동안 부패한 정권에 의해 이용당해 온 팔레스타인 이슬람 추종자들에게 진리가 그들을 자유롭게 할 수 있다는 것을 보여 주는 데 있다.

이스라엘 사람들에게도 희망이 있다는 것을 알리기 위해 내 이야기를 전한다. 이스라엘의 멸망을 위해 헌신하는 테러리스트 조직의 아들인 내가 유대 민족을 사랑하는 법을 배웠을 뿐 아니라 그들을 위해 목숨을 걸고 헌신할 수 있었다면, 희망의 빛이 있다.

내 이야기는 기독교인들에게도 메시지를 전한다. 무거운 짐을 지고 하나님의 은혜를 얻기 위해 애쓰고 있는 우리 민족의 슬픔에서 우리는 배워야 한다. 우리는 우리 자신을 위해 만든 종교 규칙을 넘어서야 한다. 그 대신 전 세계의 사람들을 무조건적으로 사랑해야 한다. 우리가 예수를 세상에 나타내고자 한다면, 그 사랑의 메시지대로 살아야 한다. 예수를 따르기를 원한다면, 박해를 받을 것도 각오해야 한다. 우리는 그의 이름으로 박해를 받는 것을 기쁘게 여겨야 한다.

중동 전문가, 정부 의사 결정권자, 학자 및 정보 기관 지도자 독자들에게, 이 단순한 이야기가 세계에서 가장 분쟁이 많은 지역 중 한 곳에서 발생하는 문제와 잠재적 해결책을 이해하는 데 도움이 되기를 바라는 마음으로 이 글을 쓴다.

나는 내 이야기를 내놓으면서, 내가 가장 아끼는 이들을 포함해 많은 사람들이 내 동기나 내 생각을 이해하지 못할 것이라는 점을 알고 있다.

어떤 사람들은 내가 돈을 벌기 위해 이런 일을 했다고 비난할 것이다. 아이러니하게도, 이전 삶에서는 돈을 버는 데 아무 문제가 없었지만 지금은 하루하루 근근이 살아가고 있다. 특히 아버지가 오랜 기간 동안 감옥에 있었을 때 우리 가족은 경제적으로 어려움을 겪었지만, 결국 나는 꽤 부유한 청년이 됐다. 나는 정부로부터 받은 급여로 우리나라 평균 소득의 10배를 벌었다. 나는 두 채의 집과 새 스포츠카를 가진 유복한 삶을 살았었다. 그리고 나는 더 많은 돈을 벌 수도 있었다.

내가 이스라엘 사람들에게 더 이상 그들을 위해 일하지 않겠다고 말했을 때, 그들은 내가 남아 있기만 하면 수백만 달러를 벌 수 있는 통신 사업을 차려 주겠다고 제안했다. 그러나 나는 그 제안을 거절하고 미국으로 왔다. 여기서는 정규직을 구하지 못하고 거의 노숙자가 될 지경에 이르렀다. 언젠가 돈 문제가 해결되기를 바라지만, 돈만으로는 결코 만족할 수 없다는 것을 배웠다. 돈이 나의 주요 목표였다면, 이스라엘에 남아 계속 일할 수도 있었을 것이다. 미국으로 이주한 후 사람들이 나에게 제안한 기부를 받아들일 수도 있었다. 하지만 나는 그렇게 하지 않았다. 돈을 우선순위로 삼고 싶지 않았고, 돈이 나를 움직이는 동기라는 인상을 주고 싶지 않았다.

어떤 사람들은 내가 관심을 끌기 위해 이러고 있다고 생각할지 모른다. 하지만 내 나라에 있을 때에도 이미 관심은 충분히 받았다.

포기하기 훨씬 더 어려웠던 것은 하마스 최고 지도자의 아들로서 내가 가졌던 권력과 권위였다. 권력을 맛본 나는 그것이 얼마나 중독성이 강한지 알고 있다. 권력은 돈보다 훨씬 더 강력한 중독성을 가지고 있다. 나 역시 과거의 삶에서 누렸던 권력이 좋았다. 그러나 중독되면, 권력이든 무엇이든, 내가 그것을 다스리는 것이 아니라 오히려 그것이 나를 다스리게 된다.

자유, 자유에 대한 깊은 갈망이 내 이야기의 핵심이다.

나는 수 세기 동안 부패한 제도에 의해 노예로 살아온 민족의 아들이다.

나는 이스라엘의 포로가 됐을 때, 팔레스타인 사람들이 이스라엘에 의해 억압받는 것만큼이나 자신들의 지도자들에 의해서도 억압받고 있다는 사실을 깨닫게 됐다.

나는 코란의 신을 기쁘게 하고 천국에 들어가기 위해 엄격한 규정을 철저히 준수해야 하는 종교의 독실한 신자였다.

나는 이전 삶에서 돈, 권력, 지위를 가졌었지만, 정말 원했던 것은 자유였다. 그리고 그것은 증오, 편견, 복수심을 버리는 것을 의미했다.

예수의 메시지, 즉 "네 원수를 사랑하라"가 마침내 나를 자유롭게 해 주었다. 누가 친구이고 누가 적인지는 더 이상 중요하지 않았다. 나는 모두를 사랑해야 했다. 그리고 나는 다른 사람들을 사랑할 수 있도록 도와주시는 하나님과 사랑의 관계를 맺을 수 있었다.

그런 하나님과의 관계가 내 자유의 근원뿐만 아니라 새로운 삶의 열쇠이기도 하다.

* * *

이 책을 읽은 후에, 내가 예수의 위대한 제자가 됐다고 생각하지 않기를! 나는 여전히 고민하고 있다. 내가 믿음을 알게 되고 이해하게 된 것은 성경 공부와 독서에서 얻은 작은 지식일 뿐이다. 다시 말해, 나는 예수 그리스도를 따르고 있지만 아직은 이제 막 제자가 되기 시작한 단계에 머물고 있다.

나는 구원이 전적으로 행위에 달려 있다고 주장하는 종교적 환경에서 태어나 자랐다. 진리를 위한 공간을 마련하기 위해 버려야 할 것이 많다.

여러분은 지난날의 생활 방식대로 허망한 욕정을 따라 살다가

> 썩어 없어질 그 옛 사람을 벗어 버리고, 마음의 영을 새롭게 하여, 하나님의 형상을 따라 참 의로움과 참 거룩함으로 지으심을 받은 새 사람을 입으십시오. (에베소서 4장 22-24절, 새번역)

그리스도를 따르는 다른 많은 사람처럼 나도 죄를 회개했으며, 예수가 하나님의 아들이며, 사람이 되었고, 우리 죄를 위해 죽었으며, 죽은 자 가운데서 살아났고, 하나님 아버지의 우편에 앉아 계시다는 것을 안다. 나는 세례를 받았다. 그럼에도 나는 내가 하나님 나라의 문 안쪽에 간신히 들어와 있다고 느낀다. 훨씬 더 많은 것이 있다고 들었다. 그리고 나는 그 모든 것을 원한다.

그러는 동안에도 나는 여전히 세상, 육신, 마귀와 싸우고 있다. 여전히 오해와 혼란이 있다. 나는 때때로 이길 수 없는 것처럼 보이는 문제들과 씨름한다. 그러나 나는 디모데에게 자신을 "죄인 중에 괴수"(디모데전서 1장 15절)라고 묘사한 사도 바울처럼, 내가 포기하지 않는 한, 하나님이 바라시는 존재가 되리라는 소망을 가지고 있다.

그렇기에 길거리에서 나를 만나더라도, 내게 조언을 구하거나 어떤 성경 구절이 무슨 뜻인지 묻지 말아 달라. 아마도 당신은 이미 나보다 훨씬 앞서 있을 것이기 때문이다. 나를 영적인 승리 기념물로 보지 말고, 내가 믿음 안에서 성장할 수 있도록 기도해 주길 바란다. 그래서 내가 신랑과 춤추는 법을 배울 때, 그분의 발등을 너무 많이 밟지 않도록 말이다.

* * *

우리가 우리 자신 안에서가 아닌 다른 곳에서 적을 찾는 한, 중동 문제는 항상 존재할 것이다.

종교는 해결책이 아니다. 예수 없는 종교는 독선일 뿐이다. 압제로부터 자유로워져도 문제가 해결되지 않을 것이다. 유럽의 압제에서 해방된 이스라엘은 압제자가 됐다. 박해에서 해방된 무슬림들은 박해자가 됐다. 학대당한 배우자들과 아이들은 종종 배우자들과 아이들을 학대한다. 진부한 표현이지만 여전히 사실이다. 상처받은 사람들은 치유되지 않는 한 상처를 준다.

거짓말에 조종당하고 인종차별주의, 증오, 복수에 충만한 나는 그러한 사람들 중 하나가 되어 가고 있었다. 그러던 중 1999년에, 나는 유일하신 참 하나님을 만났다. 그분은 말로 표현할 수 없는 사랑의 아버지이시며, 자신의 유일한 아들을 십자가에 명백히 희생하여 세상의 죄를 속하셨다. 그분은 예수를 사흘 만에 다시 살리고 부활시키셔서 그분의 권능과 의로움을 입증한 하나님이시다. 그분이 나를 사랑하고 용서해 주신 것처럼 나도 내 원수를 사랑하고 용서할 것을 명령하실 뿐 아니라 그것을 할 수 있도록 능력을 부여하시는 분이 바로 하나님이시다.

중동의 유일한 해결책은 진실과 용서이다. 특히 이스라엘과 팔레스타인 사이의 도전은 해결책을 '찾는' 것이 아니다. 그 도전은 저 해결책을 '받아들일' 수 있을 만큼 용기 있는 첫 번째 사람이 되는 것이다.

후기
(2011)

『하마스의 아들』이 출판된 이후 그리고 특히 베스트셀러 목록에 오른 후로 많은 사람이 축하와 지지를 보내 주고 있다. 대부분의 작가들은 출판 자체를 축하할 일로 생각할 것이고, 베스트셀러가 되는 것은 말할 것도 없겠다. 하지만 이 책을 출판한 것은 나에게 큰 승리가 아닌 여러모로 최악의 악몽이었다고 할 수 있다. 이 책이 출간된 이후 많은 일들이 일어났고, 그 일들은 축하의 기쁨을 무색하게 만들었으며 내 삶을 영원히 바꿔 놓았다.

먼저, 『하마스의 아들』이 2010년 3월에 출간되기 하루 전, 아버지가 나와 의절하셨다는 소식을 들었다. 짐작할 수 있겠듯이, 이것은 내가 들을 수 있는 가장 최악의 소식이었다.

그 후 2010년 5월, 나는 미국 국토안보부로부터 과거 하마스 관련 활동이 잠재적 안보 위협으로 간주되어 추방 여부를 결정하는 청문회가 예정됐다는 통지를 받았다.

그렇지만 이러한 사건들에 대해 이야기하기 전에, 2008년으로 돌아가야 한다. 나는 2007년에 미국에 왔고, 『하마스의 아들』 맺음말에서 언급했듯이, 이스라엘 신문 〈하아레츠〉의 아비 이사카로프에게 나의 기독교 개종 사실을 밝혔고, 그는 2008년 7월 말에 나에 대한 기사를 썼다. 당시 내가 몰랐던 것은 누가 내 이야기를 읽을지였다.

나는 나를 담당하던 신베트 요원을 '지구 대장 로아이'라는 이름으로만 알고 있었는데, 내가 '초록 왕자'라는 가명을 사용한 것처럼 그도 마찬가지였다. 코드네임을 사용하는 것이 일반적이었음에도 불구하고, 우리는 신베트에서 함께 근무할 때 서로를 완전히 신뢰했다. 우리는 거의 모든 작전에서 목숨을 걸고 서로를 믿었으며, 우리의 관계는 동료 요원을 넘어 우정과 형제애로 빠르게 발전했다. 그러나 조직 밖에서는 연락을 주고받은 적이 없었다. 사실, 로아이가 2004년에 다른 지역으로 전출되고 2006년에 신베트에서 해임된 이후, 나는 그에게서 아무런 소식도 듣지 못했다. 그래서 〈하아레츠〉 기사가 나온 지 며칠 후에 고넨 벤 이츠하크(Gonen ben Itzhak)라는 사람에게서 개인 이메일을 받았을 때 매우 놀랐다. 그는 자신이 바로 '지구 대장 로아이'라고 밝혔다!

비록 연락하지는 않았지만, 우리는 서로의 안부를 걱정하고 있었다. 나는 고넨이 신베트 지도부와 갈등을 겪고 있다는 것을 알고 있었고, 마음속으로 그를 지지하며 기도했다. 고넨도 내가 팔레스타인을 떠나기 전부터 나를 걱정하고 있었다. 테러 활동을 보고하고 신베트의 위험한 작전에 관여하는 것은 내 고향에서 친구를 만드는 좋은 방법이 아니었다. 고넨은 어느 날 신문을 펼쳐 내가 죽임을 당했다는 소식을 접하게 될까 봐 두려워했다.

고넨이 내 개종에 관한 기사를 우연히 발견했을 때, 우선 〈하아레츠〉 표지의 내 사진만을 보고 '이제 끝났구나. 내 친구는 사라졌구나'라고 생각했다고 한다. 그러나 미국으로의 내 여정과 여기에서 마주한 어려움을 읽게 되면서 그의 생각은 달라졌다. 우선 내가 그 지역을 벗어나게 된 사실에 놀랐고, 그 후에는 미국에서의 나의 상황 때문에 걱정했다. 일자리가 없고 거의 길거리에서 생활하고 있는 나를 보고 그는 나와 연락을 취해야 한다고 느꼈다.

고넨은 즉시 나에게 연락해야 한다는 것을 알았다. 그는 내 이메일 주소를 요청하기 위해 아비 이사카로프에게 편지를 썼다. 그는 (내가 아직 신베트와의 관계를 밝히지 않았기 때문에) 나를 어떻게 알게 됐는지나 나를 알고 있다는 사실에 대해 말하지 않았다. 그는 단지 내게 도움을 주는 것이 그의 도덕적 의무라고만 말했다. 그 기자가 그에게 내 이메일 주소를 제공했다.

고넨의 메시지를 받았을 때 느낀 기쁨을 표현하기는 어렵다. 많은 비밀 작전에 참여했고 내가 누구인지에 대해 오랫동안 밝히지 않았기 때문에 나는 다른 사람들과 새로운 신뢰 관계를 발전시키는 것이 어려웠다. 그리고 〈하아레츠〉 기사에서 밝혔듯이 나의 미국에서의 상황은 그다지 좋지 않았다. 그러나 고넨은 이미 신베트에서 있었던 모든 일에 대해 알고 있었고, 나의 안위를 진심으로 걱정했다. 고넨은 자신의 가족에 대해 이야기했고 우리가 2004년에 이별한 이후에 일어난 일들에 대해 말해 주었다. 그는 자신이 그다지 많은 돈을 가지고 있지 않음에도 불구하고 나의 안정적인 미국 생활을 위해 돈을 보내 주겠다고 제안했다. 그는 메시지를 마치면서, "네가 내 동생을 돕는 영광을 허락해 줬으면 좋겠어"라고 말했다. 그는 나를 자신의 '동생'이라고 불렀다. 나는 울었다.

다음 날 나는 그에게 편지를 써서 빠르게 연락을 재개했다. 전직 요원과 그 담당자가 신베트 외부에서 소통하는 것이 불법이라는 것을 우리 모두 알고 있었지만, 우리는 또한 가까운 친구이기도 했고, 더 이상 신베트에서 일하지도 않았다. 그다음 몇 달 동안 우리는 여러 차례 전화 통화를 하며 서로의 소식을 주고받았고, 고넨은 우리의 우정을 직접 만나 새롭게 되살리기 위해 미국으로 왔다.

공항에서 만나자마자 우리는 서로 껴안았고, 웃음을 멈출 수가 없었다. 우리가 중동에서 함께한 모든 만남이 경비 아래, 보안 장소에서, 모두에게 숨겨진 채 이루어졌었기에, 그 외부에서 만나는 것은 믿을 수 없었다. 이스라엘과 팔레스타인, 신베트와 하마스로서가 아닌, 친구로서 만나는 것이었다. 우리의 우정이 우리 사이의 모든 장벽을 초월할 수 있다는 것, 심지어 그것이 존재할 수 있다는 것이 놀라웠다. 바깥에서 바라보는 사람은 우리의 서로 다른 두 배경을 보고 "저 두 사람은 결코 친구가 될 수 없어"라고 말할지도 모르겠지만, 하나님은 분명히 다른 계획을 가지고 계셨다.

에베소서 2장 14절에서는 이렇게 말한다. "그[예수]는 우리의 평화이시다. 그는 유대 사람과 이방 사람이 양쪽으로 갈라져 있는 것을 하나로 만드신 분이시다." 나는 고넨과의 우정을 통해 예수가 이루신 평화를 내 삶에서 직접 경험했다. 특히 우리의 우정은 믿기 어려울 정도로 놀라운데, 우리 아버지들이 어떤 분들이셨는지 생각하면 더욱 그렇다. 이 책에서 언급한 대로, 나의 아버지는 테러 조직 하마스의 창립 멤버 중 한 명이셨다. 고넨의 아버지는 제1차 인티파다 기간 중 IDF(이스라엘방위군)의 장군이었다. 사실, 그는 그 기간 동안 서안 지구를 담당했던 장군이었기에, 당시 행정 구금, 즉 정치범으로 누구든 체포할 수 있는 허가는 고넨의 아버지가 발부해야 했다. 고넨의 아버지는 아마도 나의 아버지의 체포를 위한 영장에 여러 차례 서명했을 것이다! 그럼에도 이 가혹하고 황량한 환경에서 하나님의 은혜로 우리의 큰 우정이 피어날 수 있었다.

내가 고넨과 우정을 되살리는 동안 미국 국토안보부와의 문제가 싹트기 시작했다. 나는 2007년 1월 2일에 다른 여행객들과 마찬가지로 관광 비자로 미국에 도착했다. 내 과거에 대한 조사는 이루어지지 않았고, 나의 아버지와 하마스, 특히 신베트와의 관계에 대해 아무도 알지 못했다. 공항 보안 요원은 내 여권의 유효기간이 며칠 남지 않았다는 이유로 나를 멈춰 세웠지만, 나는 그들을 설득해서 통과할 수 있었다.

미국에 도착하자마자 나는 정치적 망명을 요청하고 싶었지만, 비자가 만료될 때까지, 즉 6개월을 기다려야 한다고 통보받았다. 비자가 만료되는 날, 나는 정치적 망명 신청서를 제출했다. 나는 질문에 진실로 대답했지만, 아직 스파이로서의 내 정체성을 어떻게 노출해야 할지 아직 확신이 서지 않았기 때문에 신베트와의 연결을 공개하지 않았다. 나는 내가 셰이크 하산 유세프의 아들이며 그가 하마스 지도자임을 언급했고, 나는 기독교로 개종했으며, 팔레스타인으로 돌아갈 수 없다고 언급했다. 내 개종이 진실됐음을 증명하는 친구들로부터의 편지들도 첨부했다. 민감한 정보를 공개하지 않으면서 최대한 솔직하려고 노력했다.

정치적 망명 신청서를 제출한 지 몇 주가 지난 후, 국토안보부에서 나에게 면담을 요청했다. 나는 그들의 사무실로 가서 내 신원과 미국에서 정치적 망명을 요청한 이유를 설명했다. 그들은 테러리스트와 명백한 연관성이 있는 사람을 자신들도 모르게 미국에 들여보냈다는 사실에 충격을 받았고, 아마도 당황했을 것이다. 그들은 어떻게 이런 일이 벌어졌는지 이해할 수 없었다.

면접관은 내게 적대적인 태도를 보였다. 그의 앞에는 내 사건의 세부 사항이 담긴 서류철이 놓여 있었다. 그 철은 상당히 두툼했고, 아버지와 나, 그리고 하마스에 대한 모든 종류의 언론 보도가 포함된 것처럼 보였다. 담당자는 그 세부 사항에 압도된 듯 보였고, 이미 나에 대한 결정을 내린 것처럼 보였다. 나는 서류철을 덮으면서 그에게 말했다. "용기가 있다면, '추방'이라고 쓰고 나를 구금하세요. 하지만 무슨 일이 일어나든 당신이 책임지게 된다는 걸 알고 계셔야 합니다."

아무 반응이 없었다. 그래서 나는 계속 말했다. "나는 이 나라를 사랑합니다. 나는 과거에 서안 지구에서 미국 정부를 위해 일했었고, 많은 미국인 친구들이 있어요. 나는 이 시스템을 악용하려는 것이 아닙니다. 무언가를 얻으려는 것도 아니에요. 시민권을 얻으려고 하는 것도 아니고요. 나는 보호가 필요해요. 그리고 만약 여전히 이것이 농담이라고 생각한다면, 내가 단순히 테러리스트이거나 미국을 이용하려는 사람이라고 생각한다면, 그렇다면 이쯤에서 솔직해집시다. 지금 당장 '추방'이라고 쓰시면 됩니다. 하지만 그렇게 된다면 당신은 분명 큰 실수를 저지르는 것이고, 그 책임은 당신에게 있다는 것을 알아 두세요."

담당자는 조금 누그러진 듯 보였다. "진정하세요. 우리는 당신의 서류를 덮고 싶지 않아요"라고 말하며 음료를 권했다. 이 대립 후, 그는 내가 시스템을 악용하려는 것이 아니라 정말로 위험에 처해 있고 팔레스타인으로 돌아갈 수 없다는 것을 알았고, 나에게 존중하는 태도로 말했다. "제 개인적인 의견을 말할 수는 없어요. 규정상 금지되어 있습니다"라고 말했지만, 그의 눈에서 내 진심을 믿고 있음을 알 수 있었다. "이건 매우 복잡한 사안이고, 무슨 일이 있어도 법원으로 갈 것입니다." 그는 정치적 망명 신청이 결정되는 동안 나라에 머물 수 있도록 취업 허가를 신청하는 것이 좋겠다고 제안했다.

2009년 2월 23일이 되어서야 나의 망명 신청에 대한 결과를 듣게 됐다. 놀랍지 않게도 내 요청은 거부됐다. 나는 신베트가 나를 서안 지구로 돌아오게 하여 그들을 위해 계속 일하게 하려고 나의 망명 신청을 방해했을 것이라고 의심했다. 국토안보부는 "당신은 미국의 안보를 위협할 위험이 있으며 테러 활동에 가담했다고 의심할 합리적인 근거가 있기 때문에 망명을 허가할 수 없다"라고 밝혔다.

그 이후에는 법정 재판 과정이 있었다. 나는 상황을 설명하는 데 노력했다. 나는 적이 아니며 미국의 안보에 위협이 되지 않았다고 말했다. 법정에서 이를 뒷받침할 증거를 요구했을 때, 나는 『하마스의 아들』 초안을 제출했다. 나는 국토안보부 변호사 옆에 앉아 그녀에게 말했다. "들어 주세요. 나는 이 나라를 사랑하고, 여기에 남고 싶습니다. 이것이 제 이야기입니다. 신청서에는 포함되지 않았지만, 나는 몇 년 동안 신베트 요원이었습니다. 나는 많은 미국인, 이스라엘인, 그리고 팔레스타인인의 생명을 구했습니다. 그것은 나의 원칙 때문이었습니다. 나는 결코 테러리스트가 아니었습니다. 테러를 촉진시키는 환경에서 자랐지만, 그에 반대했습니다. 어떠한 살인에도 연루되지 않았습니다. 부디, 제 이야기를 읽어 주세요." 나는 책에서 묘사한 내용이 내 입장을 분명히 밝혀 주기를 바랐다. 내가 안보 위협이나 테러리스트와 거리가 멀고, 국토안보부가 수호하고자 하는 자유를 지키려 했다는 사실이 분명히 나타나기를 희망했다. 내가 신베트를 도와 중동에서 테러리즘을 해체하고 특히 내가 USAID(미국국제개발처)에 고용된 동안 직원들을 보호했던 일을 고려하면, 미국에 남아 있는 것은 당연한 일이었다.

나는 내 책이 길고 지루한 법정 과정을 멈추게 할 수 있을 것이라 생각했지만, 그것은 오히려 나에게 불리하게 작용했고, 맥락에서 벗어난 채 인용됐다. 예를 들어, 국토안보부의 고위 변호사는 이 책의 제18장에서 내가 하마스 대원들을 은신처로 이송한 사실을 인정했다고 언급했다. 나의 반응은 어땠을까? '당연히 그랬지!' 그 결과, 나는 신베트와 비밀 작전을 수행할 수 있었고, 결국 2002년 7월 히브리 대학교 식당 폭탄 테러를 포함해 여러 사건에 책임이 있는 테러리스트들을 찾아낼 수 있었다. 그 비극적인 사건에서 5명의 미국인이 사망했다. 하마스 대원들에게 피난처를 제공함으로써, 우리는 그들을 신베트의 감독과 통제하에 두었고, 결국 그들을 법의 심판대 앞에 세울 수 있었다.

국토안보부가 내 책의 나머지 부분을 읽었다면, 그들은 내가 서안 지구에서 USAID 물 프로젝트를 위해 40명의 미국인과 함께 일했다는 사실도 알았을 것이다. 그들의 안전을 누가 책임졌는가? 이스라엘군의 침공이 있거나 총격이 발생할 경우 라말라에 가지 말라고 누가 경고해 주었는가? 그들의 사무실을 누가 보호했는가? 나는 돈을 받고 그런 일을 한 것이 아니었다. 나는 그 일을 증오가 아닌 기독교의 윤리, 즉 사랑하라는 가르침 때문에 했다.

이 고발 문서들을 읽으면서 나는 생각했다. '내가 정말 미국인들에게 위협이 되는 사람처럼 행동했는가?'

2010년 6월 30일에 추방 심리가 예정됐다는 통지를 2010년 5월에 받았다. 내가 하마스에서 잠입 활동 중 수행한 행위들이 나의 '본심'을 보여 주는 증거로 여겨졌기 때문이었다. 내 증언이 그렇게 나에게 불리하게 뒤집히다니 정말 실망스러운 일이었다!

여기서 다시 한번 과거를 되짚어 보아야겠다. 2010년 2월 말, 『하마스의 아들』이 처음 출판되기 직전, 내 친구 아비 이사카로프가 〈하아레츠〉에 나에 관한 또 다른 기사를 쓰면서 나의 정체가 신베트 요원임을 공개했다. 아비는 내 이야기의 진실성에 대해 다소 회의적이었기 때문에, 나는 그에게 고넨을 인터뷰해 보라고 제안했다. (나는 2009년 12월에 고넨과 그의 아내를 만났었지만, 고넨은 책의 세부 사항에 대해 모르고 있었고, 단지 내가 책을 출간한다는 것만 알고 있었다.) 고넨은 인터뷰에 동의했지만, 고넨과 기자는 고넨의 실명을 숨기는 것이 좋겠다고 생각했다. 고넨은 『하마스의 아들』의 세부 사항을 확인해 주었고, 우리의 우정에 대해 이야기해 주었다. 아비 이사카로프는 고넨과의 인터뷰 후 나에게 전화를 걸어 "야, 나 정말 충격받았어. 이건 미친 일이야"라고 말했다. 하지만 나는 아비가 나를 믿어 주고, 고넨의 확증 덕분에 내 이야기가 더 신뢰를 얻게 되어 감사했다.

그러나 고넨은 나의 이야기를 확인함으로써 엄청난 위험을 감수했다. 그는 여전히 이스라엘에 살고 있었고, 그의 공개로 인한 결과는 엄청날 수 있었다. 〈하아레츠〉에서 그의 인터뷰가 발표된 후, 신베트는 고넨에게 연락하여 그의 신원을 공개했다는 이유로 기소를 고려하고 있다고 전했다. 그들은 그에게 다시는 나와 소통하지 말라고 경고했다. 고넨이 자신의 신원을 밝히고 우리의 비밀을 확인한 것에 대해 8년의 징역형이 선고됐다. 게다가 그가 감옥에 간다면 그의 가족을 부양할 수 없게 될 터였다. 그는 이스라엘에서 법학 대학원을 막 마친 상태였다. 신베트가 고넨에게 협박하고 있는 그런 혐의로 인해 그는 이스라엘 법에 따르면 이스라엘에서 변호사 활동을 못하게 될 수도 있었다. 그리고 고넨의 아버지인 이스라엘군의 존경받는 은퇴 장군을 부끄럽게 만들, 더 큰 위험이 있었다.

이제 임박한 추방 심리 이야기로 다시 돌아가려 한다. 나의 변호사는 나를 위해 증언할 수 있는 사람이 있을지 물었지만, 나는 그런 사람을 알지 못한다고 말했다. 고넨이 증언한다면 그가 어떤 위험에 처하게 될지 알고 있었고, 그는 이미 나를 위해 많은 위험을 감수했다. 그가 증언하면 그의 신원을 숨길 수 없게 될 것이었다. 추방의 위험(그리고 필연적인 사형 판결의 위험)에 직면하고 있음에도, 나는 내 친구의 삶과 생계를 의도적으로 위험에 빠뜨릴 수 없었다. 나는 하나님이 이 재판에 해결책을 어떻게든 가져다주시기를 기도했다.

고넨은 내가 처한 상황을 알고 있었다. 내 이야기가 세상에 알려진 이후로, 고넨과 나는 매일 이야기를 나눴다. 그는 모든 사실을 알고 있었다. 나는 그에게 내 편에 서서 증언해 달라고 부탁할 생각조차 하지 않았다. 그것은 불가능한 일이었다. 하지만 고넨은 "내가 갈게"라고 고집했다.

"안 돼요!" 나는 그에게 말했다. "신분을 드러내면 큰 문제가 될 거예요!"

그러나 고넨은 "상관없어. 이건 매우 중요한 일이니까 내가 갈게"라고 말했다.

나의 재판을 며칠 앞두고, 신베트는 고넨에게 나를 만나거나 연락하지 말라는 경고를 다시 한번 전했다. 이를 어기면 길고 긴 징역

형을 피할 수 없을 것이었다.

이 연락이 있은 지 3일 후, 고넨은 나의 추방 심리에서 증언하기 위해 미국으로 날아왔다. (참고로, 고넨은 당시 마지막 학기의 법학 대학원생이었고, 내 재판 당일에 기말고사 두 과목이 예정되어 있었다.)

고넨은 워싱턴 D.C.에서 나와 합류했다. 우리는 처음으로 함께 중동 진실 기금이 주최하는 저녁 식사에서 '공개적으로 모습'을 드러냈다. 그 훌륭한 단체의 회장인 사라 스턴(Sarah Stern)은 우리를 상원의원, 하원의원, 그리고 우리 대의를 지지하려는 의욕이 넘치는 미국 의회의 다른 영향력 있는 인물들에게 소개했다. 나의 이야기와 내가 직면한 추방 위협은 정치 지도자들 사이에서 점차 주목받기 시작했다.*

---

* 특히 감사드리고 싶은 분은 콜로라도주의 더그 램본(Doug Lamborn) 미 하원의원이다. 그는 국토안보부 장관 재닛 나폴리타노(Janet Napolitano)에게 "최근 몇 년간 유세프 씨의 견해와 행동, 특히 자신의 안전과 생명을 크게 위협받으면서도 신베트와 협력한 점을 충분히 고려해 줄 것"을 요청하는 서한을 하원에서 회람시켰다. 이 서한에는 21명의 다른 의원들이 공동 서명했다. 서명자에는 프랭크 울프(Frank Wolf, 버지니아), 트렌트 프랭크스(Trent Franks, 애리조나), 신시아 루미스(Cynthia Lummis, 와이오밍), 빌 포지(Bill Posey, 플로리다), 케니 마천트(Kenny Marchant, 텍사스), 존 클라인(John Kline, 미네소타), 존 셰이덱(John Shadegg, 애리조나), 조 윌슨(Joe Wilson, 사우스캐롤라이나), 다니엘 런그렌(Daniel Lungren, 캘리포니아), 존 부즈먼(John Boozman, 아칸소), 미셸 바크만(Michele Bachmann, 미네소타), 마샤 블랙번(Marsha Blackburn, 테네시), 빌 슈스터(Bill Shuster, 펜실베이니아), 조셉 피츠(Joseph Pitts, 펜실베이니아), 린 젠킨스(Lynn Jenkins, 캔자스), 롭 비숍(Rob Bishop, 유타), 제프 포턴베리(Jeff Fortenberry, 네브래스카), 데이나 로라바커(Dana Rohrabacher, 캘리포니아), 로버트 에이더홀트(Robert Aderholt, 앨라배마), 마이크 펜스(Mike Pence, 인디애나), 애런 샤크(Aaron

추방 심리는 오전 8시에 예정되어 있었다. 고녠은 경호원과 함께 인근 법정에서 기다리고 있었다. 판사가 지난 심리 이후 제출된 서류와 동의서를 법정 기록에 입력하는 동안, 나는 변호사 옆에 앉아 내가 받을 질문들에 어떻게 대답할지 생각하며, 스스로를 필사적으로 변호해야 할 것을 예상하고 있었다. 판사가 고녠을 호출하여 심리 시작을 신호했다. 그러나 고녠이 법정에 들어가기 전에 완전히 예상치 못한 일이 발생했다. 국토안보부의 선임 변호사가, 국토안보부가 더 이상 내 망명 요청에 반대하지 않는다고 발표한 것이다.

공판은 휴정됐고 나는 무슨 일이 일어났는지 전혀 이해할 수 없었다. 사람들이 법정을 줄지어 떠나자 내 변호사가 무슨 일이 일어났는지 설명해 주었다. 나는 믿을 수 없었다! 판사는 나에게 형식적인 신원 조사를 실시하는 조건으로 망명을 허가했고, 그것이 전부였다. 거의 3년 동안의 번잡한 절차와 앞으로 어떻게 될지에 대한 걱정 끝에, 이제 나는 미국에서 평온을 찾았다. 더 이상 추방에 대한 걱정은 하지 않아도 됐다. 법원을 나서며 나는 나에게 베푸신 하나님의 은혜와 이 판결을 이끌어 내기 위해 함께해 준 모든 사람들에게 감사했다.

Schock, 일리노이) 의원이 포함되어 있다. 또한, 이스라엘 국회(Knesset) 외교방위위원회 의장인 차히 하네그비(Tzachi Hanegbi), 의원 에이나트 윌프(Einat Wilf), 그리고 다른 위원들도 나에게 "1998년부터 2007년까지 이스라엘 시민과 팔레스타인 주민의 안전을 강화하기 위한 행동"에 감사하는 매우 친절한 서한을 보내 주었다. 그리고 나의 추방이 "미국 역사에 오점으로 남을 비인도적인 행위가 될 것"이라고 명시한 서한을 작성해 준 전 CIA 국장 R. 제임스 울시(R. James Woolsey)에게도 큰 감사를 드린다.

물론 이 판결은 나에게는 큰 기쁨이었지만, 고넨의 운명은 여전히 알 수 없었다. 우리는 그가 나와 함께 미국에 머물 가능성에 대해 논의했지만, 그는 "나는 돌아가고 싶어. 그들이 날 체포하면, 체포하는 거지. 내가 옳은 일을 했다는 걸 알게 될 테니까"라고 말했다. 고넨은 이스라엘로 돌아갔고, 체포되지는 않았다. 그는 신베트로부터 4통의 경고 편지를 받았지만, 아무런 조치도 취해지지 않았다. 신베트를 위해 일하던 시절처럼, 고넨은 다시 한번 내 목숨을 구해 주었고, 나는 항상 그에게 감사할 것이다. (참고로, 나를 변호하기 위해 놓친 학과 시험은 어떻게 되었을까? 그는 시험 일정을 다시 잡았고, 높은 점수로 통과했다.)

정치적 망명을 허가받은 것이 아무리 큰 기쁨이라 하더라도 가족과의 이별이라는 그림자는 늘 따라다닐 것이다. 나의 기쁨과 슬픔을 함께 나누고, 승리를 함께 축하하며 패배를 함께 슬퍼해야 할 사람들은 가족이었지만, 나는 가족에게서 버림받았다. 내가 공개적으로 나서기로 한 결정으로 가족에게 안겨진 수치는 결코 씻어 낼 수 없을 것이다. 나는 그들의 마음을 아프게 했고, 그들의 삶을 망쳐 놓았다. 이제 누가 내 여동생들과 결혼할 수 있을까? 내 형제들은 어떻게 학교로 돌아갈 수 있을까?

내 이야기를 공개하는 것이 얼마나 위험한지 알고 있었지만, 그렇다고 지금 내가 느끼는 고통이 덜어지지는 않는다. 그럼에도 불구하고 나는 여전히 그들이 마음속으로는 나를 버리지 않았기를 희망한다. 하나님의 은혜로 언젠가 우리가 가족으로서 재회할 수 있기를 바란다.

나는 미국에 있는 것이 행복하지만 가족과 고국이 그립다. 서안 지구에서는 더 많은 돈과 권력을 가졌었지만, 이렇게 큰 나라에서 익명으로 사는 것도 나름의 장점이 있다. 내가 텔레비전에 나오고 베스트셀러 작가가 됐음에도, 많은 사람은, 심지어 내가 사는 미국의 동네에서도 나를 알아보지 못한다. 그런 면에서 내 이야기를 공개한 것이 내 삶에 큰 변화를 가져오지는 않았다. 사람들이 내 직업을 물으면 나는 "저는 농부예요. 유기농 농장에서 일자리를 찾고 있는데, 아직 못 찾았어요"라고 대답한다.

물론, 그 후에 같은 사람들 중 일부가 뉴스를 보거나 내 책을 읽고 나서 "농부라고 하지 않았나요? 당신은 농부가 아니었네요!"라고 말할 때도 있다. 나는 그저 웃으며 "하지만 나는 농부입니다. 나는 이념(idea)을 심고 수확하는 농부입니다. 나는 이념 농부입니다"라고 대답한다. 나를 알아보는 사람들은 침묵한다. 내가 어디 사는지 아는 사람은 많지 않고, 나의 주소나 내가 사는 도시를 아는 사람은 거의 없다. 나는 가능한 한 사람들에게 주목을 받지 않는 삶을 살려고 노력한다. 내 이야기가 공개된 이후로 많은 사람이 지지를 표했지만, 사람들의 마음속 생각을 아는 것은 여전히 어렵고, 선베트와 함께 일했던 경험 때문에 신뢰할 만한 사람들조차도 쉽게 신뢰하지 못하는 데 익숙해졌다.

『하마스의 아들』 출판으로 인해 내 주변 환경은 많이 바뀌었지만, 내가 누구인지는 변하지 않았다. 나는 여전히 하나님을 따르고 신뢰하는 데 힘써야 하며, 예수 그리스도의 인격에 대해 알면 알수록 내가 얼마나 모르는 것이 많은지 깨닫게 된다. 나는 하나님을 이해하지 못하며, 이해하려고 애쓰지도 않는다. 아무리 애써도 이해할 수 없다는 것을 알고 있다. 내가 할 수 있는 말은 나는 하나님을 느낀다는 것이다. 나는 하나님의 일하심을 느낀다. 하나님은 내 인생에서 마약 같은 존재가 아니며, 모든 비난과 슬픔을 떠넘기는 대상도 아니다. 하나님은 내 영감, 내 지도자, 내 스승, 내 길잡이이시다. 나는 '종교적인 사람'이 아니며, 무슨 일이 있어도 '종교'로 돌아갈 것 같지는 않다. 나는 규칙을 가지고 있으며, 그 규칙을 지키고, 때로는 내 삶의 어떤 부분이 약하다고 느낄 때 "좋아, 여기에 내 삶을 위한 규칙을 하나 세워야겠어"라고 말하곤 한다. 그러나 나는 종교적인 사람이 아니다. 내가 일요일에 교회에 가는 것은 원해서 가는 것이지, 사교를 위해 가는 것이 아니다. 나는 예배하러 가는 것이며, 교회에 있지 않을 때라도 다른 곳에서 예배한다.

나는 어디서든 예배할 수 있다고 생각한다. 예를 들어, 며칠 전 스쿠버 다이빙을 하면서 태평양 바다 약 24미터 아래에서 무릎을 꿇었다. 그것이 바로 예배였다! 그것은 빌립보서 2장 10절에서 말하는 미래의 모습을 떠올리게 했다. "하늘과 땅과 땅 아래에 있는 모든 무릎이 예수의 이름 앞에 꿇을 것입니다." 나는 전통적이거나 종교적인 방식이 아닌, 나만의 방식으로 주님과 연결되고 교감하는 것을 좋아한다. 내가 실패하면 그것은 내 실수이며, 내가 성공하면 그것은 그분이 주신 복이라고 나는 믿는다. 나는 그렇게 살아가고 싶다. 나는 사람들을 따라가지 않는다.

때때로 나는 교회에 실망하곤 한다. 특히 서구의 교회에 말이다. 나는 새로운 세대가 교회를 이끌며 세계 반대편과 우리가 직면한 주요 문제들, 특히 이슬람 문제에 대한 책임을 인식하기를 간절히 바란다. 우리 기독교인들은 막대한 책임을 지고 있으며, 그 문제들은 논란의 여지가 있지만, 단지 '정치적으로 올바르다'는 이유로 물러서서는 안 된다. 예수 그리스도를 따르는 자로서 우리는 이슬람의 본질을 이해하고 진실을 말하면서도, 이에 대해 아무것도 하지 않거나 너무 늦게 행동하여 의미가 없게 만드는 경우가 많다. 교회는 다른 사람들이 이미 행동을 시작한 후에야 준비를 하는 것처럼 보이는데 이는 옳지 않다. 내 개인의 경험에서, 나는 의회 의원들과 유대인 지도자들이 내 생명을 구하려고 노력하는 것을 목격했다. 반면, 내 곁에 있어야 했을 교회는 늦게 나타났다. 그것은 나에게 좌절감을 안겨 주었다. 내가 교회로부터 충분한 지원을 받지 못해서가 아니라, 오늘날의 교회가 다른 사람들이 하는 일에서 뒤처진 모습을 보여 주었기 때문이다.

이것은 나에 관한 것도 아니고 단순히 정치에 관한 것도 아니다. 기독교 교회로서 우리는 한 몸이어야 하며, 경제, 정치, 교육, 인권과 관련된 모든 주요 인도주의 문제의 최전선에 함께 서 있어야 한다. 영적으로, 이 모든 것은 예수의 사명 아래 서로 연결되어 있다. 우리는 이 지도자나 저 지도자가 하는 말이 아니라, '예수'가 하시는 말씀을 들어야 하고, 그의 가르침과 원칙을 따라야 한다. 예수는 다른 사람들을 위해 목소리를 내는 것을 두려워하지 않으셨다. 우리도 그래야 한다.

교회를 너무 비판하려는 것이 아니다. 나를 격려해 주고 나와 함께, 나를 위해 기도해 준 많은 사람에게 감사하고 있다. 그들 중 일부는 나를 알지도 못했다. 내가 받은 지원을 감사하지 않는다는 뜻이 아니다. 내가 말하고자 하는 것은 기도가 행동의 대체물이 될 수 없다는 것이다. 우리는 기도해야 한다. 하지만 야고보서가 말하듯이, 우리의 믿음은 행동과 함께 작동해야 한다. 기도만으로는 충분하지 않다. 기도를 행동하지 않기 위한 핑계로 사용한다면, 기도는 무책임하고 심지어 게으른 행위가 될 수 있다. 마귀가 하나님에 대한 잘못된 이미지를 심어 주려 유혹할 수 있는 것처럼, 나는 마귀가 우리에게 기도의 참된 본질을 오해하게 할 수 있다고 믿는다. 하나님이 우리 기독교인들이 이루기를 원하시는 많은 일이 있으며, 그것을 이루는 것이 우리의 책임이라고 생각한다.

내게 있어서 이 일은 나의 가족과 문화의 종교인 이슬람에 대해 목소리를 내는 것을 의미했다. 상상할 수 있듯이, 내 메시지가 항상 환영받는 것은 아니었다. 어떤 경우에는 사람들이 내가 공공 담론에서 종종 금기시되는 주제에 대해 목소리를 낸 것에 충격을 받기도 했다. 다른 사람들은 혼란스러워 어떻게 반응해야 할지 몰랐다. 그러나 몇몇 사람들, 심지어 이슬람 공동체의 일부 사람들은 내가 메시지를 계속 전하기를 격려해 주었다. 내가 하는 일은 대화를 시작하고 다른 사람들 역시 이 대화에 참여하게끔 하는 것이다. 나는 특히 다음 세대의 무슬림들에게 희망을 가지고 있다. 그들은 더 열린 마음을 가진 것 같다. 내 목표는 그들을 깨우는 것이다. 그들이 자신이 태어난 지역의 종교, 정치 체제, 정권의 현실에 의해 운명이 정해진 것이 아님을 깨닫도록 돕고 싶다. 그들은 자신들이 알고 있는 신앙과 맞서 싸우고, 자신들의 미래를 바꾸며, 궁극적으로 자신들의 운명을 바꿀 수 있다.

『하마스의 아들』이 이제 곧 아랍어 무료 전자책으로 발간된다. 이 책이 발간되어 매우 기쁘다. 이는 내가 대화를 시작하려는 목표와 일치하기 때문이다. 경험상 많은 사람이 맥락을 벗어나 책의 내용을 불신하거나 아예 무시할 것이라는 점을 알고 있다. 미디어가 어떻게 사람들의 마음과 의견을 왜곡할 수 있는지, 그리고 얼마나 자주 잘못된 정보를 전달하는지에 대해 놀라곤 한다! 하나의 실례로, 내가 관여했던 신베트 작전에 대해 TV 뉴스가 얼마나 자주 사실을 잘못 보도하는지 놀라웠다! 나는 내 도시 사람들에게 이야기하고 그들의 의견을 물었지만 그들 역시 사실을 알지 못했다. 나에게는 너무나 명백했던 사실들이 문제들을 둘러싼 소음에 가려져 있었다. 그래서 내가 말하고자 하는 것을 오해하거나 이해하지 않으려는 사람들이 많을 것이라는 점을 알고 있다. 하지만 내 책을 읽고 예수 그리스도와 그의 평화의 복음을 숙고하며 삶이 변화될 사람들도 있을 것이라는 점을 알고 있다. 나는 그들도 원수를 사랑하라는 그리스도의 명령을 받아들이기를 기도한다. 중동에서의 평화에 대한 희망은 정치적 해결책이나 협상에서 시작되지 않는다. 그것은 개인의 마음이 변화하는 것에서 시작된다.

미래를 바라보며, 곁에 고넨 같은 친구가 있다는 사실에 감사하게 된다. 우리는 함께 많은 역경을 극복해 왔다. 위험한 상황 속에서도 살아남았고, 문화적·종교적 차이를 넘어 친구가 됐으며, 수천 킬로미터 떨어진 곳에서, 수년의 시간이 지난 후 다시 만나 공동의 목표를 공유하게 됐다. 모든 사람이 서로를 이용하고 누구를 신뢰해야 할지 알 수 없었던 문화 속에서 우리는 형제가 됐다. 국토안보부 청문회에서 우리가 함께 법정에 섰던 것은 또 하나의 도전이었다. 그리고 우리의 여정은 아직 끝나지 않았다. 우리는 중동의 평화를 위해 우리의 모든 힘과 능력을 계속 사용할 것이다.

앞으로 무슨 일을 직면하게 될지 알 수 없지만, 하나님의 인도하심을 확신한다. 얼마 전 고넨이 나에게 물었다. "동생, 이게 우연이라고 생각해? 우리가 처음 만난 이유는 무엇일까? 왜 그런 일들을 했을까? 신베트를 떠날 수 없었던 수천 명의 사람들이 있는데 너는 어떻게 떠날 수 있었을까? 어떻게 미국에 와서 책을 쓰게 됐을까? 어떻게 지금 전화 통화를 하며 이 모든 일을 하고 있는 것일까? 이것이 우연일까? 논리적인 사고로는 이것이 우연이라고 하기 어려워!" 지난 1년간 국토안보부와의 만남, 지난 3년간 미국에서의 삶, 그 전 10년간 신베트에서의 생활, 하마스의 그림자 아래서 보낸 어린 시절을 돌아볼 때, 하나님의 손길이 나를 지금 이 자리까지 인도하고 계심을 느낄 수밖에 없다. 주님이 허락하신다면, 남은 시간 동안에도 하나님의 인도하심을 따를 것이다. 지난 1년간의 사건들은 다시 한번 우정과 사랑이 기관, 정책, 전통보다 강하다는 것을 보여 주었다. 무슨 일이 일어나든지, 나는 '다른' 쪽에 대한 무조건적인 사랑과 우리에게 상처를 준 사람들에 대한 용서만이 우리 모두를 위한 치유와 더 나은 길로 인도하는 유일한 원칙임을 굳게 믿고 계속해서 외칠 것이다.

등장인물

모사브의 가족

셰이크 유세프 다우드(Sheikh Yousef Dawood): 모사브의 친할아버지

셰이크 하산 유세프(Sheikh Hassan Yousef): 모사브의 아버지, 하마스의 공동 창립자이자 1986년부터 하마스의 지도자

사브하 아부 살렘(Sabha Abu Salem): 모사브의 어머니

이브라힘 아부 살렘(Ibrahim Abu Salem): 모사브의 삼촌(어머니의 형제), 요르단 무슬림 형제단의 공동 창립자

다우드(Dawood): 모사브의 삼촌(아버지의 형제)

유세프 다우드(Yousef Dawood): 다우드(Dawood)의 아들이자 모사브의 사촌, 모사브가 작동하지 않는 무기를 구입하는 데 도움을 준 인물

모사브(Mosab)의 형제들: 소하이브(Sohayb, 1980), 세이프(Seif, 1983), 우와이스(Oways, 1985), 무함마드(Mohammad, 1987), 나세르(Naser, 1997)

모사브(Mosab)의 자매들: 사빌라(Sabeela, 1979), 타스님(Tasneem, 1982), 안하르(Anhar, 1990)

주요 등장인물들(등장 순서대로)

하산 알반나(Hassan al-Banna): 이집트의 개혁가이자 무슬림 형제단의 창립자

자말 만수르(Jamal Mansour): 1986년 하마스의 공동 창립자, 이스라엘 측에 의해 암살됨

이브라힘 키스와니(Ibrahim Kiswani): 모사브가 작동하지 않는 무기를 구입하는 데 도움을 준 친구

로아이(Loai): 신베트(Shin Bet)에서 모사브의 담당관

마르완 바르구티(Marwan Barghouti): 파타(Fatah) 사무총장

마헤르 오데(Maher Odeh): 하마스의 지도자이자 감옥에 있는 하마스 보안단의 수장

살레 탈라흐메(Saleh Talahme): 하마스의 테러리스트이자 모사브의 친구

이브라힘 하메드(Ibrahim Hamed): 서안 지구의 하마스 보안단 책임자

사예드 알셰이크 카셈(Sayyed al-Sheikh Qassem): 하마스의 테러리스트

하사넨 룸마나(Hasaneen Rummanah): 하마스의 테러리스트

칼리드 미샤알(Khalid Meshaal): 시리아 다마스쿠스의 하마스 수장

압둘라 바르구티(Abdullah Barghouti): 폭탄 제조자

기타(가나다 순)

나제 마디(Najeh Madi): 하마스의 비밀 지도자

니심 톨레다노(Nissim Toledano): 하마스에 의해 살해된 이스라엘 국경 경찰관

다야 무함마드 후세인 알타윌(Daya Muhammad Hussein al-Tawil): 프렌치 힐 자살 폭탄 테러리스트

레너드 코헨(Leonard Cohen): "First We Take Manhattan"을 작곡한 캐나다의 싱

어송라이터

레하밤 제에비(Rehavam Ze'evi): 이스라엘 관광부 장관, PFLP(팔레스타인해방인민전선) 무장 괴한들에게 암살됨

마제다 탈라흐메(Majeda Talahme): 하마스 테러리스트 살레 탈라흐메(Saleh Talahme)의 아내

마흐무드 무슬리흐(Mahmud Muslih): 1986년 하마스의 공동 창립자

모사브 탈라흐메(Mosab Talahme): 테러리스트 살레 탈라흐메(Saleh Talahme)의 장남

무하네드 아부 할라와(Muhaned Abu Halawa): 알아크사 순교자 여단(Al-Aqsa Martyrs Brigades) 요원

무함마드(Mohammad): 이슬람의 창시자

무함마드 다라그메(Mohammad Daraghmeh): 팔레스타인 언론인

무함마드 아르만(Mohammed Arman): 하마스 테러리스트 조직의 일원

무함마드 알두라(Mohammed al-Dura): 12살 소년, 가자에서 파타(Fatah) 시위 중에 IDF(이스라엘방위군) 병사들에게 살해당했다고 전해짐

무함마드 자말 알나트셰(Muhammad Jamal al-Natsheh): 1986년 하마스의 공동 창립자이자 서안 지구의 하마스 군사 조직 책임자

바루크 골드스타인(Baruch Goldstein): 라마단 기간 동안 헤브론에서 팔레스타인인 29명을 학살한 미국 태생 의사

빌 클린턴(Bill Clinton): 미국의 제42대 대통령

빌랄 바르구티(Bilal Barghouti): 하마스 폭탄 제조자 압둘라 바르구티의 사촌

사담 후세인(Saddam Hussein): 1990년 쿠웨이트를 침공한 이라크의 독재자

사미 아부 주흐리(Sami Abu Zuhri): 가자 지구의 하마스 대변인

사에브 에레카트(Saeb Erekat): 팔레스타인 내각 장관

사이드 호타리(Saeed Hotari): 돌피나리움 자살 폭탄 테러리스트

살라 후세인(Salah Hussein): 하마스의 비밀 지도자

샤다(Shada): 팔레스타인 노동자, 이스라엘 전차 사수의 실수로 사망

샤이 대위(Captain Shai): IDF(이스라엘방위군) 장교

슐로모 사칼(Shlomo Sakal): 이스라엘의 플라스틱 판매원, 가자 지구에서 칼에 찔려 사망

시몬 페레스(Shimon Peres): 2007년에 취임한 이스라엘의 제9대 대통령, 국무총리와 외무부 장관도 역임

아나스 라스라스(Anas Rasras): 므깃도 감옥의 마지드 지도자

아디브 제야데(Adib Zeyadeh): 하마스의 비밀 지도자

아리엘 샤론(Ariel Sharon): 이스라엘의 제11대 총리(2001-2006년)

아마르 살라 디아브 아마르나(Amar Salah Diab Amarna): 최초의 공식 하마스 자살 폭탄 테러리스트

아메르 아부 사르한(Amer Abu Sarhan): 1989년 이스라엘인 3명을 칼로 찔러 살해함

아부 살림(Abu Saleem): 정육점 주인, 모사브의 미친 이웃

아부 알리 무스타파(Abu Ali Mustafa): PFLP(팔레스타인해방인민전선) 사무총장, 이스라엘 측에 의해 암살됨

아비 디히터(Avi Dichter): 신베트(Shin Bet) 수장

아이만 아부 타하(Ayman Abu Taha): 1986년 하마스의 공동 창립자

아지즈 카예드(Aziz Kayed): 하마스의 비밀 지도자

아켈 소루르(Akel Sorour): 모사브의 친구이자 동료 수감자

아흐마드 간두르(Ahmad Ghandour): 알아크사 순교자 여단(Al-Aqsa Martyrs Brigades)의 초기 지도자

아흐마드 알파란시(Ahmad al-Faransi): 마르완 바르구티(Marwan Barghouti)의 조력자

아흐마드 야신(Ahmed Yassin): 1986년 하마스의 공동 창립자, 이스라엘 측에 의해 암살됨

암논(Amnon): 기독교로 개종한 유대인이자 모사브와 함께 감옥에 갇힌 동료 수감자

압델 아지즈 알란티시(Abdel Aziz al-Rantissi): 하마스 지도자, 레바논 강제 추방 수용소 지도자

압델바싯 오데(Abdel-Basset Odeh): 하마스 소속, 파크 호텔 자살 폭탄 테러리스트

야세르 아라파트(Yasser Arafat): PLO(팔레스타인해방기구)의 오랜 의장, PA(팔레스타인자치정부) 의장, 2004년 사망

야흐야 아야쉬(Yahya Ayyash): 이스라엘-팔레스타인 분쟁에서 자살 폭탄 테러 기술을 발전시킨 것으로 알려진 폭탄 제작자

에후드 바라크(Ehud Barak): 이스라엘의 제10대 총리(1999-2001년)

오페르 데켈(Ofer Dekel): 신베트(Shin Bet) 장교

이마드 아켈(Imad Akel): 하마스 군사 정파 알카삼(Al-Qassam) 여단의 지도자, 이스라엘 측에 의해 암살됨

이스라엘 지브(Yisrael Ziv): IDF(이스라엘방위군)의 장군, 소장

이스마일 하니예(Ismail Haniyeh): 2006년 팔레스타인 총리로 선출

이즈 알딘 슈헤일 알마스리(Izz al-Din Shuheil al-Masri): 스바로 피자 가게 자살 폭탄 테러리스트

이츠하크 라빈(Yitzhak Rabin): 이스라엘의 제5대 총리(1974-1977년; 1992-1995년), 1995년 이스라엘 우익 급진주의자 이갈 아미르(Yigal Amir)에 의해 암살됨

자말 살림(Jamal Salim): 하마스 지도자, 나블루스에서 자말 만수르(Jamal Mansour) 암살 작전 때 사망

자말 알두라(Jamal al-Dura): 팔레스타인 사람들에 의하면 가자 지구에서 팔레스타인 보안군의 시위 도중 IDF(이스라엘방위군) 병사들에 의해 살해됐다고 전해진 12살 된 무함마드 알두라(Mohammed al-Dura)의 아버지

등장인물 395

자말 알타윌(Jamal al-Taweel): 서안 지구의 하마스 지도자

자밀 하마미(Jamil Hamami): 1986년 하마스의 공동 창립자

자카리아 보트로스(Zakaria Botros): 콥트 정교회 사제, 위성 텔레비전을 통해 코란의 오류를 폭로하고 성경의 진리를 밝힘으로써 수많은 무슬림을 그리스도에게로 인도함

주마(Juma'a): 모사브(Mosab)의 어린 시절 집 근처 묘지의 무덤을 파는 사람

지브릴 라주브(Jibril Rajoub): PA(팔레스타인자치정부) 보안 책임자

치부크차키스 예르마노스(Tsibouktsakis Germanus): 이스마일 라다이다(Ismail Radaida)에 의해 살해된 그리스 정교회 수도사

코피 아난(Kofi Annan): 제7대 유엔 사무총장(1997-2006년)

파티 샤카키(Fathi Shaqaqi): 팔레스타인 이슬라믹 지하드(Palestinian Islamic Jihad)의 창립자이자 자살 폭탄 테러의 창립자

푸아드 슈바키(Fouad Shoubaki): PA(팔레스타인자치정부) 군사 작전 수석 재무담당관

하산 살라메(Hassan Salameh): 이스라엘인을 죽이기 위해 폭탄을 만드는 법을 가르쳐 준 야흐야 아야쉬(Yahya Ayyash)의 친구

후세인 국왕(King Hussein): 요르단 국왕(1952-1999년)

용어집

6일 전쟁(Six-Day War): 1967년 이스라엘과 이집트, 요르단, 시리아 사이에 벌어진 짧은 전쟁

검은 9월(Black September): 1970년 9월 요르단 정부와 팔레스타인 단체 간의 유혈 충돌

노동당(Labor Party): 이스라엘의 사회주의/시온주의 좌파 정당

디나르(dinar): 요르단의 공식 통화; 이스라엘 셰켈(shekel)과 함께 서안 지구 전역에서 사용됨

라마단(Ramadan): 무함마드가 코란을 받은 것을 기념하기 위한 금식의 달

라카아(rakat): 이슬람식 기도와 자세

리쿠드당(Likud Party): 이스라엘의 우익 정당

마스코비예(Maskobiyeh): 서예루살렘에 있는 이스라엘 취조소

마지드(majd): 하마스 보안단

메디나(Medina): 이슬람에서 두 번째로 성스러운 장소; 사우디아라비아에 위치한 무함마드의 매장지

메르카바(Merkava): IDF(이스라엘방위군)가 사용하는 전차

메카(Mecca): 예언자 무함마드가 자신의 종교를 창시한 곳; 사우디아라비아에

위치한 이슬람의 가장 성스러운 장소

모사드(Mossad): CIA(미국 중앙정보국)에 준하는 이스라엘의 국가 정보 기관

모스크(mosque): 이슬람 예배 및 기도 장소

몰로토프 칵테일(Molotov cocktail: 본서에서는 주로 '화염병'으로 번역함—편주): 화염병; 일반적으로 휘발유가 채워진 유리병에 헝겊 심지를 달고, 여기에 점화하여 목표물을 향해 던짐

무자히드(mujahid): 무슬림 게릴라 군인

문카르(Munkar)와 나키르(Nakir): 죽은 자를 고문한다고 믿어지는 두 천사의 이름

므깃도(Megiddo): 이스라엘 북부의 감옥

미너렛(minaret): 이슬람 종교 지도자가 신자들을 기도하도록 부르는 모스크의 높은 첨탑

미바르(mi'var): 므깃도(Megiddo)에 있는 수감자들이 감옥으로 옮겨지기 전에 머물렀던 처리 시설

바클라바(baklava): 반죽을 겹겹이 쌓아 만든 풍부한 페이스트리에 다진 견과류로 채우고 꿀로 단맛을 낸 것

사와에드(sawa'ed): 이스라엘 수용소의 하마스 보안단 요원; 한 구역에서 다른 구역으로 메시지가 포함된 공을 던짐

샤리아(sharia): 이슬람 종교법

샤위시(shaweesh): 이스라엘 감옥 관리자와 함께 다른 수감자를 대표하도록 선택된 수감자; 문자적으로 "믿음직한"이란 의미

성전 산(Temple Mount): 예루살렘 구시가지 내 알아크사 모스크(Al-Aqsa Mosque)와 세계에서 가장 오래된 이슬람 건물인 바위의 돔(Dome of the Rock)이 있는 곳; 또한 유대교의 제1성전과 제2성전의 위치로 여겨짐

셰이크(sheikh): 무슬림 장로 또는 지도자

쇼테르(shoter): 이스라엘 교도관 또는 경찰관을 뜻하는 히브리어

수니파(Sunni): 이슬람에서 가장 큰 종파

수라(sura): 코란의 장(章)

수호 방패 작전(Operation Defensive Shield): 제2차 인티파다(Intifada) 기간 동안 IDF(이스라엘방위군)가 수행한 주요 군사 작전

슈라 평의회(shurah council): 이슬람에서 7명의 의사 결정권자로 구성된 평의회

스커드(Scud): 냉전 기간 동안 소련이 개발한 탄도 미사일

시아파(Shi'a): 수니파에 이어 이슬람교에서 두 번째로 큰 종파

신베트(Shin Bet): FBI(미국 연방수사국)에 준하는 이스라엘 정보 기관

아다드(adad): 번호

아부(abu): -의 아버지(예, '아부 모사브', "모사브의 아버지")

아잔(adhan): 하루에 다섯 번 행해지는 무슬림의 기도 시간 알림

알라(Allah): "신"을 뜻하는 아랍어

알렌비 다리(Allenby Bridge): 여리고와 요르단 사이의 요르단강을 가로지르는 다리; 본래 1918년 영국 장군 에드먼드 알렌비(Edmund Allenby)에 의해 지어짐

알아크사 모스크(Al-Aqsa Mosque): 무슬림들이 무함마드가 하늘로 올라갔다고 믿는 이슬람의 세 번째 성지; 유대인의 가장 성스러운 장소이자 고대 유대인 성전이 있었던 곳으로 여겨지는 성전 산에 위치함

알아크사 순교자 여단(Al-Aqsa Martyrs Brigades): 제2차 인티파다(Intifada) 기간 동안 다양한 저항 단체들로 결성된 테러리스트 그룹; 이스라엘 목표물에 대한 자살 폭탄 테러 및 기타 공격을 수행함

알자지라(Al-Jazeera): 아랍 위성 텔레비전 뉴스 네트워크; 카타르 소재

알파티하(Al-Fatihah): 이맘 또는 종교 지도자가 읽는 코란의 서두에 나오는 수라(sura: 장[章]).

에미르(emir): "족장" 또는 "사령관"을 뜻하는 아랍어

에제딘 알카삼 여단(Ezzedeen Al-Qassam Brigades): 하마스의 군사 분파

오스만 제국(Ottoman Empire): 약 1299년부터 1923년까지 지속된 터키 제국

오슬로 협정(Oslo Accords): 1993년 이스라엘과 PLO(팔레스타인해방기구) 사이에 체결된 협정

우두(wudu): 이슬람 정결 의식

이맘(imam): 이슬람 지도자; 보통 모스크의 지도자

이스라엘방위군(IDF; Israel Defense Forces): 이스라엘의 국방 병력: 육군, 공군, 해군

이슬라믹 지하드(Islamic Jihad): 서안 지구와 가자 지구의 이슬람 저항 운동; 미국, 유럽연합 등에 의해 테러 조직으로 지정됨

인티파다(intifada): 반란 또는 봉기

잘사(jalsa): 이슬람 연구 모임

점령지(occupied territories): 서안 지구, 가자 지구, 골란 고원

지하드(jihad): 문자적으로는 "투쟁"을 의미하지만, 무장 이슬람 단체들은 무장 투쟁, 심지어 테러리즘을 촉구하는 것으로 해석함

칼라시니코프(Kalashnikov): 러시아 AK-47 돌격 소총; 미하일 칼라시니코프(Mikhail Kalashnikov)가 발명

칼리프(caliph): 이슬람 공동체의 정치·종교 지도자

칼리프제(Caliphate): 칼리프가 다스리는 국가/제도

코란(Qur'an): 이슬람의 경전

쿠르드족(Kurds): 대부분이 이라크, 이란, 시리아, 터키의 일부를 포함하는 쿠르디스탄에 거주하는 민족 그룹

크네세트(Knesset): 이스라엘 정부의 입법부

크치오트(Ktzi'ot): 모사브가 투옥됐던, 네게브의 이스라엘 텐트 감옥

파타(Fatah): PLO(팔레스타인해방기구)의 가장 큰 정치 파벌

파트와(fatwa): 이슬람 학자가 발행한 이슬람 율법에 관한 법적 의견 또는 법령

팔레스타인자치정부(PA; Palestinian Authority): 1994년 오슬로 협정에 따라 서안

지구와 가자 지구의 통치체로 결성

팔레스타인해방기구(PLO: Palestine Liberation Organization): 1969년부터 2004년까지 야세르 아라파트가 이끈 정치/저항 조직

팔레스타인해방민주전선(DFLP; Democratic Front for the Liberation of Palestine): 이스라엘의 서안 지구와 가자 지구 점령에 반대하는 세속적 마르크스-레닌주의 조직

팔레스타인해방인민전선(PFLP; Popular Front for the Liberation of Palestine): 서안 지구와 가자 지구의 마르크스-레닌주의 저항 조직

페다인(feda'iyeen): 자유의 투사

포스 17(Force 17): 야세르 아라파트의 정예 특공대

하마스(Hamas): 서안 지구와 가자 지구의 이슬람 저항 운동; 미국, 유럽연합 등에 의해 테러 조직으로 지정됨

하지(hajj): 메카 순례

헤즈볼라(Hezbollah): 레바논의 이슬람 정치 및 준군사 조직

히잡(hijab): 일부 문화권에서 무슬림 여성이 착용하는 머리 덮개 또는 베일

연대표

1923년	오스만 제국의 종언
1928년	하산 알반나가 무슬림 형제단을 설립함
1935년	팔레스타인에 무슬림 형제단이 설립됨
1948년	무슬림 형제단이 이집트 정부에 대항하여 폭력적인 행동을 취함; 이스라엘이 독립을 선언함; 이집트, 레바논, 시리아, 요르단, 이라크가 이스라엘을 침공함
1949년	하산 알반나가 암살됨; 서안 지구에 알아마리 난민 수용소가 설립됨
1964년	PLO(팔레스타인해방기구) 설립
1967년	6일 전쟁
1968년	PFLP(팔레스타인해방인민전선)이 엘알(EL Al) 707을 납치하여 알제로 우회시킴; 사망자는 없음
1970년	검은 9월 사건, 요르단이 PLO(팔레스타인해방기구)를 축출함에 따라 수천 명의 PLO 전투원들이 요르단 군대에 의해 살해됨
1972년	뮌헨 올림픽에서 검은 9월단(1970년 후세인 국왕이 벌인 군사 행동인 '검은 9월'에 대한 복수로 결성된 PLO 조직—편주)에 의해 이스라엘 선수 11명

	이 살해됨
1973년	욤 키푸르(Yom Kippur) 전쟁
1977년	하산 유세프가 사브하 아부 살렘과 결혼함
1978년	모사브 하산 유세프가 태어남. 텔아비브 북쪽 이스라엘 해안 고속도로에서 파타의 공격으로 38명이 사망함
1979년	팔레스타인 이슬라믹 지하드가 창설됨
1982년	이스라엘이 레바논을 침공하여 PLO(팔레스타인해방기구)를 몰아냄
1985년	하산 유세프와 그의 가족이 알비레로 이주함
1986년	헤브론에 하마스가 창설됨
1987년	하산 유세프가 라말라에 있는 기독교 학교에서 무슬림들에게 종교를 가르치는 두 번째 직업을 가짐; 제1차 인티파다의 시작
1989년	하산 유세프의 첫 번째 체포 및 투옥; 하마스의 아메르 아부 사르한이 이스라엘인 3명을 살해함
1990년	사담 후세인이 쿠웨이트를 침공함
1992년	모사브의 가족이 베투니아로 이주함; 하산 유세프가 체포됨; 하마스 테러리스트들이 이스라엘 경찰관 니심 톨레다노를 납치하고 살해함; 팔레스타인 지도자들이 레바논으로 추방됨
1993년	오슬로 협정
1994년	바루크 골드스타인이 헤브론에서 팔레스타인인 29명을 살해함; 최초의 공식 자살 폭탄 테러; 야세르 아라파트가 의기양양하게 가자로 돌아와 PA(팔레스타인자치정부) 본부를 세움
1995년	이스라엘 총리 이츠하크 라빈 암살; 하산 유세프가 PA(팔레스타인자치정부)에 체포됨; 모사브는 작동하지 않는 불법 총기를 구입함
1996년	하마스 폭탄 제조업자 야흐야 아야쉬가 암살됨; 모사브가 처음으로 체포되어 투옥됨
1997년	모사브가 감옥에서 석방됨; 모사드가 칼리드 미샤알을 암살하려

	다 실패함
1999년	모사브가 기독교 성경 공부에 참석함
2000년	캠프 데이비드 정상회담; 제2차 인티파다('알아크사 인티파다'라고도 함)가 시작됨
2001년	프렌치 힐 자살 폭탄 테러; 돌피나리움과 스바로 피자 가게 자살 폭탄 테러; PFLP(팔레스타인해방인민전선) 사무총장 아부 알리 무스타파가 이스라엘에 의해 암살됨; 이스라엘 관광부 장관 레하밤 제에비가 PFLP 무장 괴한에 의해 암살됨
2002년	이스라엘의 '수호 방패' 작전이 시작됨; 히브리 대학교 테러로 9명이 사망함; 모사브와 그의 아버지가 체포되어 투옥됨
2003년	서방 연합군이 이라크를 해방함; 하마스 테러리스트 살레 탈라흐메, 하사넨 룸마나, 사예드 알셰이크 카셈이 이스라엘에 의해 암살됨
2004년	야세르 아라파트가 사망함; 하산 유세프가 석방됨
2005년	모사브가 세례를 받음; 하마스와 이스라엘 사이의 휴전 종료; 모사브의 세 번째 체포와 투옥; 모사브가 석방됨
2006년	이스마일 하니예가 팔레스타인 총리로 선출됨
2007년	모사브가 점령지를 떠나 미국으로 향함